海上恐怖主义
与司法机构在国际法律秩序中的作用

Maritime Terrorism and the Role of Judicial Institutions
in the International Legal Order

［澳］Md 赛弗·卡里姆（Md Saiful Karim）/ 著

杨 瑛 / 译

知识产权出版社
全国百佳图书出版单位
——北京——

Copyright 2017 by Koninklijke Brill nv, Leiden, The Netherlands.
Authorized translation from English language edition published by Koninklijke Brill nv. All Rights Reserved.

本书原版由 Koninklijke Brill nv 出版，并经其授权翻译出版。版权所有，侵权必究。

图书在版编目（CIP）数据

海上恐怖主义与司法机构在国际法律秩序中的作用/（澳）Md 赛弗·卡里姆（Md Saiful Karim）著；杨瑛译. — 北京：知识产权出版社，2025.4. — ISBN 978-7-5130-9940-0

Ⅰ.D997.9

中国国家版本馆 CIP 数据核字第 20258YZ776 号

责任编辑：庞从容　　　　　　　　　　　责任校对：王　岩
封面设计：华御翔　　　　　　　　　　　责任印制：刘译文

海上恐怖主义与司法机构在国际法律秩序中的作用
Maritime Terrorism and the Role of Judicial Institutions in the International Legal Order
［澳］Md 赛弗·卡里姆（Md Saiful Karim）　著
杨　瑛　译

出版发行：	知识产权出版社 有限责任公司	网　　址：	http://www.ipph.cn
社　　址：	北京市海淀区气象路 50 号院	邮　　编：	100081
责编电话：	010-82000860 转 8726	责编邮箱：	pangcongrong@163.com
发行电话：	010-82000860 转 8101/8102	发行传真：	010-82000893/82005070/82000270
印　　刷：	北京建宏印刷有限公司	经　　销：	新华书店、各大网上书店及相关专业书店
开　　本：	710mm×1000mm 1/16	印　　张：	13.25
版　　次：	2025 年 4 月第 1 版	印　　次：	2025 年 4 月第 1 次印刷
字　　数：	220 千字	定　　价：	88.00 元
ISBN 978-7-5130-9940-0			
京权图字：01-2024-6268			

出版权专有　侵权必究
如有印装质量问题，本社负责调换。

献给我的父母

翻译凡例

一、本书系 Md 赛弗·卡里姆《海上恐怖主义与司法机构在国际法律秩序中的作用》一书的中文全译本，所据版本为荷兰博睿学术出版社（Brill）2016 年第一次印刷精装本。

二、本书中的人名和专有术语一般按照通行译法译出，正文中少量无通行译法的术语，译者括注了相应的原文，以便读者对照与理解。

三、本书中的国际案例列表、国内案例列表、参考文献、索引保留了原书的风貌。注释体例与原书一致，除解释和说明性的文字进行了翻译之外，其他部分保留了原文，以便读者检索与追溯。

四、本书切口处标注了原书页码，与索引中对应的页码一致。

目　录

致　谢 / 001
缩略语表 / 003
条约和其他国际法律文书表 / 007
国际案例列表 / 011
国内案例列表 / 015

第一章　绪　论 / 001
第二章　国际海上恐怖主义法 / 034
第三章　起诉海上恐怖分子 / 059
第四章　可能产生涉及国际法争端的法律问题 / 083
第五章　海上恐怖主义引起的纵向、跨国和横向争端的解决 / 113
第六章　结　语 / 150

参考文献 / 156
索　引 / 177
译后记 / 183

详细目录

致　谢 / 001

缩略语表 / 003

条约和其他国际法律文书表 / 007

国际案例列表 / 011

国内案例列表 / 015

第一章　绪　论 / 001

第一节　引　言 / 001

第二节　恐怖主义——海上安全的威胁 / 003

第三节　司法机构与国际法律秩序：理论背景下的局限性和前景 / 008

第四节　司法机构的作用 / 014

　　一、国际司法机构 / 014

　　二、国内法院 / 022

第五节　司法机构的运作 / 025

第六节　本书的研究范围 / 028

第二章　国际海上恐怖主义法 / 034

第一节　引　言 / 034

第二节　海上恐怖主义的法律定义 / 035

第三节　国际海上恐怖主义法的演变 / 040

　　一、国际海盗法在海上恐怖主义案件中的适用 / 040

　　二、国际海上恐怖主义法的发展 / 047

　　三、国际恐怖主义法的适用性 / 055

第四节　小　结 / 058

第三章　起诉海上恐怖分子 / 059

第一节　引　言 / 059

第二节　管辖权和责任 / 059

　　一、船旗国国内法院 / 060

　　二、沿海国国内法院 / 061

　　三、被指控罪犯所属国的国内法院 / 061

　　四、受害人国的国内法院 / 062

　　五、强制对象国的国内法院 / 063

　　六、基于条约的其他管辖权 / 063

第三节　案例研究：国际法在国内法院起诉罪犯和确保逮捕、拘留和起诉过程中的保障作用 / 065

　　一、阿基莱·劳伦号事件 / 065

　　二、科尔号事件 / 069

第四节　起诉罪犯和可能发生的国家间争端 / 078

第五节　小　结 / 081

第四章　可能产生涉及国际法争端的法律问题 / 083

第一节　引　言 / 083

第二节　海上恐怖主义对国家管辖范围内航行权的威胁与沿海国责任 / 084

第三节　为打击海上恐怖主义而干涉航行自由 / 095

第四节　船旗国对使用船舶进行海上恐怖主义的责任 / 104

第五节　向海上恐怖分子提供帮助的国家责任 / 107

第六节 小　结 / 111

第五章　海上恐怖主义引起的纵向、跨国和横向争端的解决 / 113
第一节 引　言 / 113
第二节 海上恐怖主义争端和国内法院 / 113
　一、国内法院与对航行的不正当干涉 / 122
　二、维护受害人权利的国内法院 / 131
第三节 海上恐怖主义争端和国际法院 / 140
第四节 小　结 / 148

第六章　结　语 / 150
第一节 引　言 / 150
第二节 司法机构的作用 / 150
　一、起诉海上恐怖分子 / 151
　二、跨国、横向和纵向争端的解决 / 152
第三节 结束语 / 153

参考文献 / 156
索　引 / 177
译后记 / 183

致　谢

本书是我在麦考瑞大学撰写的博士论文基础上完成的。在这个项目的研究过程中，我要向许多人和机构表达我真诚的谢意。首先，感谢导师纳塔莉·克雷（Natalia Klein）教授在整个研究项目中给予我宝贵的指导、持续的支持和鼓励。她为该论文的写作、发表提出诸多宝贵建议，并鼓励我在更广阔的研究领域获得必要的知识见解。她不仅为我的研究提供了非凡的指导，而且将我培养成为一名学者。感谢贝瑞·奥普斯科（Brian Opeskin）教授，在导师不在的情况下作为我的代理导师所给予的指导。

我想借此机会感谢麦考瑞大学为我提供的研究奖学金，使我能够前往澳大利亚攻读博士学位。感谢文学院授予我著名的"最佳学生出版物奖"。

撰写本书时，我在麦考瑞大学任教；攻读博士学位期间，我在南太平洋大学任教。感谢麦考瑞大学和南太平洋大学的学生，特别是那些提出发人深省的问题和想法的国际法相关课程的学生。感谢我在昆士兰科技大学法学院以及南太平洋大学的同事和学生们。

感谢我在攻读博士学位期间到访的多所院校，包括不列颠哥伦比亚大学、加州伯克利大学、新加坡国立大学、悉尼大学、墨尔本大学、哥廷根大学以及国际海洋法法庭。感谢图里奥·特里维斯（Tulio Treves）法官、鲁德格·沃尔夫鲁姆（Rudiger Wolfrum）法官、教务处菲利普·戈蒂埃（Philippe Gautier）教授以及戴维·D. 卡瑞（David D. Caron）教授在我访问他们各自机构时所给予我的机会。

最后但同样重要的一点是，衷心感谢我的父母、妻子和儿子，感谢他们给予我的启发。

本书收录了我之前发表的两篇文章中的一些材料，包括《国际海上恐怖主义法的兴衰：海盗的幽灵仍在狩猎！》[《新西兰大学法律评论》（2014年，第26期，第82页）]；《船旗国对海上恐怖主义的责任》[《国际事务评论》（2013年，第33期，第127页，约翰霍普金斯大学出版社）]。感谢这些期刊编辑和出版商给予的帮助。

缩略语表

ABC	澳大利亚广播公司
AC	法律报告上诉案件（英格兰和威尔士）
AEDPA	反恐和有效死刑法案
AFP	法新社
AFZ	澳大利亚渔业区
ALL ER	所有的英格兰法律报告（英格兰和威尔士）
ALR	澳大利亚法律报告（澳大利亚）
ASIL	美国社会国际法
ATCA	外国人侵权索赔法
BASIC	英美安全信息委员会
BBC	英国广播公司
BCN Weapons	生物、化学和核武器
B. C. C.	英国公司法案件（英国）
BLD(AD)	孟加拉国法律裁决（上诉庭）（孟加拉国）
CAT	联合国禁止酷刑和其他残忍、不人道或有辱人格的待遇或处罚公约
CARICOM	加勒比共同体
Ch	法律报告，衡平法庭（英格兰和威尔士）
CIA	中央情报局
CMF	海上联合部队
CSI	集装箱安全倡议
CTF-151	第151联合特遣部队
DCJ	副首席法官
DGSE	法国军事安全局
DLR(AD)	达卡法律报告（上诉庭）（孟加拉国）

ECtHR	欧洲人权法院
ECJ	欧洲法院
EEZ	专属经济区
eKLR	电子肯尼亚法律报告
EU	欧盟
EU NAVFOR	欧盟海军
EWHC	英格兰威尔士高等法院（行政法院）
L. R. 2Ex. D.	法律报告，财政司（英格兰和威尔士）
F. Cas.	联邦案件（美国）
F. Supp.	联邦法院判例汇编补遗（美国）
F. 2d	联邦判例汇编第二辑（美国）
F. 3d	联邦判例汇编第三辑（美国）
FOCS	方便旗
FSIA	外国主权豁免法
ICC	国际刑事法院
ICCPR	公民权利和政治权利国际公约
ICESCR	经济、社会和文化权利国际公约
ICJ	国际法院
ICJ Rep	国际法院报告
ICRC	红十字国际委员会
ICTY	前南斯拉夫国际刑事法庭
ILA	国际法协会
ILC	国际法委员会
ILM	国际法律材料
ILR	国际法律报告
IMCO	政府间海事协商组织
IMO	国际海事组织
IMO Doc	国际海事组织文件
IMB	国际刑事法院国际海事局
Intercargo	国际干货船东协会
Intertanko	国际独立油轮船东协会
ISNT	非正式单一谈判文本
ISPS Code	国际船舶和港口设施安全代码

缩略语表

ITLOS	国际海洋法法庭
IUU	非法、未报告和不受管制
LTTE	泰米尔伊拉姆猛虎解放组织
MOUS	谅解备忘录
OJ	欧洲共同体官方期刊
PCA	常设仲裁法院
PCIJ	常设国际法院
PLF	巴基斯坦解放阵线
PLO	巴基斯坦解放组织
PSC	港口国控制
POW	战俘
PSI	防扩散安全倡议
QB	法律报告,高等法院王座分庭(英格兰和威尔士)
ReCAAP	亚洲打击海盗和武装抢劫区域合作协定
RIAA	国际仲裁裁决报告
SC	联合国安理会
SC Res	联合国安理会决议
SCSL	塞拉利昂特别法庭
STL	黎巴嫩特别法庭
SOLAS	海上人命安全公约
SUA Convention	制止危及海上航行安全非法行为公约
SUA Protocol	制止危害大陆架固定平台安全非法行为议定书
TVPA	酷刑受害者保护法
UN	联合国
UNCLOS	联合国海洋法公约
UN Doc	联合国文件
UNDP	联合国发展计划署
UNODC	联合国毒品和犯罪问题办公室
UNTS	联合国条约汇编
US	美国
VCCR	维也纳领事关系公约
WMD	大规模杀伤性武器
WMU	世界海事大学

条约和其他国际法律文书表

1937　《防止和惩治恐怖主义公约》，1937年11月16日开放签署，《国联公报》（1938年第19期第23页）（未生效）。

1945　《联合国宪章》，1945年6月26日开放签署（1945年10月24日生效）。

1947　《联合国和美利坚合众国关于联合国总部协定》，1947年6月26日开放签署，《联合国条约汇编》第11卷，第11章（1947年11月21日生效）。

1949　《关于战俘待遇的日内瓦公约》，1949年8月12日开放签署，《联合国条约汇编》第75卷，第135章（1950年10月21日生效）。《关于战时保护平民的日内瓦公约》，1949年8月12日开放签署，《联合国条约汇编》第75卷，第287章（1950年10月21日生效）。

1950　《保护人权与基本自由公约》，1950年11月4日开放签署，《联合国条约汇编》第213卷，第222章（1953年9月3日生效）。

1958　《日内瓦公海公约》，1958年4月29日开放签署，《联合国条约汇编》第450卷，第11章（1962年9月30日生效）。《承认和执行外国仲裁裁决公约》，1958年6月10日开放签署，《联合国条约汇编》第330卷，第38章（1959年6月7日生效）。

1961　《维也纳外交关系公约》，1961年4月18日开放签署，《联合国条约汇编》第500卷，第95章（1964年4月24日生效）。

1963　《日内瓦领事关系公约》，1963年4月24日开放签署，《联合国条约汇编》第596卷，第261章（1967年3月19日生效）。

1966　《公民权利和政治权利国际公约》，1966年12月16日开放签署，《联合国条约汇编》第999卷，第172章（1976年3月23日生效）。《经济、社会和文化国际公约》，1966年6月16日开放签署，《联合国条约汇编》第993卷，第3章（1976年1月3日生效）。

1969　《维也纳条约法公约》，1969年5月23日开放签署，《联合国条约汇编》第1155卷，第331章，第31(1)条（1980年1月27日生效）。

1970	《制止非法劫持航空器的公约》，1970年12月16日开放签署，《联合国条约汇编》第860卷，第105章（1971年10月14日生效）。
1971	《制止危害民用航空安全的非法行为公约》，1971年9月23日开放签署，《联合国条约汇编》第974卷，第178章（1973年1月26日生效）。
1973	《关于防止和惩处侵害应受国际保护人员包括外交代表的罪行的公约》，1973年12月14日开放签署，《联合国条约汇编》第1035卷，第167章（1977年2月20日生效）。
1979	《反对劫持人质国际公约》，1979年12月7日开放签署，《联合国条约汇编》第1316卷，第205章（1983年6月3日生效）。
1980	《核材料实物保护公约》，1980年3月3日开放签署，《联合国条约汇编》第1456卷，第124章（1987年2月8日生效）。
1982	《联合国海洋法公约》，1982年12月10日开放签署，《联合国条约汇编》第1833卷，第3章（1994年11月16日生效）。
1984	《联合国禁止酷刑和其他残忍、不人道或有辱人格的待遇或处罚公约》，1984年12月10日开放签署，《联合国条约汇编》第1465卷，第85章（1987年6月26日生效）。
1988	《制止危及海上航行安全非法行为公约》，1988年3月10日开放签署，《联合国条约汇编》第1678卷，第221章（1992年3月1日生效）。《制止危害大陆架固定平台安全非法行为议定书》，1988年3月10日开放签署，《联合国条约汇编》第1678卷，第221章（1992年3月1日生效）。《制止国际民用航空机场非法暴力行为议定书》，1988年2月24日开放签署，《联合国条约汇编》第1652卷，第499章（1989年8月6日生效）。
1993	《南方蓝鳍金枪鱼保护公约》，1993年5月10日开放签署，《联合国条约汇编》第1819卷，第359章（1994年5月20日生效）。
1997	《制止恐怖主义爆炸国际公约》，1997年12月15日开放签署，《联合国条约汇编》第2149卷，第284章（2001年5月23日生效）。
1998	《国际刑事法院罗马规约》，1998年7月17日开放签署，《联合国条约汇编》第2187卷，第90章（2002年7月1日生效）。
1999	《制止向恐怖主义提供资助的国际公约》，1999年12月9日开放签署，《联合国条约汇编》第2178卷，第229章（2002年4月10日生效）。
2000	《联合国打击跨国有组织犯罪公约》，2000年12月15日开放签署，《联合国条约汇编》第2225卷，第209章（2003年9月29日生效）。
2005	《联合国国家及其财产管辖豁免公约》，2005年1月17日开放签署，联合

国文件：A/59/508（未生效）。《制止危及海上航行安全非法行为公约 2005 年议定书》，2006 年 2 月 14 日开放签署，国际海事组织文件：LEG/CONF. 15/21（2010 年 7 月 28 日生效）。

大会通过了《制止危害大陆架固定平台安全的非法行为议定书》的 2005 年议定书文本，2006 年 2 月 14 日开放签署，国际海事组织文件：LEG/CONF. 15/22（2010 年 7 月 28 日生效）。

《亚洲打击海盗和武装抢劫区域合作协定》，2005 年 2 月 28 日开放签署，《国际法律材料》第 44 卷，第 829 章（2005 年）（2006 年 9 月 4 日生效）。

2008 《加勒比共同体海空安全合作协议》<http://www.caricom.org/jsp/secretariat/legal_instruments/agreement_maritime_airspace_security_cooperation.pdf>，2012 年 8 月 1 日访问。

国际案例列表

Affaire de l'île de Timor (Pays-Bas, Portugal) (1914) 11 RIAA 48.
Ali Samatar and Others v. France, ECHR (2014) 361.
Al-Nashiri v. Poland, ECHR (2014) 833.
Arbitration between Barbados and the Republic of Trinidad and Tobago (2006) 45 ILM 800.
Arctic Sunrise Arbitration (Netherlands v. Russia), Award on Jurisdiction, 26 November 2014, < http://www.pcacases.com/web/sendAttach/1325> at 10 February 2106.
Armed Activities on the Territory of the Congo (Democratic Republic of the Congo v. Uganda) (2005) ICJ Rep 168.
Arrest Warrant of 11 April 2000 (Democratic Republic of the Congo v. Belgium) (2002) ICJ Rep 3.
Avena and Other Mexican Nationals (Mexico v. United States of America) (2004) ICJ Rep 12.
Barcelona Traction, Light & Power Company Case (Belgium v. Spain) (1970) ICJ Rep 3.
Case Concerning Avena and Other Mexican Nationals (Mexico v. United States of America) (2004) ICJ Rep 12.
Case Concerning East Timor (Portugal v. Australia) (1995) ICJ Rep 90.
Case Concerning Land Reclamation by Singapore in and around the Straits of Johor (Malaysia v. Singapore) (Provisional Measures), <http://www.itlos.org/fileadmin/itlos/documents/cases/case_no_12/Order.08.10.03.E.pdf>, at 26 July 2012.
Case Concerning Military and Paramilitary Activities in and against Nicaragua (Nicaragua v. United States of America) (Jurisdiction and Admissibility) (1984) ICJ Rep 293.
Case Concerning Military and Paramilitary Activities in and against Nicaragua (Nicaragua v. United States of America) (Merits) (1986) ICJ Rep 14.
Case Concerning Questions of Interpretation and Application of the 1971 Montreal Convention Arising from the Aerial Incident at Lockerbie (Libyan Arab Jamahiriya v. United States of America) (1998) ICJ Rep 115.
Case Concerning the Application of the Convention on the Prevention and Punishment of the Crime of Genocide (Bosnia and Herzegovina v. Serbia and Montenegro) (Merits),

Judgment of 26 February 2007, <http://www.icj-cij.org/docket/files/91/13685.pdf>, at 26 May 2010.

Case Concerning the Factory at Chorzów (Germany v. Poland) (Claim for Indemnity) (Jurisdiction) (1927) PJIC Series A—No. 9, 21.

The Camouco Case (Panama v. France) (2000) 39 ILM 666.

Constitution of the Maritime Safety Committee of IMCO (Advisory Opinion) (1960) ICJ Rep 150.

Corfu Channel (United Kingdom v. Albania) (1949) ICJ Rep 28.

FIAMM v. Council of the EU, Judgment of 9 September 2008, <http://eur-lex.europa.eu/LexUriServ/LexUriServ.do?uri=CELEX:62006J0120:EN:HTML>, at 12 July 2010.

Hassan and Others v. France, ECHR (2014) 361.

The Grand Prince Case (Belize v. France), Prompt Release,<http://www.itlos.org/fileadmin/itlos/documents/cases/case_no_8/Judgment.20.04.01.E.pdf>, at 18 August 2012.

The Hoshinmaru Case (Japan v. Russian Federation), Prompt Release, <http://www.itlos.org/fileadmin/itlos/documents/cases/case_no_14/Judgment_Honshinmaru_No._14_E.pdf>, at 18 August 2012.

Interlocutory Decision on the Applicable Law: Terrorism, Conspiracy, Homicide, Perpetration, Cumulative Charging, Case No. STL-11-01/I,16 February 2011 (Special Tribunal for Lebanon).

International Association of Independent Tanker Owners (Intertanko) and Others v. Secretary of State for Transport, Case C-308/06, Judgment of the Court (Grand Chamber), 3 June 2008, European Court of Justice.

Jurisdictional Immunities of the State (Germany v. Italy: Greece intervening) (2012) ICJ Rep 99.

Lagrand Case (Germany v. United States of America) (2001) ICJ Rep 466.

Land Reclamation by Singapore in and around the Straits of Johor (Malaysia v. Singapore) (2005) 27 RIAA 133.

Legal Consequences for States of the Continued Presence of South Africa in Namibia (South West Africa) Notwithstanding Security Council Resolution 276 (1970) (Advisory Opinion) (1971) ICJ Rep 16.

Legal Consequences of the Construction of a Wall in the Occupied Palestinian Territory (Advisory Opinion) (2004) ICJ Rep 136.

Legality of the Threat or Use of Nuclear Weapons (Advisory Opinion) (1996) ICJ Rep 234.

Military and Paramilitary Activities in and against Nicaragua (Merits) (Nicaragua v. United States of America) (1986) ICJ Rep 14.

The M/V 'Louisa' Case (Saint Vincent and the Grenadines v. Kingdom of Spain) (Request for provisional measures), <http://www.itlos.org/fileadmin/itlos/documents/cases/case_no_18_prov_meas/Order_22-12-10_final_E_electronically_signed.pdf>, at 7 July

2011.

The Monte Confurco Case (Seychelles v. France), Prompt Release <http://www.itlos.org/fileadmin/itlos/documents/cases/case_no_6/Judgment.18.12.00.E.pdf>, at 18 August 2012.

The M/V SAIGA (No. 1) CASE (Saint Vincent and the Grenadines v. Guinea) (1998) 37 ILM 360.

The M/V SAIGA (No. 2) Case (St. Vincent and Grenadines v. Guinea) (1999) 38 ILM 1323.

The MOX Plant Case (Ireland v. United Kingdom) (Provisional Measures) (2002) 41 ILM 405.

Prosecutor v. Tadic (Appeal on Jurisdiction) (1996) 35 ILM 32.

Questions of Interpretation and Application of the 1971 Montreal Convention Arising from the Aerial Incident at Lockerbie (Libyan Arab Jamahiriya v. United Kingdom) (Provisional Measures) (1992) IC Rep 3.

Questions of Interpretation and Application of the 1971 Montreal Convention Arising from the Aerial Incident at Lockerbie (Libyan Arab Jamahiriya v. United States of America) (Provisional Measures) (1992) ICJ Rep 114.

Questions of Interpretation and Application of the 1971 Montreal Convention Arising from the Aerial Incident at Lockerbie (Libyan Arab Jamahiriya v. United Kingdom) (Preliminary Objections) (1998) ICJ Rep 9.

Questions of Interpretation and Application of the 1971 Montreal Convention Arising from the Aerial Incident at Lockerbie (Libyan Arab Jamahiriya v. United States of America) (Preliminary Objections) (1998) ICJ Rep 115.

Rainbow Warrior Arbitration (New Zealand v. France) (1992) 102 ILR 215.

Reparation for Injuries Suffered in the Service of the United Nations (Advisory Opinion) (1949) ICJ Rep 174.

ss Lotus (France v. Turkey) (1927) PCIJ (ser. A) No. 10.

Southern Bluefin Tuna Cases (New Zealand v. Japan; Australia v. Japan) (Provisional Measures) (1999) 38 ILM 1624.

Southern Bluefin Tuna Case (Australia and New Zealand v. Japan) (Award on Jurisdiction and Admissibility) (2000) 39 ILM 1359.

South West Africa Cases (Ethiopia v. South Africa; Libya v. South Africa) (Preliminary Objections) (1962) ICJ Rep 319.

The Tomimaru Case (Japan v. Russian Federation), Prompt Release <http://www.itlos.org/fileadmin/itlos/documents/cases/case_no_15/Judgement_E_1.09.2010.pd>, at 18 August 2012.

United States Diplomatic and Consular Staff in Tehran (United States of America v. Iran) (1980) ICJ Rep 3.

国内案例列表

Arab Monetary Fund v. Hashim (No. 3) (1991) 2 AC 114.
Attorney-General for Israel v. Eichmann (1962) 36 ILR 5.
Boumediene v. Bush (2008) 553 US 723.
Catle John and Nederlandse Stichting Sirius v. NV Mabeco and NV Pafin (1986) 77 ILR 537.
Danish Company Tax Liability Case, 29 July 1971 (1987) 72 ILR 211.
Dole v. New Eng. Mut. Marine Ins. Co., 7 F. Cas. 837, 847 (CCD Mass. 1864) (No. 3966).
Dr. Mohiuddin Farooque v. Bangladesh and Others, 55 DLR (HCD) 613 (2003) (Dhaka City Vehicular Pollution Case).
Dr. Mohiuddin Farooque v. Bangladesh and Others, 55 DLR (HCD) 69 (2003) (Industrial Pollution Case).
Dr. Mohiuddin Farooque v. Bangladesh and Others, 50 DLR (HCD) 84 (1998) (FAP 20 Judgment on Merit).
Dr. Mohiuddin Farooque v. Bangladesh and Others, 48 DLR (HCD) 438 (1996) (*Radiated Milk Case*).
Dr. Mohiuddin Farooque v. Bangladesh and Others, 49 DLR (AD) 1 (1997) (*FAP 20 Case*).
Ershad v. Bangladesh (2000) 21 BLD (AD) 69.
Ex parte Medellin (2006) 223 SW3d 315.
Farooque v. Bangladesh (1997) 49 DLR (AD).
First National City Bank v. Banco National de Cuba (1972) 406 US 759.
Hamdan v. Rumsfeld (2006) 548 US 557.
Institute of Cetacean Research v. Sea Shepherd Conservation Society, US Court of Appeals Case no 12–35266 (9th Cir, 2013).
International Association of Independent Tanker Owners (Intertanko) v. Secretary of State for Transport, Queen's Bench Division (Administrative Court) (2006) EWHC 1577 (Admin).
Jones (Respondent) v. Ministry of Interior (Kingdom of Saudi Arabia) (Appellants) (2007) 1 AllER 113 (HL).
J. H. Rayner (Mincing Lane) Ltd. v. Department of Trade and Industry (1987) 3 BCC 413.
J. H. Rayner (Mincing Lane) Ltd. v. Department of Trade and Industry (1989) Ch. 72, 143.

J.H. Rayner (Mincing Lane) Ltd. v. Appellants v Department of Trade and Industry (1990) 2 AC 418, 476.

Klinghoffer v. SNC Achille Lauro Ed Altri-Gestione Motonave Achille Lauro in Amministrazione Straordinaria, 739 F. Supp. 854 (DNY 1990).

Klinghoffer v. SNC Achille Lauro Ed Altri-Gestione, etc., 937 F.2d 44 (2d Cir. NY 1991).

Klinghoffer v. SNC Achille Lauro Ed Altri-Gestione Motonave Achille Lauro in Amministrazione Straordinaria, 816 F. Supp. 930 (1993).

LJN: BM8116, Rotterdam District Court, 10/600012-09 (Date of Judgment: 17 July 2010) <http://www.unicri.it/maritime_piracy/docs/Netherlands_2010_Crim_No_10_6000_12_09%20Judgment.pdf>, at 15 July 2012.

Olbers Co. Ltd. v. Commonwealth of Australia (2004) 205 ALR 432.

Olbers Co. Ltd. v. Commonwealth of Australia (2005) 212 ALR 325.

Olbers Co. Ltd. v. Commonwealth of Australia (High Court of Australia, Hayne and Callinan JJ, 22 April 2005).

Olivia Rux v. Republic of Sudan (2005) 495 F. Supp. 2d 541.

Olivia Rux v. Republic of Sudan (2005) U.S. Dist. LEXIS 36575.

Olivia Rux v. Republic of Sudan (2006) 461 F3d 461.

Post Office v. Estuary Radio Ltd. (1968) 2 QB 740.

R v. Lijo & Others (2004) WADC 29 (Unreported, District Court of Western Australia in Criminal, Blaxell DCJ, 27 February 2004).

R v. Kent Justices ex parte Lye (1967) 2 QB 153, 188–190.

R v. Keyn, (1876–77) LR 2 Ex. D. 63, 94.

Sosa v. Alvarez-Machain, 542 US 692, 762 (2004).

The Apollon, 22 US 362, 371, 1824 WL 2683 (US Ga.)

United States v. Madera-Lopez, 190 F. App'x 832 (11th Cir. 2006) (unpublished).

United States v. Palmer, 16 US (3 Wheat.) 610 (1818).

United States v. The La Jeune Eugenie, 26 F. Cas. 832 (CCD Mass. 1822) (No. 15551).

Yarmirr v. Northern Territory (2000) HCA 56.

第一章
绪 论

第一节 引 言

海上安全已成为当今世界一个重要的法律和政治问题,其中海上恐怖主义仍是海上安全最严重的威胁之一。如今,大多数发达国家的海军更多关注的是不同类型的国际和国家安全行动,而不是常规战争。[1] 世界各地的武装冲突多为游击或不对称冲突。[2] 本书的写作灵感来源于当代其他安全问题已变得比常规战争更重要,并且需要利用各种工具来解决这些问题。各国正在寻求解决海上安全威胁可能采取的多种应对措施,本书的重点在于研究司法机制及其在加强海上安全方面的作用和有效性。

各国对待打击海上恐怖主义的不同反应可能是引起各国间紧张关系和争端的根源。雨果·格劳秀斯的国际法奠基之作——《战争与和平法》(*De Jure Belli ac Pacis*) 就始于"争端"一词。[3] 该书中,格劳秀斯认为"没有争端可能就不会引发战争"[4]。而友善解决争端对世界和平来说非常重要。涉及国际法的争端及其和平解决一直是现代国际法学研究的核心领域。世界各国

---

[1] Russel Pegg, 'Maritime Forces and Security of Merchant Shipping in the Mediterranean Sea and Northern Indian Ocean' in Robert Herbert-Burns, Sam Bateman and Peter Lehr (eds), *Lloyd's MIU Handbook of Maritime Security* (CRC Press, 2009) 29, 30. See also, US Department of State, Proliferation Security Initiative <http://www.state.gov/t/isn/c10390.htm> at 26 July 2012.

[2] Keith Suter, *All About Terrorism: Everything You Were Too Afraid to Ask* (Random House Australia, 2008) 27–31. 'Asymmetrical warfare' means war between parties whose relative military power differs significantly.

[3] Hugo Grotius, *De Jure Belli ac Pacis* (*On the Law of War and Peace*) (1625) (A C Campbell trans, Batoche Books, 2001) 6.

[4] Ibid.

联系日益密切的是产生国际法相关争端的新根源。采取有效的争端解决手段不仅对世界和平与安全至关重要，也对国际法发展至关重要。鉴于一些国家拥有的毁灭性武器可能导致严重的武装冲突，和平解决争端比以往任何时候都重要。因此，对涉及国际法争端的解决研究仍然至关重要。

本书试图通过研究司法机构在打击海上恐怖主义中的作用而为该领域作出贡献。司法机构在海上安全话语中发挥着两个重要作用，即起诉违法者与解决争端。本书不局限于国家间争端的解决，更致力于探讨司法机构作为国际法行为体在解决争端和起诉海上恐怖主义行为体方面更广泛的作用。本书认为司法机构作为国际法行为体，在确保国际法得到适当执行方面应发挥更大的作用。

习惯国际法、《联合国海洋法公约》（UNCLOS）[5]以及《制止危及海上航行安全非法行为公约》（以下简称1988 SUA公约）[6]创建了一个起诉海上恐怖主义分子的制度，其中国内法院是重要机构。如果不探讨国内法院在执行打击海上恐怖主义的国际法方面所发挥的关键作用，就不可能对司法机构的作用进行全面和有意义的研究。

因此，本书将探讨国内法院在起诉参与海上安全犯罪的个人方面的作用，尤其是海上恐怖主义犯罪。与此同时，国内和国际性法院在解决海上恐怖主义引起的横向、跨国和纵向争端的不同阶段也可能发挥着特定作用。本书中，横向争端指国家间争端，纵向争端指国家与私人间争端，而跨国争端则是私人间争端。[7]

本书认为，尽管国际法在国内和国际司法机构中都将发挥积极作用，但这一作用的发挥受到司法框架以及缺乏政治意愿和机构能力等因素的严重阻碍。此外，各国作为打击海上恐怖主义国际法行为体，让其国内法院投入执行的承诺和履行法律义务方面，并不总能得到各国积极的支持。由于管辖权的限制，国际性法院的作用在很大程度上受到了限制。

---

[5]《联合国海洋法公约》，1982年12月10日开放签署，1833 UNTS 3（1994年11月16日生效）（以下简称 UNCLOS）。

[6] Convention for the Suppression of Unlawful Acts against the Safety of Maritime Navigation, opened for signature 10 March 1988, 1678 UNTS 221（1992年3月生效）（以下简称 SUA Convention 1988）.

[7] Davia Sloss, 'Treaty Enforcement in Domestic Courts: A Comparative Analysis' in David Sloss (ed), *The Role of Domestic Courts in Treaty Enforcement* (Cambridge University Press, 2009) 1.

尽管存在这些限制，但只要各国的法律承诺能够实现，司法机构仍有可能在打击海上恐怖主义过程中在遵守国际法方面发挥重要作用。一些限制是固有的，因为其深深植根于安全问题的政治敏感性。本书以"海上安全问题是高度敏感的，并不是所有情况下都有可能解决"的基本认识来主张笔者的主要论点。然而，越来越多地利用司法机构可能会在许多场合帮助国际社会找到持久的解决办法。为加强国际和平与安全，和平解决争端和有效起诉海上恐怖主义罪犯是必须的途径。正如一位评论人士在备受瞩目的"阿基莱·劳伦号"（Achille Lauro）海上恐怖事件中所指出的，"文明国家应首先通过和平手段和国际执法合作，包括起诉和引渡，将恐怖分子绳之以法"[8]。毋庸置疑，司法机构将在这一过程中成为发挥重要作用的机构。

本书绪论的第二节将海上恐怖主义确定为当代世界最严重的海上安全威胁之一。它表明随着海上恐怖主义数量的日益增加，有必要对这些活动采取协调一致的行动，其中应包括发挥国内和国际性法院的作用，起诉罪犯并和平解决争端。第三节从理论上探讨了司法机构在国际法律秩序中的未来。依据这种解释理论范式的基本分析进行后续章节的讨论，同时审查司法机构在打击海上恐怖主义方面的作用。第四节概述了国家和国际司法机构的作用。第五节界定了国内法院和国际性法院在打击海上恐怖主义方面发挥作用的相关概念。第六节介绍了本书的研究范围。

第二节　恐怖主义——海上安全的威胁

当我们评估司法机构在打击海上安全威胁方面的恐怖主义的作用时，需要对当今世界海上恐怖主义的发展趋势进行初步研究，不仅要对该问题进行概述，还要指出司法机构的潜在作用。

将海上恐怖主义评估为主要海上安全威胁与一个更广泛的问题相关联，即什么是"海上安全"？定义"海上安全"是一项艰巨的任务，因为根据语境和行为体的不同，可能有不同的含义。[9] 冷战结束后，随着全球海洋边界发生重大

---

[8] Larry A. McCullough, 'International and Domestic Law Issues in the Achille Lauro Incident: A Functional Analysis' (1986) 36 *Naval Law Review* 53, 55.

[9] Natalie Klein, Joanna Mossop and Donald R. Rothwell (eds), *Maritime Security: International Law and Policy Perspectives from Australia and New Zealand* (Routledge, 2010) 5.

的战略性调整，人们对安全的认识也发生了显著变化。[10] 国家安全的概念变得比单纯的军事安全更加复杂和广泛。[11] 不断变化的形势促使各国认真考虑将诸如跨国犯罪、人员不受管制的跨境流动和环境威胁等作为正当的安全关切。[12]

海上安全是一个跨国问题，在界定海上安全时，必须考虑到各国的共同利益和全球公共秩序。正如美国海军作战部部长迈克·马伦（Admiral Mike Mullen）上将所言："今天所有海洋国家都面临的共同挑战是：海上安全的威胁几乎可以悄无声息地从海上越过、绕过和通过我们的边界。所谓的全球海上公域现在提供了一个场所，安全和对这种安全的威胁都可以自由和轻松地通过这个场所。"[13] 尽管与全球共同体相比，各国拥有独立的安全利益，但仍需利用本国机构与国际机构共同打击海上恐怖主义。[14] 正如乔恩·D. 佩蒂（Jon D. Peppetti）所言，"通过联合许多国家的资源和能力，可以将过去几年应对安全的成功做法——严格限定且聚焦于国家的做法——转变为一种更灵活的合作方式"[15]。正如本书随后将展示的，国内法院正是为维护这一共同体利益而服务的国家机构之一。

对"海上安全"没有一致的定义。[16] "就其最狭义的概念而言，海上安全涉及保护一国领土完整免受直接威胁，例如来自军舰的武装袭击。"[17] 本书关注的是对海上安全的其他威胁，而非军事攻击。大多数定义通常包括海盗和海上恐怖主义[18]，然而，从安全的角度来看，非法捕鱼、非法贩运麻醉药品、武器和大规模杀伤性武器（WMD）以及对海洋环境的蓄意破坏等可能是更为严重的问题。[19]

---

[10] Alex Tewes, Laura Rayner and Kelly Kavanaugh, 'Australia's Maritime Strategy in the 21st Century' (Foreign Affairs, Defence and Trade Section, Research Brief no 4 2004-05, 29 November 2004).

[11] Ibid.

[12] Ibid.

[13] Jon D. Peppetti, 'Building the Global Maritime Security Network: A Multinational Legal Structure To Combat Transnational Threats' (2008) 55 Naval Law Review 73, 77.

[14] Ibid.

[15] Ibid.

[16] Secretary-General of the United Nations, Report of the Secretary General on Oceans and the Law of the Sea 10 March 2008, UN Doc A/63/63, [39].

[17] Ibid.

[18] Ibid.

[19] Ibid.

《联合国海洋法公约》很少提及"海上安全"。尽管《联合国海洋法公约》被称为"海洋宪章"[20]，并声称旨在为所有海洋活动提供法律框架[21]，但其并未定义该术语。[22] 我们可以从《联合国海洋法公约》第19条看出一些迹象，该条列举了一些损害沿海国和平、良好秩序或安全的活动，以及这些活动导致外国船舶的通过成为非无害通过。[23] 该清单不仅包括了传统的海上安全问题，例如军事演习、对沿海国的主权、领土完整或政治独立进行任何武力威胁或使用武力侵犯，还包括了故意和严重污染、捕鱼、研究和调查活动。

　　联合国秘书长在其《海洋和海洋法报告（2008）》中指出，海洋安全面临七大威胁，其中包括"涉及航运、近海设施和其他海上利益的恐怖主义行为"[24]。海上恐怖主义对国际航运的潜在影响，对海上安全构成特别的威胁。海上运输系统是全球经济最重要的组成部分之一。据估计，目前约有60亿吨货物通过海上运输，占世界贸易总额的近80%，使用由125万名海员提供服务的近93000艘商船。[25] 因此，打击海上恐怖主义不仅是当今世界的安全和政治问题，也是一个非常重要的经济问题。

　　绪论部分探讨了海上恐怖主义在海上安全一般概念中的地位。正如后续各章所示，历史背景在相关国际法的发展中发挥着重要作用，尤其是国际法律文书，其通常是对海上恐怖事件或局势的直接回应。

　　有关海上恐怖主义的国际法及其起诉罪犯和解决争端的相关机制的发展与海上恐怖主义事件密切相关，因为该领域的大多数国际法律文书都是对恐

---

　　[20] TommyKoh 大使——联合国第三次海洋法会议主席首次对"Constitution for the Oceans"进行定义。Tommy T B Koh, 'A Constitution for the Oceans' <www.un.org/Depts/los/convention_agreements/.../koh_english.pdf>at 17 December 2010.

　　[21] 联合国大会第55/7号决议忆及UNCLOS"规定了开展所有海洋活动必须遵循的法律框架，作为国家、区域和全球海洋部门行动的基础具有战略的重要性，其完整性需要得到维护"。General Assembly Resolution 55/7, *Oceans and the Law of the Sea*, UN Doc A/RES/55/7（2001），其至联合国大会也强调"《公约》为加强各国之间的和平、安全、合作和友好关系作出了卓越的贡献"。General Assembly Resolution 63/m, *Oceans and the Law of the Sea*, UN Dos A/RES/63/111（2009）.

　　[22] Klein, Mossop and Rothwell, above n 10, 6.

　　[23] Stuart Kaye, 'Freedom of Navigation in a Post 9/11 World: Security and Creeping Jurisdiction' in David Freestone, Richard Barnes and David M. Ong（eds）, *Law of the Sea: Progress and Prospects*（Oxford University Press, 2006）347, 348–349. Also See Klein, Mossop and Rothwell, above n 10, 6.

　　[24] 秘书长报告, 2008年, above n 17, 54–112.

　　[25] Anna Bowden et al., 'The Economic Cost of Maritime Piracy'（One Earth Future Foundation, Working Paper, 2010）.

怖主义袭击的直接或间接回应。简要介绍其中一些海上恐怖主义事件有助于解释现有的法律框架，并表明该问题对法学研究的重要性和相关性。

阿基莱·劳伦号事件尤其引发了国际社会的高度关注。该事件涉及属于"解放巴勒斯坦人民阵线"（PLF）的阿布·阿巴斯（Abu Abbas）阵营的恐怖分子，他们劫持了意大利游轮阿基莱·劳伦号，要求以色列释放一些巴勒斯坦囚犯。当以色列政府拒绝他们的要求时，劫持者杀死了一名叫莱昂·克林霍弗（Leon Klinghoffer）的美国乘客。恐怖分子随后与埃及达成了一项协议，释放该船以换取一条通往突尼斯的安全通道。美国当局得知一名美国乘客遇害后，强行让载有恐怖分子的飞机降落在意大利，从而使恐怖分子被捕并被起诉。[26]正如第二章所述，阿基莱·劳伦号事件对涉及海上恐怖主义的国际法发展产生了深远影响。[27]

国际法的另一个转折点发生在 2000 年的也门。当时一群携带自杀式炸弹的袭击者袭击了一艘美国海军军舰——科尔号（USS COLE），造成 17 名水兵死亡。科尔号遭到袭击后，海上恐怖主义呈现出新的形式，其特点是使用小船对船舶进行爆炸、炸弹袭击和自杀式袭击，以及对港口和近海设施的袭击。这些事件包括斯里兰卡海岸附近的油轮爆炸（斯里兰卡，2001 年），林堡（也门，2002 年），超级渡轮（菲律宾，2004 年），Ashod（以色列，2004 年），Al Basra 石油装载码头（伊拉克，2004 年）和卡拉奇（巴基斯坦，2004 年）。[28]据报道，2005 年基地组织向两艘美国海军舰艇——阿什兰（Ashland）号和科萨奇（Kearsage）号——发射了定时控制的喀秋莎火箭。[29] 2006 年，真主党袭击了以色列 Saar-5 级护卫舰 *Ahi Hanit*。[30] 2008 年，恐怖分子利用海上路线在孟买登陆，不分青红皂白地进行袭击。[31] 2010 年 8 月，一艘名为 *M. Star* 的

---

[26] Matin N. Murphy, 'Contemporary Piracy and Maritime Terrorism: The Threat to International Security' (International Institute for Strategic Studies, 2007) 45.

[27] Malvina Halberstam, 'Terrorism on the High Seas: The Achille Lauro, Piracy and the IMO Convention on Maritime Safety' (1988) 82 *American Journal of International Law* 269; Gerald P McGinley, 'Achille Lauro Affair-Implications for International Law' (1984 – 1985) 52 *Tennessee Law Review* 691.

[28] Dennis L. Bryant, 'Historical and Legal Aspects of Maritime Security' (2004 – 2005) 17 *University of San Francisco Maritime Law Journal* 1, 3 – 4.

[29] Nong Hong and Adolf K. Y. Ng, 'The International Legal Instruments in Addressing Piracy and Maritime Terrorism: A Critical Review' (2010) 27 *Research in Transportation Economics* 51, 55.

[30] Ibid.

[31] Ibid.

日本超级油轮在霍尔木兹海峡遭到基地组织（Al Qaeda）下属的 Abdallah Azzam Brigades 的袭击。[32] 2014 年 9 月，印度次大陆基地组织成员试图劫持一艘巴基斯坦海军护卫舰 Zulfiqar 号，用它来袭击该地区的美国海军舰艇。[33] 这起引发枪战和自杀式爆炸的事件造成 10 名武装分子和 1 名海军军官死亡。[34]

海上恐怖主义是当今世界重大的海上安全问题。[35] 美国国务院在《关于恐怖主义国别报告》中指出，全球 44 个主要恐怖组织中，10 个具有实施海上恐怖主义的能力。[36] 根据亚太海上恐怖主义问题工作组安全合作理事会的说法：

> 海上恐怖主义是指（1）在海上，（2）利用或针对海上或港口的船舶或固定平台，或针对任何一名乘客或人员，(3) 针对海岸设施或居民点，包括旅游胜地、港口地区和港口城镇，从事恐怖主义的行为和活动。[37]

这是一个包容性的定义，而不是海上恐怖主义本身的叙述性定义。[38] 海上恐怖主义的新维度表明，海上恐怖主义行为可能有多种类型。墨菲（Murphy）确定了以下四大类：

- 船舶作为标志性目标

---

[32] Justin McCurry, Japanese Oil Tanker Hit by Terrorist Bomb, Say Inspectors <http://www.guardian.co.uk/world/2010/aug/06/japanese-oil-tanker-terrorist-explosives>，2012 年 8 月 20 日访问。

[33] Syed Shoaib Hasan, Saeed Shah and Siobhon Gorman, Al Qaeda Militants Tried to Seize Pakistan Navy Frigate: Al Qaeda Raid Foiled After Firefight Involving Rogue Naval Officers<http://www.wsj.com/articles/al-qaeda-militants-tried-to-seize-pakistan-navy-frigate-1410884514>at 10 February 2016.

[34] Ibid.

[35] Michael D. Greenberg et al., *Maritime Terrorism: Risk and Liability* (RAND, 2006); Michael Richardson, *A Time Bomb for Global Trade: Maritime-related Terrorism in an Age of Weapons of Mass Destruction* (ISEAS, 2004); Peter Chalk, *The Maritime Dimension of International Security: Terrorism, Piracy, and Challenges for the United States* (RAND, 2008); James Jay Carafano, *Small Boats, Big Worries: Thwarting Terrorist Attacks From the Sea* (Heritage Foundation, 2007); Gal Luft and Anne Korin, 'Terrorism Goes to Sea' (2004) 83 *Foreign Affairs* 61.

[36] Donna J. Nincic, 'Maritime Terrorism: How Real is the Threat?' <http://www.fairobserver.com/article/maritime-terrorism-how-real-threat>，2012 年 8 月 20 日访问。

[37] Cited in Chalk, above n 36, 3.

[38] 海上恐怖主义的法律定义见第四章。

- 船舶/离岸设施作为经济目标
- 船舶作为大规模伤亡目标
- 船舶/其他交通工具作为武器[39]

  国际航运业的一些固有特征为恐怖分子提供了理想的平台。[40] 恐怖组织可能会利用恐怖袭击破坏敌对国家的经济稳定。[41] 对海上供应链或港口设施的恐怖袭击可能会造成严重的财政损失。[42] 海上恐怖袭击可能是对敌对国家施加的另一种强制惩罚形式。游轮和客轮是特别容易受到攻击的目标，因为它们在一个物理空间内载有大量人员。[43]

  海上恐怖袭击增加的可能性使得有必要设计不同的机制来应对这种海上安全威胁。司法机构就是其中之一，它在打击海上恐怖主义方面发挥着多重作用，包括起诉罪犯和确保其在被逮捕、拘留和起诉过程中的国际法保障，解决国际和跨国争端，以及保障受害者的权利。

  在确定司法机构在打击海上恐怖主义中的作用时，有必要在理论背景下审视它们作为国际法律秩序行为体的局限性和前景。这一基础性讨论将对后续各章中关于司法机构作用的具体讨论提供指导。

第三节　司法机构与国际法律秩序：理论背景下的局限性和前景

  在国际法讨论中，司法机构扮演的主要角色是公正地解决国家间争端的第三方。本书旨在通过审查司法机构在打击海上恐怖主义中所扮演的角色来探索其发挥更广泛的作用。尽管国际法律制度是一个分散的系统，没有中央司法和执行机制，但本书认为，该系统的成功，至少在某些领域，很大程度上取决于司法机构，特别是国家司法机构的运作。该体系也在很大程度上依赖各国的政治意愿来实现这一目标。本书认为，最根本的考虑因素是国际法的主要行为体（即国家）是否支持该运作的进程。本尼迪克特·金斯伯里

---

[39] Murphy, above n 27, 55.
[40] Chalk, above n 36, xiii.
[41] Ibid.
[42] Ibid.
[43] Ibid.

（Benedict Kingsbury）认为，无论在理论上还是在实践上，国际法以国家为中心的实证主义特征都未被取代。[44]

在国际和国内法院的司法程序中，国家仍然发挥着"守门人"的作用。罗伯特·O.基欧汉（Robert O. Keohane），安德鲁·莫拉夫奇克（Andrew Moravcsik）和安妮-玛丽·斯劳特（Anne-Marie Slaughter）都在国际争端解决的语境下使用"守门人"一词，因为国家"掌控着诉诸争端解决法庭或法院的通道；通常由国家指派这类法庭的裁决者；国际性法庭或法院的裁判也由国家执行或者不予执行"[45]。本书还认为，在国际法期望国内法院作为国际法律秩序主要执行者的领域，国家作为"守门人"的作用更为明显。该立场表明，国际法的国家中心主义仍不可避免。因此，集体的和个别国家的政治意愿是国际法律制度成功的关键因素，包括司法机构在该制度中的作用。

国际法律秩序中的国家中心主义体现在常设国际法院在1927年裁定的荷花号案（Lotus case）判决的论述中："国际法掌控独立国家间的关系。因此，对国家具有约束力的法律规则源于各国的自由意志。"[46] 这种说法被用来支持实证主义话语中的极端共识主义。[47] 然而，21世纪的实证主义国际法已经放弃了这种粗糙的共识主义[48]，部分原因是如果占主导地位的实证主义不愿对国际秩序中出现的挑战作出回应，那么它的生命力将变得不稳定。[49] 正如本尼迪克特·金斯伯里指出的，"无论是严格建立在渊源基础上的实证主义，还是以内容为导向的政策科学或政治方法，现在似乎都不足以满足日益深化的国际社会的法律需求。"[50] 新的国际法律秩序应建立在一种更具价值多元性和更加依赖民主同意的法律理论之上。[51] 该制度的正当性应"更多地取决

---

[44] Benedict Kingsbury, 'The International Legal Order' (IILJ Working Paper 2003/1) 2.

[45] Robert O. Keohane, Andrew Moravcsik, and Anne-Marie Slaughter, 'Legalised Dispute Resolution: Interstate and Transnational' (2000) 54 *International Organization* 457–488.

[46] *S. S. Lotus* (*France v. Turkey*), 1927 PCIJ (ser A) no 10, 18.

[47] Jörg Kammerhofer and Jean d'Aspremont, 'Mapping 21st Century International Legal Positivism' <http://ssrn.com/abstract=1707986> at 14 November 2011.

[48] Ibid.

[49] Kingsbury, above n 45, 3.

[50] Ibid, 26.

[51] Ibid.

于合理性和功能特性，而不应取决于规范的权威和一群隐藏在背后的国际律师们的技术专长"。[52]

学者们证实了有必要在实证主义法学派框架下采取一种后现代的进路，因为实证主义法学派在 21 世纪仍然与本书论题有着持续的相关性。[53] 因此，在分析司法机构在打击海上恐怖主义过程中的作用时，本书采取了一种渐进的方法，承认国际法律秩序中已确立的作为实证主义法学派信条的国家中心主义。与此同时，本书也承认非国家行为主体在国际法律进程中的关键作用（积极的/消极的）及其对司法机构作用的影响，从而了解不断变化的需求。然而，本书主要基于国际法律秩序中的国家中心主义这一实证法学派的原则。

以该理论为基础，探讨司法机构在国际法律秩序中的作用是恰当的。下文的论述分两部分，即关于国际性的法院和国内法院的不同作用。国际性的法院在国际法律秩序中的作用是多方面的，包括争端解决，通过促进执法而使法律承诺具有公信力，从而确保司法公正和维护法治。[54] 国际司法程序能够促进国际秩序的合法性[55]，而司法机构在确保法治方面的作用已在国家范围内得到承认。[56] 国际司法机构在执行国际法方面的作用至关重要，尽管其潜力尚未得到充分发挥。正如杰拉尔德·菲茨莫里斯（Gerald Fitzmaurice）所言，"……国际性的法院和法庭的裁决或仲裁程序……提供了一种真正的途径，国际法以及一般而言，国际权利和义务，通过这种方式得以执行——应该更多地利用这种方式。"[57] 根据赫希·劳特派特（Hersch Lauterpacht）的说法，"……国际性法院的主要目的……在于其作为确保和平的工具之一的功

---

[52] Ibid, 26 – 27.

[53] See Kammerhofer and d'Aspremont, above 48.

[54] Benedict Kingsbury, 'International Courts: Uneven Judicialisation in Global Order' (NYU School of Law, Public Law Research Paper No 11 – 05, 2011). See also Karen J Alter, 'Do International courts Enhance Compliance with International Law?' (2003) 25 *Review of Asian and Pacific Studies* 51, 58 – 63.

[55] Thomas Franck, *The Power of Legitimacy Among Nations* (Oxford University Press, 1990) 24.

[56] Albert Venn Dicey, *Lectures Introductory to the Study of the Law of the Constitution* (Macmillan, 1885) 171.

[57] Gerald Fitzmaurice, 'The Foundations of the Authority of International Law and the Problem of Enforcement' (1956) 19 *Modern Law Review* 1, 7.

能,只要这一目的能够通过法律来实现。"[58] 此外,他认为,"法院的存在本身……必然是维护法治的一个重要因素。"[59] 国际法院(ICJ)院长在联合国大会的讲话中指出,法院有望在促进国际事务中的法治方面发挥核心作用。[60]

正如《联合国千年宣言》确定的,国际政策文书承认国际法院的这一作用,各国决心:

>……在国际事务和国内事务中加强对法治的尊重,特别是确保会员国在作为当事方的情况下,遵守国际法院的裁决,遵守《联合国宪章》。[61]

在同一份宣言中,国际社会决心"采取一致行动打击国际恐怖主义,并尽快加入所有相关的国际公约"。[62] 如果将这两段放在一起看,就有可能认为司法机构在国内和国际两个层面上为实现这些目标发挥了作用。将司法机构在实现法治方面的作用和国际社会对打击恐怖主义和其他国际罪行的承诺纳入《联合国千年宣言》,表明了该问题在现实中的重要性。在此背景下,本书旨在探讨司法机构在实现国际社会的这一崇高期望方面所能发挥或正在发挥的作用。

国际法院在不少判决中都承认其作为联合国主要司法机构的作用,称如果存在需要解决的法律问题,即使涉及政治问题,它也会发挥作用。[63] 然

---

[58] Hersch Lauterpacht, *The Development of International Law by the International Court* (Cambridge University Press, 1982) 3.

[59] Ibid.

[60] ICJ, 'The International Court of Justice Has a Central Role to Play in the Promotion of the Rule of Law, the President of the Court Affirmed Before the United Nations General Assembly, <http://www.icj-cij.org/presscom/files/5/16205.pdf> at 27 July 2012.

[61] United Nations Millennium Declaration, GA Res 55/2, UN Doc A RES/55/2 (2000).

[62] Ibid.

[63] *United States Diplomatic and Consular Staff in Tehran* (*United States of America v. Iran*), [1980] ICJ Rep 3, 24; *Case Concerning Military and Paramilitary Activities in and against Nicaragua* (*Nicaragua v. United States of America*) (*Jurisdiction and Admissibility*) [1984] ICJ Rep 293, 431–436; *Case Concerning Military and Paramilitary Activities in and against Nicaragua* (*Nicaragua v. United States of America*) (*Merits*) [1986] ICJ Rep 14, 26–28; *Legal Consequences of the Construction of a Wall in the Occupied Palestinian Territory* (*Advisory Opinion*) [2004] ICJ Rep 136; *Legality of the Threat or Use of Nuclear Weapons* (*Advisory Opinion*) [1996] ICJ Rep 234.

而，国际法院[64]和国际海洋法法庭[65]的管辖权仅限于解决争端和提供咨询意见。但国际法特别是海上恐怖主义法的执行，涉及起诉罪犯、为个体受害者提供救济和保障被指控犯罪者的权利。这些问题可能涉及国家间争端。相反，尽管国际刑事法院（ICC）[66]对起诉个人具有管辖权，承认海上恐怖主义是国际犯罪，但它对海上恐怖主义没有属事管辖权。

本书不仅将探讨国家间争端的解决，还将探讨国际法执行方面更广泛的问题，包括司法机构在国际社会打击海上恐怖主义方面的作用。考虑到国际性法院的管辖权有限，有必要探讨国内法院在这方面的作用。此外，在许多情况下，受害方可以向国内法院寻求救济，以解决索赔问题，如果它们获得合理的救济办法，国际性法院的作用就会变得有限。[67]

本书第三章和第五章讨论了司法机构在打击海上恐怖主义问题上所发挥的作用主要取决于国内法院。国内法院在执行国际法方面的作用植根于国际法律制度本身。正如乌娜·海瑟薇（Oona Hathaway）和斯科特·J. 夏皮罗（Scott J. Shapiro）所言："国际法并没有使用自己的警察或军队进行人身胁迫，而是将执法外部化（通常是国家）。"[68]

通常，国家是国际法的执行者，而规范国际罪行的国际法的执行通常需要国内法院的参与，例如起诉罪犯。在海上恐怖主义案件中，国内法院可以在以非暴力方式执行国际法方面发挥重要作用。国内法院可以通过利用非正式网络[69]，或者在某些情况下，通过与国际性法院的间接互动，单独这样做。[70] 国内法院在执行国际法方面的一个特殊作用是对政府的行政部门施加

---

[64] See Chapter 2, Part Ⅱ.

[65] Ibid.

[66] *Rome Statute of the International Criminal Court*, Opened for signature 17 July 1998, 2187 UNTS 90, art 121（4）（2002年7月1日生效）（以下简称 Rome Statute）.

[67] Kingsbury, above 55, 15.

[68] Oona Hathaway and Scott J. Shapiro, 'Outcasting: Enforcement in Domestic and International Law'（2011）121 *Yale Law Journal* 252, 259.

[69] The jurisprudence developed by national courts 'on multilateral treaties and webs of bilateral treaties is much more important than the roles of international courts on many topics (for example, cross-border child abduction, or air and rail transport), and it is increasingly central on human rights, war crimes, and other areas in which international courts are active'. above 55, 15.

[70] Ibid.

限制。[71] 正如第三章所讨论的，美国的国内法院通过限制国家行动，在确保拘留和起诉恐怖主义犯罪嫌疑人的国际法保障方面发挥了重要作用。正如乌娜·海瑟薇所言："即使是在最强大的政治人物强烈抵制的情况下，国际法的国内执行也能取得成功。"[72]

相比之下，一些学者认为法院是相对薄弱的机构。无论是在国际层面还是在国内层面，这一观点都是正确的。正如杰克·戈德史密斯（Jack Goldsmith）和达里尔·莱文森（Daryl Levinson）所言：

> 法院被塑造成强有力的执行机构，迫使政府的政治部门服从其命令。但法院当然不能扮演任何这样的角色。法院只是政府的分支机构，缺乏可能被用来强制其他政府官员及其选民服从的财政和行政权力。[73]

该观点重申了法律进程中的国家中心主义。司法机构的运作很大程度上取决于行政和立法机关的政治意愿。但在建立这种政治意愿的过程中，个人或群体等非国家行为体可以发挥关键（积极的/消极的）作用。个人的活动可以促使（甚至迫使）政府的行政部门扮演司法机构的角色。

最后，必须指出，为了建立新的国际法律秩序，司法机构需要发挥更大的作用。有时，法院无法控制的因素，包括缔约国及其国内政治机构之间的关系，对国际性法庭的作用可能是至关重要的。[74] 以民主同意为基础的国际法律秩序必须提供一种制度，使受害者能够寻求并获得司法救助。司法机构是这种求助的最重要手段之一，然而，必须承认，司法机构是国际法中一个很弱的角色，因为它们的作用主要取决于作为主要行为体的国家的政治意愿。

认识到这些弱点，本书将从不同角度考虑国家和国际司法机构的作用。从以上论述可以看出，司法机构在解决争端方面的作用是有限的，而且通常

---

[71] Ibid.

[72] Oona A Hathaway, 'Hamdan v. Rumsfeld: Domestic Enforcement of International Law', in John E Noyes, Laura A Dickinson and Mark W Janis (eds), *International Law Stories* (Thomson West, 2007) 261.

[73] Jack Goldsmith and Daryl Levinson, 'Law for States: International Law, Constitutional Law, Public Law' (2009) 122 *Harvard Law Review* 1791, 1831.

[74] Laurence Helfer and Anne-Marie Slaughter, 'Toward a Theory of Effective Supranational Adjudication' (1997) 107 *Yale Law Journal* 273, 328–336.

是各国最后的选择。但在国际法的某些领域，司法机构可以发挥更广泛的潜在作用。例如，两国之间的争端可以通过谈判或其他不具约束力的机制来解决。但这种解决争端的政治手段不能用于起诉海上恐怖主义分子，只能通过法院或法庭来实现。这种情况表明，司法机构作为国际法行为体的作用被严重忽视。除了解决争端外，司法机构在执行某些国际规则方面也可发挥重要作用。然而在现有文献中，司法机构在国际事务中的作用却常常被忽视。[75]

本书不仅分析了司法机构在打击海上恐怖主义方面的作用，以及它们作为国家之间、国家与非国家行为体之间以及非国家行为体之间争端解决场所的传统作用，还证明了，如果司法机构不能在国际事务的某些领域，特别是在海上恐怖主义领域发挥作用，就不能说国际法律体系是成功的。本书并不认为将权力下放给法院是灵丹妙药，然而确保司法机构发挥作用是保护国家和人民免受海上恐怖主义侵害，从而成为促进海上安全的必要环节。

第四节　司法机构的作用

司法机构有可能在打击海上恐怖主义方面发挥作用，成为解决海上安全争端的法庭，并起诉罪犯。然而，没有任何国际司法机构有权起诉海上恐怖分子。因此，国际司法机构的作用仅限于和平解决国家间争端。涉及海上恐怖主义的国家间海上安全争端可能以多种形式出现。不同类型的法律问题可能导致由海上安全引起的国家间争端，包括由船旗国、沿海国和/或其他国家的作为和不作为引起的争端。潜在的争端可能涉及不同的航行权利和自由的问题，以及对这些权利的干预。此外还包括有关国家作为船旗国或沿海国的尽责义务，以及将个人行为归责于国家的问题。

正如第三、四和五章所讨论的，尽管海上恐怖主义具有国际维度，但国内法院已成为实际意义上打击海上恐怖主义更为重要的司法机构。当然，这并不必然意味着国际法院不能发挥作用。

一、国际司法机构

国际司法机构是和平解决国际争端的主要途径之一。《联合国宪章》禁止

---

〔75〕 Steven C. Roach,'Courting the Rule of Law? The International Criminal Court and Global Terrorism'（2008）14 *Global Governance* 13, 13, 14.

使用武力解决国际争端[76]，只承认以和平方式解决争端。[77] 然而，国际法并没有把解决争端的义务强加给各国。[78] 解决争端的正式法律程序主要是建立在同意的基础上。[79] 国际争端解决机制可分为两大类：第一类是非约束性或外交程序，其中各方控制整个程序并保留接受或拒绝解决方案提议的权利；第二类是具有约束力的仲裁和司法解决程序。就本书而言，仲裁也将被视为一种司法解决方案。[80]然而，大量的国际争端都是在没有诉诸法院的情况下解决的，但这并不一定会削弱司法机构在国际舞台上的必要性和重要性。司法机构更广泛的意义不容低估，它们最重要的作用是在国际社会中建立一种法律秩序感。[81] 以法律为基础的和平解决争端，在人类长期以来争取和平与正义的斗争中发挥了不可或缺的作用。[82] 利用公正的第三方和平解决争端已被证明是避免持续战争的重要手段。[83] 在此背景下，本书将简要介绍可利用的国际司法途径和国际司法机构的局限性。

（一）可利用的国际司法途径

越来越多的争端由国际法院来解决着实令人鼓舞。除国际法院外，国际社会还活跃着一些国际和区域性的司法机构。[84] 事实上，国际争端的司法解

---

[76]《联合国宪章》第 2 条第 3 款和第 4 款。

[77]《联合国宪章》第 33 条；*Manila Declaration on the Peaceful Settlement of International Disputes*, UN GAOR, 37th sess, 68th plen mtg, Agenda Item 122, UN Doc A/RES/37/10/（1982 年 11 月 15 日）；*Institut de Droit International Annual Digest* 48 II（1959）359。

[78] Ian Brownlie, *Principles of Public International Law*（Oxford University Press, 7th ed, 2008）701.

[79] Ibid.

[80] 通常仲裁是通过合同双方同意的方式进行的，仲裁结果具有约束力。仲裁员一般由当事人选定。然而，《联合国海洋法公约》引入了有约束力的仲裁制度。事实上，关于《联合国海洋法公约》的仲裁与具有强制管辖权的国际法院在实际意义上有一些相似之处。见公约，第 15 部分。

[81] 正如菲利普·C. 杰赛普（Philip C. Jessup）所指出的，"如果我们适当地培育这些机构，它们将增强各国之间的法律习惯，也许还会鼓励政治争端的解决。这将加速各国将所有国际诉讼视为友好行为的那一天的到来，用莎士比亚的名言来说，他们会像法律中的对手那样行事，努力奋斗，但却像朋友一样吃喝"。Philip C. Jessup, 'International Litigation as a Friendly Act'（1960）60 *Columbia Law Review* 24, 39.

[82] Ram Prakash Anand, 'Enhancing the Acceptability of Compulsory Procedures of International'（2001）5 *Max Planck Yearbook of United Nations Law* 1.

[83] Ibid.

[84] James Crawford, 'Continuity and Discontinuity in International Dispute Settlement: An Inaugural Lecture'（2010）1 *Journal of International Dispute Settlement* 3, 4.

决并不是个别现象。[85] 目前，至少存在着16个国际司法机构以及一些其他解决争端的机构。[86]

司法机构在海上安全领域中的作用非常重要，特别是针对海上恐怖主义案件，因为海上安全往往涉及对个人的起诉问题。两国可以通过政治和非约束性的方式解决争端，但并不能通过这些方式来起诉个人。在海事安全纠纷中，某些案件可能需要采取临时措施。一个常设司法机构可能就是这种救济措施最可行的选择，而不是一个特别的政治程序，即使司法机构采取临时措施，在某些方面也可能促进争端的政治解决。[87]

正如本书后面各章将要讨论的，各国在《联合国海洋法公约》[88] 下的与海洋安全有关的权利和义务或许是产生争端的根源。《联合国海洋法公约》引入了一套争端解决机制，其中司法机构扮演着重要角色，这套机制详细规定了国际争端解决的多个备选办法，并引入了强制争端解决程序。该程序要求作出具有约束力的决定。[89] 根据《联合国海洋法公约》第287条的规定，缔

---

[85] Frank D Emerson, 'History of Arbitration Practice and Law' (1970) 19 *Cleveland State Law Review* 155, 156; Georg Schwarzenberger, 'Present-day Relevance of the Jay Treaty Arbitrations' (1977 – 1978) 53 *Notre Dame Lawyer* 715; Zafarullah Khan, 'Address on the 50th Anniversary of the International Judicial System' (1972) 6 *International Lawyer* 449, 452; Tom Bingham, 'The Alabama Claims Arbitration' (2005) 54 *International and Comparative Law Quarterly* 25; Thomas K Ford, 'The Genesis of the First Hague Peace Conference' (1936) 51 *Political Science Quarterly* 354; David D Caron, 'War and International Adjudication: Reflections on the 1899 Peace Conference' (2000) 94 *American Journal of International law* 4; James Brown Scott, 'Work of the Second Hague Peace Conference' (1908) 2 *American Journal of International Law* 1; Permanent Court of International Justice (1922 – 1946) <http://www.icj-cij.org/pcij/index.php?p1=9> at 24 July 2010; Manley O Hudson, 'Permanent Court of International Justice' (1921 – 1922) 35 *Harward Law Review* 245; John Bassett Moore, 'Organisation of the Permanent Court of International Justice' (1922) 22 *Columbia Law Review* 497; Manley Hudson, 'Succession of the International Court of Justice to the Permanent Court of International Justice' (1957) 51 *American Journal of International Law* 569; Grant Gilmore, 'International Court of Justice' (1945 – 1946) 55 *Yale Law Journal* 1049.

[86] The Project on International Courts and Tribunals, 'The International Judiciry in Context' <http://www.pict-pcti.org/publications/synoptic_chart/synop_c4.pdf> at 2 July 2010.

[87] *Land Reclamation by Singapore in and around the Straits of Johor (Malaysia v. Singapore)* (2005) 27 RIAA 133.

[88] 《联合国海洋法公约》1982年12月10日开放签字，第56条第1款（1994年12月16日正式生效）。

[89] 详细讨论 UNCLOS 争端解决机制的著作有：Natalie Klein, *Dispute Settlement in UN Convention on the Law of the Sea* (Cambridge University Press, 2005); A. O. Adede, *The System for Settlement of Disputes under the United Nations Convention on the Law of the Sea: A Drafting History* (Martinus Nijhoff, 1986)。

约国可以选择一个或多个司法或仲裁机构作为首选的争端解决机构,包括国际海洋法法庭（ITLOS）[90]、国际法院（ICJ）、根据附件七组成的仲裁庭[91]和根据附件八组成的特别仲裁庭[92]。如果缔约国没有选择或争议各方选择的方式不同,则应视为已选择附件七规定的仲裁[93]。这些司法机构对有关《联合国海洋法公约》解释或适用的任何争议都享有管辖权[94]。

　　仲裁是司法解决海上安全纠纷的另一途径。除基于同意的传统仲裁模式[95]外,《联合国海洋法公约》还引入了强制仲裁制度。《联合国海洋法公约》规定提起仲裁的方式有三种[96]。本公约缔约国可通过协议决定将仲裁作为和平解决争端的手段,从而设立仲裁庭[97]。在强制争端解决的情况下,双方可选择附件七或附件八的仲裁作为其首选的争端解决方法[98]。如果双方所声明的首选方式不同,则视为接受附件七的仲裁[99]。此外,如果某一特定争端当事方接受了两种不同选择,争端只能提交根据附件七组成的仲裁庭,除非当事方另有决定[100]。

　　基于另一个与海上恐怖主义有关的公约,即1988年SUA公约[101]产生的

---

[90] 国际海洋法法庭（ITLOS）是 UNCLOS 的一个创新。该法庭由 21 位被认为具有海洋法领域知识的独立法官构成。UNCLOS, annex vi。

[91] UNCLOS, annex vii, John Collier and Vaughan Lowe, *The Settlement of Disputes in International Law*: *Institutions and Procedures* (Oxford University Press, 2000), 90–91.

[92] UNCLOS, annex viii, ibid 91–92.

[93] UNCLOS, art 287.

[94] UNCLOS, art 288（1）.

[95] 临时仲裁可能只适用于 UNCLOS 的强制性争端解决程序不适用的争端。例如, UNCLOS 强制争端解决机制中具有约束力的决定并不适用于沿海国家在其专属经济区内保护海洋生活资源方面违反国际法一般原则的任意行为而引起的争端。UNCLOS, art 297（3）（a）; Klein, above no 90, 第 175–178 页; Alan E Boyle, 'Dispute Settlement and the Law of the Sea Convention: Problems of Fragmentation and Jurisdiction'（1997）46 *International and Comparative Law Quarterly* 37, 42–43; Shigeru Oda, 'Fisheries under the United Nations Convention on the Law of the Sea'（1983）77 *American Journal of International Law* 739, 746–747.

[96] J G Merrills, *International Dispute Settlement*（Cambridge University Press, 2005）193.

[97] UNCLOS, art 281.

[98] UNCLOS, art 287（1）.

[99] UNCLOS, art 287（3）.

[100] UNCLOS, art 287（5）.

[101] 《制止危及海上航行安全非法行为公约》,1988年3月10日开放签署,联合国条约系列,第1678卷,第221页,（1992年3月生效）（1988年SUA公约）（为方便行文,本书亦可简称SUA公约——译者注）。

各国的权利和义务,可能成为国际争端的另一来源。SUA 公约有解决争端的规定,如因 SUA 公约的解释和适用而产生的任何争端[102],当事各方可将其提交仲裁。[103] 如果当事各方不能就提交仲裁达成一致,可根据任何一方的请求将争端提交国际法院。[104] 但 SUA 公约允许各方对这一规定作出保留。[105] 166 个公约缔约国中,只有 22 个缔约国对这一解决争端的规定提出了保留。[106] 令人振奋的是这项规定几乎被普遍接受,然而,到目前为止,现实中并没有使用这项规定的例子。[107] SUA 公约还就通过国内法院起诉罪犯作出了规定。[108]

除有关国际公约规定了争端解决机制外,海上恐怖主义争端当事方也可将争端提交国际法院,而不以《联合国海洋法公约》为依据。与任何涉及国际法的争端一样,国际法院享有对海上安全争端的管辖权。

本部分简要介绍了通过司法机构解决海上恐怖主义争端的不同方式。尽管似乎有多种选择,但在实践中,由于受到国际法律体系的限制,利用这些司法机构可能是复杂和困难的。本书接下来将批判性地分析这些局限性。

(二)国际司法机构的局限性

国际司法和仲裁机构的管辖权主要建立在各国同意基础上。尽管各国可以声明承认国际法院的管辖权是强制性的[109],但多数国家在作出声明时提出保留。[110] 这种保留可能是利用国际法院解决海上安全争端的一个严重障碍,而各国是否接受任择条款则是另一个障碍。

---

[102] SUA Convention, art 16 (1).
[103] Ibid.
[104] Ibid.
[105] SUA Convention, art 16 (2).
[106] 根据 SUA 公约第 16 条进入申报的国家是:阿尔及利亚、阿根廷、亚美尼亚、阿塞拜疆、巴西、中国、古巴、埃及、法国、德国、印度、伊朗、以色列、摩尔多瓦、莫桑比克、缅甸、卡塔尔、沙特阿拉伯、突尼斯、土耳其、阿拉伯联合酋长国和越南。IMO, 'Status of Multilateral Conventions and Instruments in Respect of which the International Maritime Organization or Its Secretary General Performs depositary or other Functions' <http://www.imo.org/en/About/Conventions/StatusOfConventions/Documents/Status%20-%202015. pdf> 2015 年 11 月 5 日访问。
[107] 洛克比案中有《关于制止危害民用航空安全的非法行为的公约》(《蒙特利尔公约》)的类似规定,涉及洛克比空难事件引起了 1971 年《蒙特利尔公约》的解释和适用问题(Libyan Arab Jamahiriya v. United States of America) [1998] ICJ Rep 115, 118。
[108] SUA Convention, arts 5, 6, 7.
[109] ICJ, 'Declarations Recognising the Jurisdiction of the Court as Compulsory' <http://www.icj-cij.org/jurisdiction/index.php?p1=5&p2=1&p3=3>2010 年 7 月 31 日访问。
[110] Ibid.

就海上恐怖主义而言，强制司法解决可以建立在《联合国海洋法公约》的争端解决机制基础上。但该制度存在诸多局限性，可能会使通过司法途径解决海上恐怖主义争端变得十分困难。

《联合国海洋法公约》争端解决的第一个局限是管辖权。如果一方未经另一方同意而提交《联合国海洋法公约》争端解决机制，则被告国可能基于三个理由质疑管辖权。[111] 首先，一方可以通过声称"争端不涉及任何《联合国海洋法公约》的解释和适用问题"来挑战管辖权。[112] 其次，如果"另一个法庭或程序优先于《联合国海洋法公约》的强制争端解决机制"，也可以质疑管辖权。[113] 在包括南方蓝鳍金枪鱼[114]、混合氧化物燃料工厂[115]、填海造地[116]、巴巴多斯/特立尼达和多巴哥[117]等在内的多个案件中，《联合国海洋法公约》争端解决机制的管辖权遭受质疑。最后，一方可以通过声称《联合国海洋法公约》第 15 部分第 1 节所规定的通过协议自行选择的方法尚未用尽来质疑法院或法庭的管辖权。[118]

---

[111] UNCLOS arts 279, 281, 282 and 287; Robin Churchill, 'Some Reflections on the Operation of the Dispute Settlement System of the UN Convention on the Law of the Sea During its First Decade' in David Freestone, Richard Barnes and David M Ong (eds), *The Law of the Sea: Progress and Prospects* (Oxford University Press, 2006) 388, 399.

[112] Md Saiful Karim, 'Litigating Law of the Sea Disputes Using the UNCLOS Dispute Settlement System' in Natalie Klein (ed), Litigating International Law Disputes: Weighing the Options (Cambridge: Cambridge University Press, 2014); Churchill, Ibid; *Southern Bluefin Tuna Cases* (*New Zealand v. Japan; Australia v. Japan*) (*Provisional Measures*) (1999) 38 International Legal Materials 1624, [46], [48], [49], [55]; *Southern Bluefin Tuna Case* (*Australia and New Zealand v. Japan*) (*Award on Jurisdiction and Admissibility*), (2000) 39 International Legal Materials 1359, [47–52] (hereinafter *Southern Bluefin Tuna Case, Jurisdiction and Admissibility*); *The Mox Plant Case* (*Ireland v. United Kingdom*) (*Provisional Measures*) (2002) 41 International Legal Materials 405, [50, 51] (hereinafter *MOX Plant Case Provisional Measures*).

[113] Ibid, UNCLOS art 281.

[114] *Southern Bluefin Tuna Case* (*Provisional Measures*) above n 113; *Southern Bluefin Tuna Case* (*Australia and New*) (*Award on Jurisdiction and Admissibility*) above n 113.

[115] *The MOX Plant Case* (*Ireland v. United Kingdom*) (*Order No3 Suspension of Proceedings on Jurisdiction and Merits, and Request for Further Provisional Measures*) <http://www.pca-cpa.org/upload/files/MOX%20Order%20n03.pdf> [28].

[116] *Case concerning Land Reclamtion by Singapore in and around the Straits of Johor* (*Malysia v. Singapore*) (*Provisional Measures*) <http://www.itlos.org/fileadmin/itlos/documents/cases/case_no_12/Order.08.10.03.E.pdf>，2012 年 7 月 26 日访问。

[117] *Arbitration between Barbados and the Republic of Trinidad and Tobago*, (2006) 45 International Legal Materials 800, [200] (ii).

[118] Karim, above n 113, Churchill, above n 112.

关于《联合国海洋法公约》的限制是否对解决有关海上恐怖主义的争端产生影响的问题，可能有人会认为 SUA 公约是《联合国海洋法公约》第 281 条中提到的协议。但这可能不是一个严重的问题，因为 SUA 公约本身提出了一种机制，受害国可以通过该机制寻求诉诸国际法院，并且如果任何当事方根据 SUA 公约第 16 条第 2 款提出了保留，则根本没有达成任何协议。此外，SUA 公约与《联合国海洋法公约》调整的实体事项并不完全相似。类似的问题还可能会出现在区域协议中，如《加勒比共同体海事协议和空域安全合作协议》（以下简称《加勒比共同体协定》）等。[119] 该协议引入了基于同意的争端解决制度。[120] 如果各方之间就该协议和《联合国海洋法公约》所共同涵盖的任何问题发生争议，将难以在《联合国海洋法公约》争端解决机制下提起诉讼。但与 SUA 公约类似，《联合国海洋法公约》与该协议的实体事项并不完全相似。此外，根据《加勒比共同体协定》第 24 条，该协议不得以任何方式改变或影响一缔约国与另一缔约国就同一实体事项所缔结的有效协定产生的权利和义务。基于该规定，包括争端解决机制在内的《联合国海洋法公约》的规定应优先于《加勒比共同体协定》体系。

《联合国海洋法公约》允许对第 297 条和第 298 条规定的强制管辖权有一些一般性的和任择性的例外。这些例外，特别是关于军事活动的任择性例外，对于《联合国海洋法公约》争端解决机制在海上恐怖主义案件中的强制管辖权是非常重要的。

根据《联合国海洋法公约》第 297 条规定，有关沿海国主权权利和管辖权的争端，除涉及其他国家根据《联合国海洋法公约》在航行、飞越和铺设海底电缆和管道方面的权利，以及关于沿海国涉嫌违反有关保护和保全海洋环境具体国际规则的争端外，不受强制管辖。[121]《联合国海洋法公约》第 298 条第 1 款 b 项规定，各国可选择作出声明，该声明是关于"涉及军事活动的争端，包括从事非商业性服务的政府船舶和飞机的军事活动的争端，以及根据第 297 条第 2 和第 3 款不属法院或法庭管辖的关于行使主权权利或管辖权的

---

[119] CARICOM Maritime and Airspace Security Co-operation Agreement <http：//www.caricom.org/jsp/secretaiat/legal_instruments/agreement_maritime_airspace_security_cooperation.pdf> 2012 年 8 月 1 日访问，有关本协议的细则见第三章，第 2 部分。

[120] Ibid, art 23.

[121] UNCLOS, art 297（1）(a) 和 1（c），Collier and Lowe, above n 92, 92-93.

法律执行活动的争端",本条与第 297 条第 3 款 a 项之间的联系涉及沿海国对专属经济区内生物资源的主权权利争端。这是关乎海上安全的一个非常重要的问题。沿海国有机会对该问题进行扩大解释,以避免《联合国海洋法公约》争端解决的强制管辖权。

有关海上恐怖主义的另一重要问题是沿海国声称为逮捕和扣押船舶而进行的紧追行为是否可视为一种军事活动。如果这样,将造成严重后果,因为军事活动的例外并不局限于专属经济区的渔业,可能延伸到公海,更重要的是囊括其他活动,如海上恐怖主义。如果成员国对军事活动例外的任择性声明适用于紧追、登临和扣押船舶等执法活动,则无异于公开许可干涉公海自由,没有给船旗国寻求诉诸《联合国海洋法公约》争端解决机制的余地。然而,好在有这样一种观点认为这些活动不能被视为军事活动,因为仅仅使用军舰不足以将其归类为军事活动。[122]

已有 17 个国家声明,对涉及专属经济区主权权利和管辖权的军事活动和执法活动争端选择适用强制管辖的任择性例外。两个国家就有关专属经济区内主权权利和管辖权的军事活动和执法活动争端作出了类似声明。[123] 只有一个国家作出了关于军事活动的声明,另一个国家作出了关于在专属经济区主权权利和管辖权执法活动的声明。[124] 但这些统计数字并不能最终减少这些规定可能对海上安全争端的强制性解决所造成的障碍,因为其他国家可以随时作出此类声明。[125]

---

[122] 正如 Natalie Klein 的评论:"很难断言紧追权和访问权是执法活动而不是军事活动,因为这两种行为都涉及具体法律的执行。这些权利仅由军方和政府船舶行使的事实并不能证明具有第 298 条规定的'军事活动'的特征。"klein, above n 90, 312–313.

[123] UNCLOS 的法律地位,2012 年 9 月 2 日访问, <http://treaties.un.org/Pages/ViewDetailsI-II.aspx?&src=TREATY&mtdsg_no=XXI~6&chapter=21&Temp=mtdsg3&lang=en>。

[124] Ibid.

[125] 这些规定并没有被任何已有的案例所引用。在 *Volga Prompt Release* 案件中,俄罗斯联邦对澳大利亚违反 UNCLOS 第 111 条和第 87 条第 1 款 a 项的行为预示进行了单独诉讼。澳大利亚在该案的陈述中表示如果俄罗斯提起任何实体程序,它将挑战俄罗斯的管辖权。澳大利亚的争论主要基于俄罗斯根据 UNCLOS 第 298 条第 1 款 b 项的声明。然而,由于俄罗斯并没有提起任何诉讼程序,因此,该条款并未被验证其在实践中的意义。第 298 条第 1 款处理了有关专属经济区的执法活动,但没有延伸到公海。俄罗斯适用附件 2 中的仲裁并未解决专属经济区或被澳大利亚利用的生物资源的主权争端。俄罗斯的申请将对俄罗斯在公海上的权利产生影响。任何国家都不享有公海内的主权权利。The Volga-Application for Release of Vessel and Crew,(*Russion v. Australia*),[25] <http://www.itlos.org/start2_en_html> 2010 年 8 月 18 日访问。The Volga Case, Statement in Response of Australia, [58] <http://www.itlos.org/case_documents/2002/document_en_210.pdf> 2010 年 8 月 18 日访问。

上述讨论强调了国际司法机构在解决有关海上恐怖主义国家间争端方面的局限性，特别是在《联合国海洋法公约》的框架内。然而，国际司法机构最严重的限制是只对国家开放，个人不得直接向这些机构寻求救济。这使得国内法院在海上恐怖主义话语中的作用至关重要，因为海上恐怖主义问题可能涉及事件受害者的索赔，以及保障被指控罪犯的人权问题。此外，没有起诉罪犯的国际法庭。国际法律体系充分依靠国内法院来起诉海上安全的违法者，特别是海上恐怖分子。有鉴于此，下面将概述国内法院在处理与海上恐怖主义有关的法律问题方面发挥的重要作用。

二、国内法院

从海上恐怖主义的角度来看，国内法院作为国际法行为体的作用可分为三类：第一，作为起诉参与恐怖主义个人的法庭；第二，作为解决跨国和纵向争端的机构；第三，作为间接解决国家间争端的法庭。下面将简要讨论这三个方面的作用。

（一）起诉罪犯

国内法院在海上恐怖主义领域可以发挥的最重要作用就是起诉海上恐怖主义罪犯，因为截至目前，没有国际性的法院可以起诉这些罪犯。《联合国海洋法公约》将领海内的刑事管辖权赋予沿海国[126]，只要符合第27条规定的情形，《联合国海洋法公约》就赋予国内法院享有起诉包括海上恐怖主义在内的领海内各类海上犯罪的管辖权。在其他海域起诉海上犯罪的管辖权也属于国内法院。选择起诉罪犯的国内法院取决于案件发生的地点和类型。归根结底，国内法院是唯一适合起诉海上安全罪犯的法庭。SUA公约规定缔约国有义务起诉被指控的罪犯。[127] 该公约没有设立一个起诉罪犯的国际司法机构，相反，它依赖于各国国内法院。然而，缔约国在很大程度上忽视了国内法院的这一重要作用，因为许多缔约国并没有颁布相应的国内法来发挥国内法院的这一重要作用。[128]

---

[126] UNCLOS, art 27.
[127] SUA Convention, art 6.
[128] 国际海事组织文件，法律98/8/2（2011年）。

（二）跨国和纵向争端

由于《联合国海洋法公约》赋予沿海国对领海的主权[129]和专属经济区的主权权利[130]，任何违反沿海国根据国际法就这些海域制定法律的行为，均可由沿海国的国内法院所管辖。[131] 在许多情况下，解决争端的管辖权属于国内机构，特别是涉及一个国家和另一个国家自然人或法人的争端。例如，有关外国船舶在领海实施的海上恐怖主义争端将主要由国内法院处理，因为沿海国对领海拥有主权。但是，如果争端是关于船旗国航行自由的国家间争端，那么就要由一个国际性的争端解决机构而不是国内法院来解决。

国内法院对跨国和纵向海上安全争端的管辖范围是很广泛的。[132] 对寻求一些必要的救济而言，诉诸国内法院是第一步，这些救济（包括赔偿），断定执法部门在众多涉及海上安全的问题上针对外国船舶采取执法行动时是否违反了国际法，包括海上恐怖主义。此外，外国国民甚至可以质疑不符合国际法的国内法的有效性。[133] 相反，各国也可以就违反纳入其国家法律框架内的国际法的行为，在本国法院寻求对外国船舶的追索。例如，个人在本国国内法院对外国公司和外国国家采取法律行动，要求对海上恐怖主义进行赔偿。[134]

本部分举例说明了国内法院在解决跨国和纵向海上安全争端中可以发挥的作用。国内法院在解决此类海上恐怖主义争端中的作用和管辖权将在后续各章中进一步讨论。

（三）横向或国家间争端

关于国内法院在直接或间接解决国家间争端方面的作用问题，从国际法律体系的正统观念来看可能显得有点特别，因为一个主权国家的法院解决两

---

[129] UNCLOS, art 2.
[130] UNCLOS, art 56.
[131] UNCLOS, arts 2、21、56、73.
[132] 这一问题将在后续章节中详细讨论。
[133] 俄罗斯伏尔加号船主向澳大利亚高等法院提出的申请未获成功。联邦法院首席法官的裁决在上诉中得到确认。*Olbers Co Ltd. v. Commonwealth of Australia* (2005) 212 ALR 325. 向澳大利亚高等法院上诉的特别许可申请被拒绝。会议记录，*Olbers Co Ltd v. Commonwealth of Australia* (High Court of Australia, Hayen and Callinan JJ, 22 April 2005).
[134] *Rux v. Sudan*, 495 F Supp 2d 541 (2007); see also *Klinghoffer v. S N C Achille Lauro Ed AltriGestione Motonave Achille Lauro In Amministrazione Straordinaria*, 816 F Supp 930 (1993).

个国家间争端的情况并不常见。然而，在国际法的某些领域，国内法院可在一审案件中发挥作用，因此，如果一个问题不能由国内法院友好解决，则可以将其提交国际性法院来解决。许多表面上的纵向争端，如果不能由国内法院友好解决，实际上可能变成横向争端。例如，如果外国船舶或人员被沿海国执法部门无理逮捕，船东或被逮捕人可首先向逮捕船舶所在国的国内法院提起诉讼。如果国内法院为船东提供了适当的救济措施，则争议将得到解决。如果船东未能从沿海国的国内法院获得正义，船旗国就可以诉诸一个国际性的法院，要求对扣船国侵犯其航行权进行赔偿。尽管涉及相同的诉因，但该争议可能存在本质上的不同，一项争议涉及船东的权利，另一项争议涉及船旗国的权利。[135]

最后，有必要就进一步发挥国内法院的作用多说几句。国内法院是打击海上恐怖主义最重要的司法机构。与其他一些国际犯罪相比，目前还没有起诉海上恐怖分子的国际司法机构。如果没有国内法院，海上恐怖分子就不可能被起诉。此外，"9·11"事件之后，国内法院又是保障这些犯罪嫌疑人人权的主要机构。特别是在海上恐怖主义方面，因为没有国家有兴趣为保障被告的人权而对另一个国家提起诉讼。正如第三章将讨论的，这不仅仅是一个断言，在某些情况下也是一个现实。在这种情况下，逮捕或拘留国的国内法院可在保障被指控罪犯的人权方面发挥重要作用。此外，如上所述，国内法院还可在解决跨国和纵向争端以及间接解决国家间争端方面发挥重要作用。本书认为，各国应通过在其国内法律体系中妥善执行有关国际法律文书以及通过提供后勤支持来使其国内法院运作起来。为建立一个合法和人道的打击海上恐怖主义体系，在适当的法律和后勤支持下运作国内法院至关重要。然而，本书在强调国内法院至关重要的同时，也没有忽视国内法院作为国际法行为体，受到其自身作为一个国家机构以及各自国家政府的行政和立法机关政治意愿所产生的制约。尽管存在种种制约，但国内法院在打击海上恐怖主义方面仍然扮演着重要角色。

在此背景下，本书将探讨司法机构运作的概念。

---

〔135〕 然而，可能存在 Lis Pendens 和 Res Judicata 的潜在问题。See generally Vaughan Lowe,'Res Judicate and the Rule of Law in International Arbitration'（1996）8 *African Journal of International and Comparative Law* 38. Campbell McLachlan, *Lis Pendens in International Litigation*（Brill Academic，2009）.

第五节　司法机构的运作

本书将经常使用"operationalisation"这一术语来表示司法机构在打击海上恐怖主义方面的实际执行情况。在国际和国内法院发挥作用的背景下，该术语还具有特殊含义。在科学研究中，"operationalisation"是指"一个过程，研究人员通过该过程确定在特定研究中，一个概念如何得以测量、观察或控制。这一过程将感兴趣的理论、概念变量转化为一套具体的研究"[136]。字典中"operational"一词的意思是指某物正在工作或做好等待工作的准备。[137] 心理学研究人员将运作化过程（the process of operationalisation）定义为"将抽象、模糊、松软的建构……转化为具体、实在的并最终是可观察和可测量的事物"[138]。尽管在不同背景下采用，但在本书中，该定义的各个方面都是相关联的。如果国内法院和国际性法院的活动是特定的、具体的和实际可观察的，则可以说它们已经发挥了作用。

本书将使用"operationalisation"或"operationalise"术语来说明司法机构是否正在运作或准备解决争端或起诉罪犯。这一术语比单纯的国际法实施（implementation of international law）具有更广泛的含义；它将表明一个机构是否在实际运作，从而加强国际法的适用。在确定司法机构是否已开始运作时，有两个关键问题，即"合规性"和"有效性"。对本书而言，"合规性"意味着遵守习惯国际法、《联合国海洋法公约》和其他海上安全公约，而"有效性"则指国际和国家司法机构在起诉罪犯及提供和平解决跨国和国家间争端方面的效率。

"合规性"可能需要在立法上将某些国际法纳入国内法律框架，并要求国内司法和行政机构为执行国际法而运作。正如路易斯·亨金（Louis Henkin）所说，"几乎所有国家在几乎任何时候遵守几乎所有的国际法原则和几乎所有

---

[136] Jeni L. Burnette, 'Operationalization' in Roy F. Baumeister and Kathleen D Vohs (eds), *Encyclopedia of Social Psychology* (Sage Publications, 2007) 635.

[137] Catherine Soanes and Angus Stevenson (eds), *Concise Oxford English Dictionary* (Oxford university Press, 2006) 1002.

[138] 'Operationalisation' <http://www.une.edu.au/Webstat/unit_materials/c2_research_design/operationalism.htm> 2010年12月17日访问。

的义务。"[139] 研究人员有时虽然引用这一结论却没有提供经验证据来证明和支持这一结论。[140] 根据阿布阮·彻斯（Abram Chayes）与安东尼奥·汉德勒·彻斯（Antonio Handler Chayes）的说法，各国有遵守国际法的倾向，不遵守主要是由于国际文书的模糊性和国家能力不足。[141] 然而，并非所有专家都同意这一主张。[142] 尽管如此，国际法被遵守的案例并不少见。[143] 正如高洪柱（Harold Hongju Koh）所说："国际规则很少需要执行，而通常会得到遵守。"[144] 然而，不违反国际法并不一定确保合规。"合规"是一个较广义的术语，既适用于一个国家履行其在一项国际法律文书中的义务，也适用于国家行为符合该法律文书的原则。正如扬（Young）认为："当一个特定对象的实际行为符合规定的行为时，合规就会发生，而当实际行为明显偏离规定的行为时，违规或违反行为就会发生。"[145] 与国家法律制度不同，对国际法的遵守没有强制执行机构。[146]

在许多领域，很少有系统的研究表明国际法是否在大多数时间被大多数国家遵守。[147] 事实上，除了奇闻逸事和普通的印象，国际律师对合规的基本情况几乎无话可说。[148] 这可能是本研究的一个局限性。但是，可以根据司法机构的作用来衡量遵守规定的程度。为了确定合规性，本书将主要探讨司法机构的作用在多大程度上按照国际法律体系的预期运作。

---

[139] Louis Henkin, 'How Nations Behave' (Council on Foreign Relations, 1979) 47.

[140] Abram Chayes and Antonio Handler Chayes, 'On Compliance' (1993) 47 *International Organization* 175, 177.

[141] Ibid.

[142] Andrew T. Guzman, *How International Law Works: A Rational Choice Theory* (Oxford University Press, 2008) 16.

[143] Harols Hongju Koh, 'Why Do Nations Obey International Law' (1997) 106 *Yale Law Journal* 2599, 2603.

[144] Ibid.

[145] 引自 Beth A. Simmons, 'Compliance with International Agreements' (1988) 1 *Anuual Review of Political Science* 75, 77。

[146] Teall E. Crossen, 'Multilateral Environmental Agreements and the Compliance Continuum' (2003 – 2004) 16 *Georgetown International Envionmental Law Review* 473, 477 – 478.

[147] Benedict Kingsbury, 'The Concept of Compliance as a Function of Competing Conceptions of International Law' (1998) 19 *Michigan Journal of International Law* 345, 346.

[148] Stephen M Schwebel, 'The Compliance Process and the Future of International Law' (1981) 75 *Proceedings of the Annual Meeting* (American Society of International Law) 178, 178 – 185.

如前所述，与运作密切相关的术语是有效性，因为运作的主要目的是确保国际法的有效性。合规性和有效性之间存在明显的区别，因为合规性并不能自动确保有效性[149]，而有效性无疑不仅仅是"遵守法律义务"[150]。正如布朗利（Brownlie）所建议的那样，如果政府官员认为在决策过程中必须在很大程度上考虑法律方面的问题，那么就可以说法律制度发挥了重要作用并且是有效的。[151] 然而，这种狭义的描述并不能从实际意义上表达该术语的含义。从功能的角度来看，法律制度的有效性必须由法外标准来决定。[152] 在海上安全背景下，可以通过改善全球、区域和国家层面的海上安全形势来界定。然而，在本书的范围内，探讨国家和国际司法机构能够在多大程度上有效解决争端，以及它们是否有能力起诉罪犯和向受害者提供救济措施是至关重要的。

国际法律程序的有效性被低估是因为违规行为比合规性更能吸引研究人员的注意。法律纠纷并不总是不遵守国际法基本原则的体现。例如，与技术性违反《联合国海洋法公约》紧追条款有关的争端可能是沿海国有效实施该公约航行权和安全相关规定的体现，而不是不遵守《联合国海洋法公约》的体现。有效遵守条约并不意味着仅遵守其程序规定，它还必然意味着对条约目的和宗旨的遵守及有效实施，或实现条约缔约方务实与和谐的意图。在此背景下，本书研究国际和国内司法机构在有效执行管制海上恐怖主义的各项国际公约的基本原则方面的潜在作用。然而，本书的主要目的是研究国际和国内司法机构在通过确保遵守相关国际法打击海上恐怖主义方面的范围和局限性。

国际法律原则的遵守和国际争端解决程序的有效性在很大程度上取决于各国的战略，国家仍在国际司法体系中发挥着"守门人"的角色。当争端涉及国际法时，国家在国内司法体系中发挥着同样的作用。然而，其在国内争端解决机构中作为"守门人"的角色可能是间接的。在大多数国内法律体系中，如果行政或立法机构未在该国实施国际法，则法院将不会在争议中适用

---

[149] Neil Craik, *The International Law of Environmental Impact Assessment: Process, Substance and Integration* (Cambridge University Press, 2008) 180.

[150] Crossen, above n 147, 478.

[151] Ian Brownlie, *The Rule of Law in International Affairs: International Law at the Fiftieth Anniversity of the United Nations* (Matinus Nijhoff, 1998) 17.

[152] Ibid, 11.

国际法。如果一个国家的行政部门不想在其领土内适用某项法律，即使在批准了一项条约之后，它也可以通过不制定授权法或其他相关立法来实现。这种做法可能使国内司法机构在解决涉及这些特定国际规则的争端方面的作用边缘化，对拥有威斯敏斯特式议会的国家来说尤其如此。其他法律体系中的法院在这方面可能会采取不同的做法。有了这些基本的理解，本书将探讨司法机构在打击海上恐怖主义方面在多大程度上发挥了作用。

第六节　本书的研究范围

海上恐怖主义是当今世界主要的海上安全问题之一。[153] "9·11"事件之后，海上恐怖主义的威胁比以往任何时候都更加明显。虽然海上恐怖主义是一个老问题，但"9·11"事件再次将这一问题提上全球议程。该事件引发了人们长期以来的担忧，即恐怖分子可能通过使用集装箱或船舶袭击主要商业中心、港口和海上设施，从而严重破坏全球海运供应链。为应对海事安全方面的国际法律挑战，已经开展了多项研究。[154] 其中一些著作对海上安全的国

---

[153] The United Nations Secretary General identified seven major threats to maritime security, including maritime terrorism. Secretary-General of the United Nations, *Report of the Secretary General on Oceans and the Law of the Sea* 10 March 2008 UN Doc A/63/63, paras 54 – 71.

[154] A non-exhaustive list includes: Myron H Nordquist et al. (ed), *Legal Challenges in Maritime Security* (Martinus Nijhoff, 2008); Sandra L Hodgkinson et al., 'Challenges to Maritime Interception operations in the War on Terror: Bridging the Gap' (2007) 22 *American University International Law Review* 583; Natalie Klein, 'Legal Implications of Australia's Maritime Identification System' (2006) 55 *International and Comparative Law Quarterly* 337; Lucienne Carasso Bulow, 'Charter Party Consequences of Maritime Security Initiatives: Potential Disputes and Responsive Clauses' (2006) 37 *Journal of Maritime Law and Commerce* 79; Aaron D Buzawa, 'Cruising with Terrorism: Jurisdictional Challenges to the Control of Terrorism in the Cruising Industry' (2007) 32 *Tulane Maritime Law Journal* 181; Justin S C Mellor, 'Missing the Boat: The Legal and Practical Problems of the Prevention of Maritime Terrorism' (2002) 18 *American University International Law Review* 341; Clive Schofield, Martin Tsamenyi and Mary Ann Palma, 'Security Maritime Australia: Developments in Maritime Surveillance and Security' (2008) 39 *Ocean Development and International Law* 94; Eric J Lobsinger, 'Post-9/11 Security in a Post-wwII World: The Question of Compatibility of Maritime Security Efforts with Trade Rules and International Law' (2007) 32 *Tulane Maritime Law Journal* 61; Natalie Klein, 'The Right of Visit and the 2005 Protocol on the Suppression of Unlawful Acts Against the Safety of Maritime Navigation' (2007) 35 *Denver Journal of International Law and Policy* 287; Natalie Klein, 'Legal Limitations on Ensuring Australia's Maritime Security' (2006) 7 *Melbourne Journal of International Law* 307.

际法律框架进行了批判性探讨,并指出了现有体系的漏洞。[155] 一些著作还认为,新兴的海上恐怖主义问题正在促使各国采取一些严格的措施。[156] 将来,这些措施可能会在国家间以及国家与其他国家个人间引发争端。海上恐怖主义的威胁日益增加,也可能引发不同国家间与代表船旗国、沿海国和受害国的国家间因作为和不作为的相关问题的争端。

本书认为,司法机构在以合法和法治的方式打击海上恐怖主义方面具有很大的潜力。国内法院和国际性法院在打击海上恐怖主义方面的作用非常多样化。司法机构在打击海上恐怖主义方面可以发挥的主要作用是为起诉被指控的罪犯及为维护受害者权利方面提供一个场所。法院在保障被告人的人权方面也发挥着重要作用。此外,越来越多的海上恐怖主义事件可能成为国家间和纵向法律争端的根源。司法机构可以在解决这类争端方面发挥作用。尽管与海上恐怖主义有关的国际法律制度是一个研究充分的领域,但探讨与海上恐怖主义有关的可能引起国际法争端的法律问题,以及国际和国内司法机构在解决这些可能的争端和起诉犯罪嫌疑人方面作用的研究却很少。[157]

本书认为,由于海上恐怖主义的高度政治性,各国可能不愿意充分利用司法机构的潜力。然而,打击海上恐怖主义,需要法院更多地参与以确保该进程的合法性,并为该问题制定持久的解决办法。没有健全的法律和问责制度,就不可能有长期的解决办法。国际司法机构在确保各国负责任地打击海上恐怖主义方面能够发挥重要作用。国际争端解决机制的司法化已被确定为"正在形成的国际法治的优先必要条件",因为它确保了"对违反国际法的相

---

[155] See generally, Norquist et al.; Hodgkinson et al., Buzawa; Mellor.

[156] See generally, Schofield, Tsamenyi and Palma; Lobsinger; Klein (2007); Klein (2006), above n 155.

[157] 有一些著作涉及在特定事件中起诉海上恐怖分子的内容,尽管这些著作非常有价值,但因为国际法的发展,它们已经过时了。见 Jordan J Paust, 'Extradition and United States Prosecution of the Achille Lauro Hostage-Takers: Navigating the Hazards' (1987) 20 *Vanderbilt Journal of Transnational Law* 235; Larry A McCullough, 'International and Domestic Law Issues in the Achille Lauro Incident: A Functional Analysis' (1986) 36 *Naval Law Review* 53; Andrew L Liput, 'An Analysis of the Achille Lauro Affair: Towards and Effective and Legal Method of Bringing International Terrorists to Justice' (1985) 9 *Fordham International Law Journal* 328。

似行为给予相似的处理"[158]。国内法院在打击海上恐怖主义过程中维护法治的作用至关重要,不仅限于解决国际法律体系中的暂时缺陷。[159] 国内法院的基本作用之一是"根据国际义务审查国家行为的合法性"[160]。这项审查对于避免国家间的紧张关系和履行国际法律义务至关重要。[161]

在海上安全领域,特别是在海上恐怖主义领域,当代面临的主要挑战之一是对罪犯的起诉。因此,本书将全面考察司法机构在起诉海上恐怖分子中的作用。此外,国家间、国家与非国家行为体间以及非国家行为体间也可能存在涉及国际法的争端。本书将研究这些争端的具体性质及其可能的解决途径。

随后各章将讨论海上恐怖主义如何引发涉及国际法的争端。[162] 国际法院将"争端"定义为"法律或事实问题上的分歧,当事方之间的法律观点或利益冲突"[163]。在本书中,"争端"一词的含义最为广泛。它涵盖涉及国际法的所有类型的争端,包括两个或多个国家间的争端、一个国家与另一个国家法人或自然人间的争端以及两国法人或自然人间的争端。

本书将批判性地审查现有法律和司法程序,以查明其中的漏洞。此外,还将提出一些建议,使司法机构在根据国际法打击海上恐怖主义方面发挥协调一致和有效的作用。尽管可能偶尔会提到不具约束力的争端解决程序,但本书主要研究作出具有法律约束力裁决的司法和仲裁机构。就本书而言,术语"司法机构"和"法院"将用于涵盖能够作出具有法律约束力裁决的司法机构和仲裁机构。然而,在适当的情况下,也承认这些机构之间的区别。

为探讨司法机构在打击海上恐怖主义中的作用,本书将讨论以下问题:

- 司法机构在起诉海上恐怖分子方面可以发挥什么作用?

---

[158] Bernhard Zangl, 'Is There an Emerging International Rule of Law?' (2005) 13 European Review 73, 74; The International Court's role in ensuring accountability has been documented in the existing literature. Rosalyn Higgins, 'The ICJ, the United Nations System, and the Rule od Law' <http://www2.lse.ac.uk/PublicEvents/pdf/20061113_Higgins.pdf> 2012 年 9 月 2 日访问。

[159] Andre Nollkaemper, *National Courts and the Rule of International Law* (Oxford University Press, 2009) 8.

[160] Ibid, 10.

[161] Ibid.

[162] See Chapter 3, Part Ⅵ and Chapter 4, Part Ⅳ.

[163] *Case Concerning East Timor* (Portugal v. Australia) [1995] ICJ Rep 90, 99.

- 围绕可能产生不同类型国际法争端的海上恐怖主义的主要法律问题是什么？
- 利用国际和国内司法机构解决此类争端的法律途径、范围和界限是什么？
- 司法机构在向受害者提供救济方面可以发挥什么作用？

为了研究上述问题，本书将考察以下三个主要问题：

- 可适用的实体法及其局限性
- 法院的管辖权和限制
- 司法机构预期作用的运作

由于海上恐怖主义对政治和安全的影响，往往会有多个国家起诉海上恐怖分子，这可能导致管辖权的冲突。有趣的是，出于同样的原因，在某些情况下，可能没有任何国家愿意与被指控的海上恐怖分子有关联，以确保拘留和起诉过程中的国际法保障。由于事件具有高度政治性，各国对事件的反应很难预测，因此需要对所有可能的结果进行全面讨论。

如上所述，本书的主要目的是系统地研究司法机构在起诉海上恐怖分子以及解决涉及海上恐怖主义争端中的作用。在此过程中，本书还将研究国际法的遵守问题，司法机构的有效性以及国际法在国际和国家层面的实施情况。然而，这不是一项实证研究，而是主要以案件、条约、政府或国际一手文件等原始资料以及二手资料为基础。本书主要分析司法机构现有的管辖权，以及运用一手和二手资料研究司法机构行使此类管辖权时的法律和其他限制，并研究司法框架是否存在固有的弱点以及如何克服这些弱点。

现有文献只就司法机构在海上恐怖主义领域的作用进行过零星的研究，以此作为对受到高度关注的恐怖袭击事件的回应。[164] 因此，这些研究主要集中在卷入该特定事件的各方的权利和责任上。另一组现有文献主要关注海上

---

[164] For example, above n 158, McCullough, Paust, Liput.

恐怖主义法，没有特别关注司法机构的作用。[165] 很少有研究人员全面研究司法机构在打击海上恐怖主义中的作用。

考虑到现有文献的这一空白，本书将全面分析司法机构在打击海上恐怖主义中的作用。这项研究不仅涉及现有和以前的情况，更重要的是，它努力确定司法机构未来的作用。这是一项前瞻性研究，而不是对某一地区重大海上恐怖袭击或特定局势中各方权利和责任的评价。然而，本书将使用以往事件作为案例研究，以确定未来的方向与现有法律和体制框架所需的相应变化。本书是探索性的，并不一定会为这些问题提供结论性的解决方案。该研究认同在同一领域进行进一步研究的必要性和范围，特别是利用实地经验研究的方法进行政治—法律研究。本书不仅可以为未来进行此类实证研究提供基础，还将为有效发挥司法机构在打击海上恐怖主义方面的作用提出建议。

国际性法院和国内法院在打击海上恐怖主义方面的作用既分离又融合。在某些情况下，国际性法院会介入某个问题，而国内法院却不能或不愿发挥作用。但在某些领域，国际性法院的作用与国内法院的作用又是完全分开的，国际性法院应是解决争端的唯一法庭。国际法或旨在执行国际法的国内立法不是国内法院管辖权的唯一来源，即使这些机构在处理国际法问题时也是如此。在某些情况下，国内法可能赋予国内法院处理本来属于国际司法机构的争端管辖权。例如，在美国，国内法院被授权处理针对外国国家或政府与恐

---

[165] Natalino Ronzitti (ed), *Maritime Terrorism and International Law* (Martinus Nijhoff, 1999); Natalie Klein, *Maritime Security and Law of the Sea* (Oxford University Press, 2011); Nordquist, n 155; José Luis Jesus, 'Protection of Foreign Ships against Piracy and Terrorism at Sea: Legal Aspests' (2003) 18 *International Journal of Marine and Coastal Law* 363; Christopher C Joyner, 'Suppression of Terrorism on the High Seas: The 1988 IMO Convention on the Safety of Maritime Navigation' (1989) 19 *Israel Yearbook on Human Rights* 343; Michael Bahar, 'Attaining Optimal Deterrence at Sea: A Legal and Strategic Theory for Naval Antipiracy Operations' (2007) 40 *Vanderbilt Journal of Transnational Law* 1; Robert Beckman, 'The 1988 SUA Convention and 2005 SUA Protocol: Tools to Combat Piracy, Armed Robbery and Maritime Terrorism' in Robert Herbert Burns, Sam Bateman and Peter Lehr (eds), *Lloyd's MIU Handbook of Maritime Security* (CRC Press, 2009) 189; Sandra L Hodgkinson et al., 'Challenges to Maritime Interception Operations in the War on Terror: Bridging the Gap' (2007) 22 *American University International Law Review* 583; Aaron D. Buzawa, 'Cruising with Terrorism: Jurisdictional Challenges to the Control of Terrorism in the Cruising Industry' (2007) 32 *Tulane Maritime Law Journal* 181; Justin S. C. Mellor, 'Missing the Boat: The Legal and Practical Problems of the Prevention of Maritime Terrorism' (2002) 18 *American University International Law Review* 341.

怖主义有关的民事诉讼。[166] 至少在一起海上恐怖主义案件中，美国国内法院受理了针对另一个国家的案件，而该案件并未发生在美国境内。[167]

本书认为，国际法已预见到国内法院在解决涉及一国和另一国国民的海上恐怖主义争端方面的作用，或通过提供不同类型的管辖权来起诉海上恐怖主义分子，这些管辖权包括沿海国在领海的刑事管辖权和船旗国的管辖权。SUA 公约[168]规定了各国具有利用国内司法机构起诉海上恐怖犯罪嫌疑人的明确管辖权，这同时也是各国的义务所在。国内法院目前是对海上恐怖犯罪分子个人进行刑事起诉的唯一法庭（场所）。

本书认为，尽管《联合国海洋法公约》有关海盗行为的规定可能不适用于某些方面的海上暴力，但其争端解决机制对解决此类暴力所引发的国家间争端是有意义的。例如，沿海国领海内的海上恐怖主义事件可能会妨碍其他国家的航行权利，并造成涉及国家责任的国家间争端。虽然与《联合国海洋法公约》争端解决机制的相关性并非没有限制且具有模糊性，正如后续各章中将谈到的，但司法机构通过确保起诉和争端解决程序的合法性在打击海上恐怖主义方面发挥着至关重要的作用。

---

[166]　See Chapter 5.
[167]　Ibid.
[168]　See Chapter 3.

第二章
国际海上恐怖主义法

第一节 引 言

本章对国际海上恐怖主义法进行了批判性的概述，同时阐述了在处理海上恐怖主义问题上，已经有了完善的国际法律制度。然而，国际法的某些方面仍然引发学者们的争论。一个特别的问题是国际海盗法在海上恐怖主义案件中的适用性。学者们在这方面有两派意见，笔者认为，国际海盗法将不适用于海上恐怖主义案件。相反，解决海上恐怖主义的国际法律框架已经形成。新制度的特别问题是只允许对公海和专属经济区的外国船舶实施非常有限的执法管辖权，这与国际海盗法不同。因此，这一法律框架大多是被动的，其后果之一是国家之间可能发生争端，因为一些国家可能不顾限制而寻求行使干涉航行自由的管辖权。然而，"9·11"事件之后国际法的发展创设了一个特别法，可以说在这方面提供了一些优势。

虽然国际海盗法并不适用于海上恐怖主义案件，但国际海洋法将适用于确定沿海国、船旗国以及干扰外国船舶航行权的国家责任。

国际公法近年来的发展改变了关于协助或教唆海上恐怖分子国家责任的法律。对于协助和教唆海上恐怖主义所承担的国家责任不再只受一般国际法中的归责原则的管辖。安全理事会第1373号决议规定，各国有义务"不向参与恐怖主义行为的实体或个人主动或被动提供任何形式的支持，包括制止恐怖主义集团招募成员和消除向恐怖主义分子供应武器"[1]。任何违反这些义务和责任的行为都可能引起国家间或国家与非国家行为体间的争端。

---

[1] SC Res1373, UN Doc S/RES/1373 (2001).

本章第二节讨论了为海上恐怖主义制定一个可接受的法律定义的复杂性。在讨论海上恐怖主义国际法的历史发展之前,将重点关注定义问题,因为海上恐怖主义国际法的演变与围绕恐怖主义定义的争论有着深刻的联系。正如第三节的讨论,在没有就恐怖主义达成一致定义的情况下,国际社会采取按部门划分的方法,通过了一些处理不同类型恐怖主义的国际公约。因此,本章将探讨是否存在海上恐怖主义的习惯国际法定义。这种认定可能有助于确定国家对海上恐怖主义的责任,这是通过司法手段解决与海上恐怖主义有关的争端以及司法机构相应作用的一个重大问题。

第三节概述了国际海上恐怖主义法的演变。研究国际海盗法是否适用于海上恐怖主义案件。探讨现代海上恐怖主义公约的历史发展,特别是"9·11"事件后国际公约的情况,以及这些发展对海上恐怖主义的影响。对适用法律的研究不仅对确定不同行为体的作用和责任很重要,而且对确定解决争端和起诉的适当法庭也很重要。

第二节 海上恐怖主义的法律定义

海上恐怖主义的法律定义有助于确定司法机构的作用,因为它有助于提高行动的确定性。任何直接或间接与海上恐怖主义有关的国际法律文书都没有定义"海上恐怖主义"一词。然而,研究人员提出了一些定义。克里斯托弗·C.乔伊纳(Christopher C. Joyner)将海上恐怖主义定义为"个人或团体有计划地使用或威胁使用暴力侵害国际航运和海事服务,以引起平民的恐惧,从而实现其政治野心或目的"[2]。塞缪尔·派亚特·梅尼菲(Samuel Pyeatt Menefee)将海上恐怖主义定义为"以直接或间接影响政府或个人集团的目的而针对船舶、乘客、货物或船员、海港而实施的任何非法行为"[3]。这些都不是被广泛接

---

[2] Christopher C. Joyner, 'Suppression of Terrorism on the High Seas: The 1988 IMO Convention on the Safety of Maritime Navigation' (1989) 19 *Isreal Yearbookon Human Rights* 343, 348.

[3] Samuel Pyeatt Menefee, 'Terrorism at Sea: The Historical Development of an International Legal Response', in Brain A. H. Parritt (ed) *Violence at Sea: A Review of Terrorism, Acts of War and Piracy and Countermeasures to Prevent Terrorism* (ICC Publishing, 1986), cited in Donna J. Nincic, 'The Challenge of Maritime Terrorism: Threat Identification, WMD and Regime Response' (2005) 28 *Journal of Strategic Studies* 619, 620.

受的海上恐怖主义的法律定义。

定义恐怖主义是国际法上的一个难题[4],海上恐怖主义也因此面临类似的问题。正如美国政府在 1993 年所指出的:

> 国际社会一直未能就恐怖主义的一般定义达成共识。再次召开会议以审议这个问题仍会导致一场毫无结果的辩论,而且将分散联合国的注意力和资源,使其不再致力于制定有效和具体的打击恐怖主义的措施。[5]

没有任何国际公约直接定义"恐怖主义"。一般认为,对恐怖主义没有一个普遍接受的国际法律定义[6]。然而,国际社会努力为该术语界定一个可接受的定义并不是近期才开始的。其寻求一个全面的定义始于 20 世纪 30 年代中期,起因是南斯拉夫国王亚历山大一世(King Alexander I)和法国外交部部长路易·巴尔都(Louis Barthou)被谋杀[7]。其结果是,国际联盟于 1937 年通过了《防止和惩治恐怖主义公约》[8]。该公约将恐怖主义定义为"针对国家,而其意图或打算在特定的人或一般公众头脑中制造恐怖的犯罪行为"[9]。然而,该公约从未生效。

这些过程从一开始就很复杂。正如本·索尔(Ben Saul)所指出的,国际联盟"在一项国际条约中笼统地定义恐怖主义的企图,导致许多法律、政治、意识形态和修辞学上的争论,而这些争论又在二战后的 50 年里阻碍了国际社会对恐怖主义进行定义的尝试"[10]。国际社会寻找某种程度上"可接受的定义的努力总是因为恐怖主义是一个有争议的术语而变得复杂,它经常被用作政治

---

[4] *Measures to Eliminate International Terrorism*, Report of the Secretary-General, UN Doc A/48/267/Add.1 1993 年 9 月 21 日。

[5] Ibid.

[6] Cástor Miguel Díaz-Barrado, 'The Definition of Terrorism and International Law' in Pablo Antonio Fernández Sánchez (ed) *International Legal Dimension of Terrorism* (Martinus Nijhoff, 2009) 27, 30.

[7] Ben Saul, 'The Legal Response of the League of Nations to Terrorism' (2006) 4 *Journal of International Criminal Justice* 78, 78.

[8] *Convention for the Prevention and Punishment of Terrorism*, opened for signature 16 November 1937, (1938) 19 League of Nations Official Journal 23(未生效)。

[9] *Convention for the Prevention and Punishment of Terrorism*, art 1 (2).

[10] Saul, above n 7.

上方便的标签,以此用来否认对方的合法性,同时又声称自己是合法的"[11]。

由于各国之间存在严重分歧,在此期间提出了一种办法,即通过部门性公约,而不使用恐怖主义的一般定义。[12] 正如本章稍后讨论的那样,即与海上恐怖主义有关的国际公约是这种部门方法的另一成果。

从1972年到2001年9月11日,联合国内对恐怖主义的定义一直争议不休。然而在"9·11"事件后,给恐怖主义下一般性定义的努力有了新的动力[13],联合国安理会一致通过了第1566号决议,该决议规定:

> 以在公众或某一群体或特定个人中引起恐慌、恐吓人民或迫使政府或国际组织采取或不采取行动为目的,意图造成死亡或严重身体伤害或劫持人质的犯罪行为,包括针对平民的此种行为,均为有关恐怖主义的国际公约和议定书范围内界定的犯法行为,在任何情况下,均不得出于政治、哲学、意识形态、种族、族裔、宗教上的考虑或其他类似性质的考虑而视为正当行为,并吁请各国防止此类行为发生,如果未能加以防止,则确保按其严重性质予以相应的惩罚。[14]

该规定虽然不是对恐怖主义的法律定义,但从这一段内容中系统阐述定义的价值并不困难。[15] 联合国主持制定一项全面的反恐公约,包括对该概念

---

[11] Tal Becker, Terrorism and the State: Rethinking the Rules of State Responsibility (Hart, 2006) 85. 根据联合国高级反恐小组的说法,"寻找一个被接受的定义通常会遇到两个问题。首先是任何定义都应包括国家'对平民使用武装力量'的论点。我们认为,针对国家违法行为的法律和规范性框架远强于针对非国家行为体的框架。我们认为这一反对意见并不令人信服。第二个反对意见是在外国占领下的平民有权抵抗,恐怖主义的定义不应凌驾于这一权利之上。抵抗的权利受到一些人的质疑。但这并不是中心问题:中心问题是在占领的事实中,没有任何理由可以证明袭击和杀害平民是正当的。这些反对意见都不足以反驳以下论点:联合国关于国家使用武力的强有力、明确的规范性框架必须辅之以关于非国家使用武力的同等权威的规范性框架。专门针对无辜平民和非战斗人员的袭击必须受到所有人的明确和毫不含糊的谴责。"联合国高级会议——打击恐怖主义的国家行动 < http://www.org/terrorism/highlevelpanel.shtml>;Rosalyn Higgins, 'The General International Law of Terrorism' in Maurice Flory and Rosalyn Higgins (eds) Terrorism and International Law (Routledge, 1997) 13, 14–18。

[12] Ibid, 89–95.

[13] Ibid, 99.

[14] Security Council Resolution 1566, UN Doc S/RES/1566 (2004), 2.

[15] Becker, above n 11, 87.

下个一般性的定义所做的努力尚未完成。[16]

接下来的问题是,是否存在一个关于恐怖主义的习惯国际法定义,本·索尔称:

> 认为恐怖主义是一种习惯国际法罪行的论点并不成熟。在安理会,经常提及具体的恐怖主义行为或事件是 1985 年以后的事,而在 2001 年以后才一般性地提及法律后果。但在安理会的实践中,恐怖主义在法律上一直是没有定义的……[17]

然而,安东尼奥·卡塞斯(Antonio Cassese)在某种程度上不同意本·索尔的观点,他说:"缺失恐怖主义定义的说法是不正确的……真正缺失的是对例外情况的共识。"[18] 这就是说,一些国家认为应在恐怖主义的定义中增加一项但书,排除民族解放运动或自由战士的行为。[19] 由安东尼奥·卡塞斯法官主持的黎巴嫩问题特别法庭的上诉分庭[20]最近作出的一项判决认为:

> 尽管许多学者和其他法律专家认为,由于在某些问题上存在明显的意见分歧,国际社会没有形成被广泛接受的恐怖主义定义,但仔细研究发现,实际上这种定义已经逐渐形成。[21]

在审查了国家习惯和法律确信后,法庭认为习惯国际法下的恐怖主义定

---

[16] Ibid, 99-116.

[17] Ben Saul, *Defining Terrorism in International Law* (Oxford University Press, 2006) 270.

[18] Antonio Cassese, 'Terrorism as an International Crime', in Andrea Bianchi (ed) *Enforcing International Law Norms Against Terrorism* (Hart, 2004) 213, 214.

[19] 正如安东尼奥·卡塞斯的评论:"事实上,缺乏对恐怖主义的定义是不正确的。自 1937 年以来,恐怖主义的定义一直在演变,但是联合国的发展中国家(在社会主义国家存在的时候)不愿意接受这个定义,除非添加一个被认为是警告(更准确地说,可以定义为一个例外)的内容:即排除将民族解放运动或更广泛的"自由斗士"的行为或交易定义为恐怖主义形式,发达国家拒绝接受这一例外导致了僵局,这种僵局被错误地称为对恐怖主义的'缺乏定义'。真正缺乏的是在例外问题上达成一致。恐怖主义犯罪的一般概念是没有问题的。"同上。

[20] 联合国安全理事会设立了黎巴嫩问题特别法庭,起诉应对暗杀黎巴嫩总理拉菲格·哈里里和其他 22 人负责的人,这个法庭被认为是第一个对恐怖主义犯罪拥有管辖权的国际法庭。

[21] *Interlocutory Decision on the Applicable Law: Terroeism, Conspiracy, Homicide, Perpetration, Cumulative Charging*, Case No STL-11-01/I (16 February 2011) <http://www.stl-tsl.org/x/file/TheRegistry/Library/CaseFiles/chambers/20110216_STL-11-01_R176bis_F0010_AC_Interlocutory_Decision_Filed_EN.pdf> 2011 年 4 月 24 日访问。See generally Michael P. Scharf, 'Special Tribunal for Lebanon Issues Landmark Rulling on Definition of Terrorism and Modes of Participation' <http://www.asil.org/insights110304.cfm#_edn2>2011 年 4 月 23 日访问。

义应包括下列三个关键要素：

（1）实施一项犯罪行为（如谋杀、绑架、劫持人质、纵火等）或威胁实施这种犯罪行为；

（2）意图在民众中散布恐惧（这通常会造成公共危险）或直接或间接地迫使国家或国际当局采取或不采取某种行为；

（3）行为涉及跨国因素。[22]

我们可以说海上恐怖主义的习惯国际法定义应包括在海上以上述意图实施上述行为，或以船舶作为武器对陆上设施实施上述行为。然而，采用这种普遍的方法可能存在一些问题。例如，海上恐怖主义的准备可以在某一领土的陆地上进行，然后就会产生这是属于海上恐怖主义还是一般性恐怖主义行为的问题。当准备工作在陆地上进行，而主要的恐怖主义行为从未在海上进行将尤其成问题。因此，受黎巴嫩特别法庭的上诉分庭对恐怖主义定义的启发，国际海上恐怖主义的定义应涉及以下三个方面：

（1）准备（在陆地和海上），或在海上实施或威胁实施犯罪行为（如谋杀、绑架、劫持人质、纵火等），或准备（在陆地和海上），或对近海设施、船舶和港口设施进行攻击或威胁进行攻击的行为，或准备（在陆地或海上），或使用船舶对陆上设施进行攻击或威胁进行攻击的行为。

（2）在民众中散布恐惧的意图（这通常会造成公共危险），或直接或间接迫使国家或国际当局采取或不采取某些行为。

（3）行为涉及跨国因素。

然而，上述海上恐怖主义定义能否被接受，很大程度上取决于国际社会是否接受黎巴嫩特别法庭上诉分庭提出的"恐怖主义"这一通用术语的习惯国际法定义。[23] 接下来将根据这些关于海上恐怖主义定义的背景资料，详细

---

[22] Ibid.

[23] 关于问题的热烈讨论，见 Ben Saul, 'Legislating from a Radical Hague: The United Nations Special Tribunal for Lebanon Invents an International Crime of Transnational Terrorism' (2011) 24 *Leiden Journal of International Law* 677; Kai Ambos, der International Law?' (2011) 24 *Leiden Journal of International Law* 655; Joseph Powderly, 'Introductory Observations on the STL Appeals Chamber Decision: Context and Critical Remarks' (2011) 22 *Criminal Law Forum* 347。

探讨有关海上恐怖主义的国际法发展情况。随后，本章将说明，由于海上恐怖主义定义的不确定性，处理该问题的国际法律文书采取了包容性定义的方法，提供了一系列非法行为清单，并避免对"海上恐怖主义"一词的叙述性定义。这表明在这一问题上一直存在分歧，而且具有政治敏感性。具有讽刺意味的是，这种对政治的过度敏感可能会阻碍司法机构将问题非政治化的进程，从而强化了这一问题。不过这并不意味着，在没有海上恐怖主义定义的情况下，司法机构在打击海上恐怖主义方面将完全无法发挥作用。

第三节　国际海上恐怖主义法的演变

在讨论可能引起涉及国际法争端的主要法律问题之前，有必要先简要回顾一下国际海上恐怖主义法的历史发展，以确定解决可能发生的争端所适用的法律。此外，解决争端的法院主要取决于对特定争端适用的法律领域。本节将首先探讨国际海盗法是否适用于海上恐怖主义事件。如果适用，则其将给予国家更广泛的执法管辖权。此外，如果将海上恐怖主义事件视为海盗行为，则该犯罪将被视为具有普遍管辖权的犯罪。在国家责任方面也很重要，例如，海盗法规定了在公海上逮捕海盗船的管辖权。如果某一事件不被视为海盗行为，则这种干涉可能侵犯船旗国的专属管辖权，并构成对航行权的侵犯。正如需要说明的是，尽管与非常古老的海盗法发展相关联，但国际海上恐怖主义法基本上是20世纪的产物。其次分析国际海上恐怖主义法的发展，解释在将国际海盗法适用于海上恐怖主义案件的不确定性情况下，关于海上恐怖主义单独的法律制度是如何发展起来的。最后讨论关于恐怖主义的一般国际法和恐怖主义国际公约与海上恐怖主义的相关性问题。

一、国际海盗法在海上恐怖主义案件中的适用

为清楚理解本章主要讨论的内容，应当首先解决国际海盗法是否适用于海上恐怖主义案件的问题。如前所述，海盗法的适用性是一个至关重要的问题。如果适用，则其除将影响执行和审判管辖权外，还将影响在航行权受到干扰时国家责任的确定，因为海盗行为是在公海上船旗国专属管辖权最突出的例外。作为一个长期存在争论的焦点，学者分为两大派别。

《联合国海洋法公约》给海盗行为下了很狭义的定义。根据《联合国海洋

法公约》的规定，海盗行为包括以下任何行为：

（a）私人船舶或私人飞机的船员、机组成员或乘客为私人目的，对下列对象所从事的任何非法的暴力或扣留行为，或任何掠夺行为：

（1）在公海上对另一船舶或飞机，或对另一船舶或飞机上的人员或财物；

（2）在任何国家管辖范围以外的地方对船舶、飞机、人或财物。

（b）明知船舶或飞机成为海盗船舶或飞机的事实，而自愿参加其活动的任何行为；

（c）教唆或故意便利（a）或（b）项所述行为的任何行为。[24]

《联合国海洋法公约》对海盗行为的定义至少存在三个缺陷，包括其地域限制、出于私人目的以及两艘船舶的要求。学者们对《联合国海洋法公约》提到的"私人目的"和"两艘船舶"是否妨碍了将海盗法适用于海上恐怖主义案件的问题展开了广泛的讨论。[25]有学者认为，海盗法将适用于海上恐怖主义事件。[26]然而，1958 年《公海公约》和《联合国海洋法公约》都没有"私人目的"的定义。根据道格拉斯·吉尔弗伊尔（Douglas Guilfoyle）的说法：

事实上，"为私人目的"一词只是表示所涉及的暴力不是公开

---

[24] UNCLOS, art 101.

[25] Robin Churchill, 'The Piracy Provisions of the UN Convention on the Law of the Sea – Fit for Purpose?' in Panos Koutrakos and Achilles Skordas (eds) *The Law and Practice of Piracy at Sea: European and International Perspectives* (Hart Publishing, 2014) 9 – 32, 16; Douglas Guilfoyle, 'Piracy off Somalia: UN Security Council Resolution 1816 and IMO Regional Counter-Piracy Efforts' (2008) 57 *International and Comparative Law Quarterly* 690; Samuel Pyeatt Menefee, 'Piracy, Terroeism and Insurgent Passager: A Historical and Legal Perspective' in Natalino Ronzitti (ed), *Maritime Terrorism and International Law* (1990) 43; Michael Bahar, 'Attaining Optimal Deterrence at Sea: A Legal and Strategic Theory for Naval Antipiracy Operations' (2007) 40 *Vanderbilt Journal of Transnational Law* 1; Gerald P McGinley, 'Achille Lauro Affair-Implications for International Law' (1984 – 1985) 52 *Tennessee Law Review* 691; Maximo Q Mejia Jr, 'Defining Maritime Violence and Maritime Security' in Proshanto K Mukherjee, Maximo Q Mejia Jr and Gotthard M Gauci (eds), *Maintaining Violence and other Security Issues at Sea* (World Maritime University, 2002) 34; José Luis Jesus, 'Protection of Foreign Ships against Piracy and Terrorism at Sea: Legal Aspects' (2003) 18 *International Journal of Marine and Coastal Law* 363; Helmut Tuerk, 'Combating Terrorism at Sea: The Suppression of Unlawful Acts Against the Safety of Navigation' in Myron H Nordquist et al. (eds), *Legal Challenges in Maritime Security* (Martinus Nijhoff, 2008) 41.

[26] 例如：Guilfoyle; Menefee; Bahar. 同上。

的，最初是为了承认历史上内战叛乱的例外，这些叛乱分子只攻击他们试图推翻政府的船舶。所有未经国家批准的暴力行为都是"为私人目的"实施的行为。[27]

吉尔弗伊尔认为，大多数现代海上恐怖主义事件都可以归为海盗行为。比利时最高上诉法院支持如下观点，即如果公海的暴力行为是出于个人动机，例如仇恨、复仇的欲望或为自己伸张正义的愿望，这都可能被视为为"私人目的"而采取的行为。[28] 美国第九巡回上诉法院（United States Court of Appeals for The Ninth Circuit）在最近的一项判决中也支持这一观点，并认为"这是由历史悠久的海盗法提供的，它将为私人目的采取的行为定义为那些不代表国家采取的行为"[29]。虽然法院引用了两篇文章来支持这一论断，但法院并没有讨论为什么大量不支持这一论断的文献没有说服力；虽然得出这个结论，但法院却避免讨论"海盗法的悠久历史"，包括国际社会从国际联盟时代开始为编纂国际海盗法所作出的努力。

有人更明确地评论道，"私人目的"的要求将只适用于排除"合法的叛乱分子，攻击他们试图从中获得独立的国家的船舶"[30]。这些学者认为，像阿基莱·劳伦号这样的事件可以被视为海盗行为，而像圣玛利亚（Santa Maria）号这样的事件就不能被视为海盗行为。[31] 然而，由于两艘船舶的要求，阿基莱·劳伦号仍不符合海盗行为的要求。如果这种出于私人目的的解释被接受，那么如果事件发生在公海上，美国军舰科尔号更有可能被认定为海盗行为。

为得出这个结论，大多数学者都参考了《哈佛草案》中关于未被承认的革命者问题的部分评注。[32] 如果未被承认的革命者攻击民用船舶，根据国际

---

[27] Guilfoyle above n 25, 693 Malvina Halberstam, 'Terrorism on the High Seas: The Achille Lauro, Piracy and the IMO Convention on Maritime Safety' (1988) 82 *American Journal of International Law* 269, 276–284.

[28] *Catle John and Nederlandse Stichting Sirius v. NV Mabeco and NV Pafin* [1986] 77 ILR 537, 539. 这个决议备受争议，See Churchill, above n 25, 18。

[29] *Institute of Cetacean Research v. Sea Shepherd Conservation Society* US Court of Appeals Case no 12-35266 (9th Cir, 2013).

[30] Bahar, above n 25, 34.

[31] Ibid, McGinley, above n 25, 700.

[32] Joseph W Bingham (reporter), 'Harvard Research in International Law: Draft Convention on Piracy' (1926) 20 *American Journal of International Law Special Supplement* 739（重点是原创）（以下简称Harvard Draft）.

法将是非法的，并可能"受到被侵犯国家的惩罚"[33]。但是，如果叛乱分子的袭击只是为了私人掠夺，这应该被视为海盗行为。[34] 然而，《哈佛草案》中的讨论并未明确国际海盗法是否适用于纯粹出于政治动机的袭击案件。在《哈佛草案》之前，国际联盟海盗问题小组委员会研究了这个问题[35]，认为：

> ……如果这些行为纯粹出于政治动机，就不可能将其视为海盗行为，包括犯下这种罪行后产生的所有严重后果。这样一项规则并不能保证有关政治行为绝对不受惩罚，因为它们仍受到一般国际法规则的约束。[36]

小组委员会提交的《哈佛草案》中的两个单独条款规定了出于纯粹政治目的的行为和内战叛乱分子的行为问题。第1条规定了一般性定义，提到"纯粹出于政治目的的行为"将不被视为海盗。草案第4条涉及内战叛乱问题，规定即使有关国家政府将内战叛乱分子的行为视为海盗行为，该行为也不能被第三方视为海盗行为。第4条对内战叛乱分子的特别提及和第1条对政治动机的一般规定表明，"私人目的"的概念可能不仅适用于内战叛乱分子，而且适用于受政治动机驱使的其他类似海盗活动。

如前所述，道格拉斯·吉尔弗伊尔提出了一种观点，认为应该区分行为的目的是私人的还是公共的。[37] 该观点认为不应该将私人的与政治的对立。根据他的看法，如果没有得到公共当局、政府或叛乱者的授权，该事件就可被视为海盗行为。[38] 然而，国际联盟小组委员会的报告明确表示，从编纂工作一开始，这种划分就是私人目的和政治目的，而不是私人目的和公共目的。"政治"这个词正是从这里出现的。

相比之下，一些学者认为，海上恐怖主义行为不能被视为海盗行为，因为

---

[33] Ibid.

[34] Ibid.

[35] 'Report by the Sub-committee of Experts for the Progressive Codification of International Law, League of Nations, 29th January 1926' (1926) 20 *American Journal of International Law Special Supplement* 223（以下简称 League of Nations Sub-committee Report）.

[36] Ibid, 224.

[37] Douglas Guilfoyle, *Shipping Interdiction and Law of the Sea* (Cambridge University Press, 2010) 32 – 42.

[38] Ibid.

这些事件是为了政治、宗教或其他目的，或者是为了引起人们对真实或声称的不满情绪的关注，而不是为了任何个人利益。[39] 正如梅嘉（Mejia）认为：

> 恐怖主义"旨在通过攻击和威胁具有象征意义而非实在意义的目标来影响对方的政治行为"。它的动机和目的明显不同于普通的海盗行为。无数的海上恐怖主义事件……与海盗和武装抢劫是不同的，因为他们的目的是激发害怕与恐惧之感，而不是窃取现金和货物。[40]

"窃取现金或货物"的动机可能不被视为海盗行为的基本要素，但意图可能被视为基本要素。国际法委员会（ILC）认为，海盗行为"可能是出于仇恨或报复情绪，而不仅仅是为了获得利益"[41]。"促使"一词更接近法律术语"动机"，而不是"意图"。决定动机和意图哪个更重要是关键性的。海盗行为可能是由仇恨或报复引起的，也就是说，行为的动机可能是仇恨或报复，但意图可能是私人掠夺。在这种情况下，像阿基莱·劳伦号这样的事件，可能是仇恨或报复的动机，但没有私人掠夺的意图，就可能不会被归为海盗事件。

由赫希·劳特派特修订的《奥本海国际法》认为，海盗行为可能是指在公海上未经授权的暴力行为，目的是报复。奥本海赞同大多数评论者的观点。[42] 然而，奥本海也指出了一些未被这一定义涵盖，但在实践中应被视为海盗行为的特殊情况。这包括船员在没有任何暴力的情况下改装船舶和船上货物，以及对另一艘船舶或乘客在没有任何抢劫意图的情况下擅自使用暴力行为。[43] 然而，奥本海承认，尽管一些评论者反对通常的定义是正确的（在他看来），但该问题仍存在很大争议。[44] 最后，他对海盗的定义如下：

> 私人船舶对另一艘船舶或叛变的船员或乘客在公海上对他人或

---

[39] Thomas A. Mensah, 'The Place of the ISPS Code in the Legal International Regime: For the Security of International Shipping' (2003) 3 *WMU Journal of Maritime Affairs* 17, 19.

[40] Maximo Q. Mejia Jr., above n 25.

[41] *Report of the International Law Commission to the General Assembly*, 2 UN GAOR Supp No 9 UN Doc A/3159 (1956), reprinted in (1956) 2 Year Book of International Law Commission 235, 282, UN Doc A/CN. 4/SER. A/1956/Add. 1 (hereinafter Report of the International Law Commission).

[42] Lassa Oppenheim, *International Law* (Lauterpacht 8th ed, 1955) 608–609.

[43] Ibid.

[44] Ibid.

货物实施的任何未经授权的暴力行为。[45]

这个提议是根据应然法，而不是实然法。如上所述，《联合国海洋法公约》中逐字复制的 1958 年《公海公约》有关条款没有采用奥本海国际法所建议的那种广泛定义。然而，主流观点认为恐怖主义不能被视为海盗行为。[46]正如翰马特·特克（Helmut Tuerk）所指出的，海盗行为的概念"被 1958 年和 1982 年的公约精确而狭隘地限制了"。[47]即使是阿基莱·劳伦号事件本身也没有被大多数相关国家承认为海盗行为。在考虑了所有相关论据后，奥地利、意大利和埃及的法律顾问认为，"根据上述 1958 年和 1982 年公约的定义，扣押阿基莱·劳伦号不能被视为海盗行为的论点令人信服，因为劫持者不是为'私人目的'行事，事件也不涉及第二艘船舶"[48]。综上所述，考虑到海上恐怖主义行为不同的意图，它不能被视为海盗行为。

除此之外，还必须考虑到两艘船舶的要求，即一艘船被另一艘船攻击。根据这一规定，由同一艘船上的乘客或船员实施的暴力行为不能被视为海盗行为。一些学者认为，涉及两艘船并不是海盗行为的基本要素。[49]他们认为，这两艘船的要求被纳入《联合国海洋法公约》是为了"排除一名乘客或船员针对另一名乘客或船员的犯罪行为，这些行为并不等同于违反法律本身"[50]。一旦恐怖分子占领一艘船，拒绝任何国家当局，他们也会成为海盗。[51]然而，杰西法官（Judge Jesus）（以司法外方式撰写）认为，《联合国海洋法公约》规定的现行海盗定义允许在没有第二艘船参与的情况下考虑恐怖主义行为是不合理的。他认为：

在我看来，人们无法读出条款中没有规定的东西，对于《联合

---

[45]　Ibid（强调原文）。

[46]　Jesus, above n 376 – 379; Turek, above n 25, 45 – 52; Rüdiger Wolfrum, 'Fighting Terrorism at Sea: Options and Limitations under International Law' in Myron H Nordquist et al. (ed), *Legal Challenges in Maritime Security* (Martinus Nijhoff, 2008) 3, 7 – 12; Natalino Ronzitti, 'The Law of the Sea and the Use of Force Against Terrorists Activities' in Natalino Ronzitti (ed), *Maritime Terrorism and International Law* (Martinus Nijhoff, 1990) 1, 2.

[47]　Turek, above n 25, 46.

[48]　Ibid, 48.

[49]　Bahar, above n 25, 38 – 39; McGinley, above n 25, 696 – 697.

[50]　Ibid, Bahar, 28.

[51]　Ibid, 38.

国海洋法公约》来说，第 101 条明确要求两艘船舶的参与。因此，如果这些评论旨在使只涉及一艘船舶的行为也属于海盗行为的定义范围，那么《联合国海洋法公约》第 101（a）(i) 条的规定应作相应修改。[52]

因此，《联合国海洋法公约》中的海盗定义在评估海上恐怖主义行为是否应根据国际法视为海盗行为时仍具有决定性作用。上述讨论表明，国际海盗法在海上恐怖主义案件中的适用是一个广受争议的问题。从《联合国海洋法公约》相关条款的字面意思看，《联合国海洋法公约》有关海盗行为的规定不适用于海上恐怖主义案件。然而，赛姆尤·裴耶特·麦尼菲（Samuel Payet Menefee）认为《联合国海洋法公约》只是部分编纂了国际海盗法，而单独的关于海盗的习惯国际法仍然存在，在他看来，习惯国际法可能更适用于海上恐怖主义案件。[53]然而，这种习惯国际法的存在、适用和地位也极具争议。

《联合国海洋法公约》并不直接涉及海上恐怖主义问题。虽然一些国家的司法机构和国际法学者可能认为海上恐怖主义属于海盗行为[54]，但涉及政治动机的海上恐怖主义是否包括在《联合国海洋法公约》对海盗行为的定义之内仍存在很大争议。[55] 这种行为是否能被视为海盗行为在很大程度上取决于对公约谈判情况材料以及国际法学者著作的研究。最大的问题是公约谈判情况的材料经常是模棱两可的[56]，而且如上所述，学者们的观点也不尽相同：尽管一些学者认为从历史和目的论角度看，在海上恐怖主义问题上应适用《联合国海洋法公约》[57]，但各国倾向于通过一项新的公约，其中包括明确的对此问题的规定。[58] 随后将讨论该公约。

最后需要指出的是，虽然前面的讨论表明国际海盗法不适用于海上恐怖主义案件，但这并不一定意味着《联合国海洋法公约》对海上恐怖主义没有影响。正如第四章和第五章将要讨论的，《联合国海洋法公约》的实体规则及

---

[52] Jesus, above n 25, 377.
[53] Mendffe, above n 25, 60 - 61.
[54] Bahar, above n 25, 38 - 39; McGinley, above n 25, 696 - 697; Meneffe, above n 25, 179.
[55] Halberstam, above n 27, 291; Jesus, above n 25, 387.
[56] Ibid.
[57] Bahar, above n 25, 38 - 39; McGinley, above n 25, 696 - 697 and Meneffe above n 25, 179.
[58] Halberstam, above n 27, 291; Jesus, above n 25, 387.

其争端解决机制可以适用于海上恐怖主义的许多方面。《联合国海洋法公约》有关刑事管辖权的规定对于确定船旗国、沿海国和港口国法院在起诉海上恐怖分子方面的作用和管辖权方面可能至关重要。在此背景下，针对海上恐怖主义单独的法律制度已经发展起来。[59]

二、国际海上恐怖主义法的发展

如前所述，国际海盗法一般不适用于海上恐怖主义案件。因此，本章的下一个重要问题是确定适用于解决海上恐怖主义争端和起诉被指控的海上恐怖分子的相关法律。本节将讨论与海上恐怖主义有关的新法理的情况。[60]

1985年，备受瞩目的阿基莱·劳伦号事件被认为是现代最典型的海上恐怖主义案件[61]，该案促使国际海事组织（IMO）采取严肃的行动，提出了逐步发展有关国际法的倡议。[62] 阿基莱·劳伦号事件后，联合国大会要求国际海事组织"研究船上或针对船舶的恐怖主义问题，以便就适当措施提出建议"[63]。1986年11月，意大利、奥地利和埃及向国际海事组织提交了一份新的制止海上恐怖主义的国际公约草案。该草案以现有的三项与恐怖主义有关的公约为模板[64]，包括《制止非法劫持航空器的公约》（《海牙公约》）[65]《关于制止危害民用航空安全的非法行为公约》（《蒙特利尔公约》）[66] 和

---

[59] Stuart Kaye, 'The International Legal Framework for Piracy' in Andrew Forbes (ed), *Australia's Response to Piracy: A Legal Perspective* (Sea Power Centre - Australia, 2011) 35, 41.

[60] SUA Convention 1988; *Protocol for the Suppression of Unlawful Acts against the Safety of Fixed Platforms Located on the Continental Shelf*, 1988年3月10日开放签署, 1678 UNTS 221 (1992年3月1日生效)（以下简称 SUA 议定书）。

[61] Jesus, above n 25, 388.

[62] Rosalie Balkin, 'The International Maritime Organisation and Maritime Security' (2006) 30 *Tulane Maritime Law Journal* 1, 3.

[63] 联合国大会, *Measures to Prevent International Terrorism Which Endangers or Takes Innocent Human Lives or Jeopardises Fundamental Freedoms and Study of the Underlying Causes of those Forms of Terrorism and Acts of Violence Which Lie in Misery, Frustration, Grievance and Despair and Which Cause Some People to Sacrifice Human Lives, Including Their Own, in an Attempt to Effect Radical Changes*, UN Doc A/RES/40/61 (1985年12月9日)。

[64] Halberstam, above n 27, 219.

[65] *Convention for the Suppression of Unlawful Seizure of Aircraft*, 1970年12月16日开放签署, 860 UNTS 105 (1971年10月14日生效) (Hague Convention)。

[66] *Convention for the Suppression of Unlawful Acts against the Safety of Civil Aviation*, 23 September 1971, 974 UNTS 178 (1973年1月26日生效)。

《反对劫持人质国际公约》[67]。国际海事组织在 1986 年 11 月举行的会议上一致决定审议这个问题,并成立了一个特别筹备委员会来起草公约。[68] 经过两年的谈判,国际海事组织通过了 SUA 公约[69]以及《制止危及大陆架固定平台安全非法行为议定书》(SUA Fixed Platforms Protocol 1988)[70]。

SUA 公约没有定义"恐怖主义"或"海上恐怖主义"一词。如前所述,恐怖主义的定义是一个备受争议的问题。[71] 相反,该公约规定了一些相关的犯罪或非法行为[72],如其第 3 条将下列行为归类为非法行为:

(a) 以恐吓方式夺取或控制船舶
(b) 对船上人员实施暴力有可能危及船舶航行安全
(c) 毁坏或损坏船舶或其货物
(d) 放置装置或物质以毁坏或损坏船舶或其货物
(e) 毁坏、损坏和干扰航行设施
(f) 传递虚假情报危及船舶

根据 SUA 公约,与实施或企图实施与上述任何犯罪有关的伤害或杀害任何人的行为也构成犯罪。[73] 公约还将企图、威胁和教唆上述行为单独定为

---

[67] *International Convention Against the Taking of Hostages*,1979 年 12 月 17 日开放签署,1316 UNTS 205(1983 年 6 月 3 日生效)(以下简称 Hostages Convention)。

[68] Halberstam, above n 27, 291 – 292.

[69] SUA Convention 1988.

[70] SUA Protocol 1988.

[71] 见 SUA 公约第二部分。

[72] Tullio Treves,'The Rome Convention for the Suppression of Unlawful Acts Against the Safety of Navigation' in Natalino Ronzitti (ed), *Maritime Terrorism and International Law* (Martinus Nijhoff, 1990) 69, 71. 如前所述,界定"恐怖主义"一词在国际法中是一个长期争论的问题。根据 Díaz-Barrado 的说法,"我们只是在处理可以被认定为恐怖主义行为的某些行为的方法,迄今尚未对恐怖主义作出全面的一般性定义以构成国际法律体系的一部分,而独立于关于该主题的众多学术意见之外。"Díaz-Barrado, above n 6, 27. 所有的国际恐怖主义公约,包括最新的公约,如《制止恐怖主义爆炸的国际公约》和《制止向恐怖主义提供资助的国际公约》,都没有对恐怖主义一词提供一般性定义。除了这些公约之外,在联合国内部也曾有过一些定义恐怖主义的失败尝试。其中一项倡议是将恐怖主义与阿拉伯国家提出并在联合国大会上激烈辩论的各国人民争取民族解放的斗争区分开来,见 UN Doc A/C. 6/SR. 28 – 34(1987),此事后来被大会 42/159 号决议推迟,见 UN Doc A/RES/42/159(1987)。

[73] SUA Convention 1988, art 3 (1) (g).

犯罪。[74]

　　SUA 公约规定缔约国有义务将在其国家领土管辖范围以内和以外，包括在其领水内非法夺取、控制、破坏和损坏船舶的行为定为刑事犯罪。[75] "考虑到这些罪行的严重性"[76]，缔约国有义务根据国内法惩罚这种罪行。

　　SUA 公约沿用了早期反恐怖主义公约确立管辖权的方法，而不像《联合国海洋法公约》和 1958 年《公海公约》中的海盗条款那样设立普遍管辖权。[77] SUA 公约的地理范围比《联合国海洋法公约》要广泛得多。SUA 公约的起草者在起草有关条款时考虑了两个问题：第一，使 SUA 公约的地理范围尽可能广泛；第二，在针对目标船舶的船旗国确立管辖权的犯罪行为中确立一个国际要素[78]。因此，SUA 公约第 4 条的规定如下：

　　1. 本公约适用于正在或准备驶入、通过或来自一个国家的领海外部界限以外水域或其与之相邻国家领海侧面界限以外水域的船舶。

　　2. 在根据第 1 款本公约不适用的情况下，如果罪犯或被指称的罪犯在非第 1 款所述国家的某一缔约国的领土内被发现，本公约仍然适用。

　　SUA 公约的适用不仅限于公海或专属经济区，也适用于在领海或群岛水域发生的任何事件。[79] 对在马六甲海峡等用于国际航行的海峡行使过境通行权的船舶进行攻击，可构成 SUA 公约所规定的犯罪行为。此外，根据 SUA 公约，袭击计划航行至公海或另一国领海的船舶也可能构成犯罪。但是，如果有关船舶完全在一个国家领海内航行，则 SUA 公约将不适用。[80] 与《联合国海洋法公约》不同，SUA 公约没有规定两艘船舶的条件，因此，"如果一艘船

---

[74] Ibid, art 3 (2).

[75] Ibid, art 5.

[76] Ibid.

[77] Treves, above 72, 70–71.

[78] Ibid, 73.

[79] Robert Beckman, 'The 1988 SUA Convention and 2005 SUA Protocol: Tools to Combat Piracy, Armed Robbery and Maritime Terrorism' in Robert Herbert-Burns, Sam Bateman and Peter Lehr (eds), Lloyd's MIU Handbook of Maritime Security (Auerbach, 2009) 189.

[80] SUA Convention 1988, art 4 (2).

舶的乘客或船员的暴力行为可能危及该船舶的航行安全"[81]，则该行为可被视为本公约规定的犯罪行为。

SUA 公约引入了"或引渡或起诉"原则。根据这项原则，SUA 公约缔约国有义务起诉罪犯或将罪犯引渡到可以审判的国家。[82] 但是，SUA 公约并没有规定缔约国在拦截和登临或逮捕违法者方面有任何额外的权利。[83]

SUA 公约于 1992 年 3 月 1 日生效。[84] 尽管 SUA 公约很有用，但各国在批准该公约方面进展缓慢。截至 2000 年 12 月 31 日，只有 52 个缔约国。[85] "9·11"事件后，联合国安理会呼吁成员国"尽快成为有关国际公约的缔约国"[86]。因此，国际海事组织呼吁其成员国加入 SUA 公约[87]，其成员国亦对这项请求作出了积极的响应。截至 2015 年 10 月 13 日，1988 年的 SUA 公约已有 166 个缔约国，约占世界商船总吨位的 94.45%。[88] 值得一提的是，印度尼西亚和马来西亚这两个对国际航行非常重要的国家，因为它们毗邻马六甲海峡和新加坡海峡，却不是该公约的缔约国。[89] 每年有超过 50000 艘船舶通过马六甲海峡和新加坡海峡，承载着全球三分之一的贸易。[90] 令情况更加复杂的是，这些海峡是最容易遭受恐怖主义袭击的地方之一。[91]

如前所述，1988 年 3 月在罗马举行的国际会议也通过了 1988 年《SUA 固定平台议定书》。意大利、奥地利和埃及提交的 SUA 公约初稿中并没有关于固定平台的规定。后来，包括西班牙和美国在内的一些国家提出，固定平台也

---

[81] Ibid, 3 (3).
[82] Ibid, 10.
[83] Bechman, above n 79, 189.
[84] IMO, 'Status of Multilateral Conventions and Instruments in Respect of Which the International Maritime Organisation or its Secretary General Performs Depositary or Other Functions' (2005) 416 <http://www.imo.org/en/About/Conventions/StatusOfConventions/Documents/Status%20-%202015.pdf> 2015 年 11 月 11 日访问。
[85] Bechman, above n 79, 190.
[86] United Nations Security Council, *Resolution* 1373 (2001), UN Doc S/RES/1373 (2001).
[87] Bechman, above n 79, 190.
[88] IMO, above n 84, 420.
[89] Ibid, 420-421.
[90] Nihan Unii, 'Protecting the Straits of Malacca and Singapore against Piracy and Terrorism' (2006) 21 *International Journal of Marine and Coastal Law* 539.
[91] Ibid.

可能成为恐怖分子袭击的目标。[92] 该议定书的重要性无须细说。从大陆架开采石油和其他资源是海洋中最重要的经济活动。[93] 该议定书将"固定平台"定义为"为勘探或开发资源或其他经济目的而永久附着在海床上的人工岛屿、设施或结构"。[94] 本议定书仅适用于位于大陆架上的固定平台,不适用于内水和领水,或国家管辖范围以外的洋底[95],除非"在固定平台所在的内水或领水的国家以外的缔约国领土内发现罪犯或被指控的罪犯"。[96]

根据《SUA 固定平台议定书》规定构成犯罪的行为与 SUA 公约规定的犯罪行为非常相似。下列行为是本议定书规定的犯罪行为:

（a）以武力或武力威胁或任何其他恐吓形式夺取或控制固定平台;或

（b）对固定平台上的人施用暴力,而该行为有可能危及固定平台的安全;或

（c）毁坏固定平台或对固定平台造成可能危及其安全的损坏;或

（d）以任何手段将可能毁坏固定平台或危及其安全的装置或物质放置或使之放置于固定平台上;或

（e）因从事上述任何罪行或从事该类罪行未遂而伤害或杀害任何人。[97]

与 1988 年 SUA 公约一样,1988 年的 SUA 固定平台议定书也引入了"或引渡或起诉"原则。[98] 1988 年 SUA 固定平台议定书并未偏离 1988 年 SUA 公约的主要结构,但该议定书的大多数条款是对公约有关条款的反致（renvoi）。[99] 该议定书于 1992 年 3 月 1 日生效。[100] "9·11"事件后,批准和加入该议定书的

---

[92] Natalino Ronzitti,'The Prevention and Suppression of Terrorism against the Safety of Fixed Platforms Located on the Continental Shelf' in Natalino Ronzitti (ed), *Maritime Terrorism and International Law* (Martinus Nijhoff, 1990) 91.
[93] Ibid.
[94] SUA Protocol 1988, art 1 (3).
[95] SUA Protocol 1988, art 1 (1). Ronzitti, above n 92, 93.
[96] SUA Protocol 1988, art 1 (2). Ronzitti, Ibid.
[97] SUA Protocol 1988, art 2.
[98] SUA Protocol 1988, art 1.
[99] Ronzitti, above n 92, 95.
[100] IMO, above n 84, 433.

国家也越来越多。截至2015年10月13日,该议定书共有155个缔约国,约占世界商船总吨位的94.13%。[101]

在公海发生恐怖行为的情况下,不承认对外国船舶的执法管辖权已被视为1988年SUA公约的一个缺陷。[102] 该公约也未能解决"9·11"事件后与海上安全有关的越来越引发关切的若干问题,包括:利用船舶作为对港口或近海设施进行恐怖袭击的武器;在不危及船舶航行安全的情况下,对船上人员实施暴力;有犯罪意图的散布核、生物、放射性物质对海洋环境造成严重损害的行为。[103]

"9·11"事件进一步提醒各国有必要建立打击海上恐怖主义的有效国际法律框架。2002年,作为对上述袭击事件的回应,国际海事组织主持召开了一次国际会议,通过了《国际船舶和港口设施保安规则》(ISPS Code)。[104] 在这次会议上,还通过了对《国际海上人命安全公约》(SOLAS)第11章的修正案,创建了一个新的第11-2章,专门讨论海上安全问题。[105] 2002年10月,根据国际海事组织大会的一项决议,国际海事组织法律委员会开始重新讨论1988年SUA公约。[106] 经过三年的谈判,2005年国际海事组织通过了两项议定书,分别修订了1988年SUA公约和《SUA固定平台议定书》。[107]

2005年《SUA公约议定书》扩大了1988年SUA公约规定的非法行为清单。新的修正案将利用船舶作为武器或作为实施恐怖袭击的手段认定为非法

---

[101] Ibid, 423.

[102] Jesus, above n 25, 393.

[103] Ibid, 394.

[104] 'International Code for the Security of Ships and Port Facilities' IMO Doc SOLAS/CONF. 5/34.

[105] IMO, Conference Resolution 1 and related amendments to the 1974 SOLAS Convention, IMO Doc SOLAS/CONF. 5/32. Mensah, above n 39, Jesus above n 25, 389 – 390. Hartmut Hesse and Nicolaos L Charalambous, 'New Security Measures for the International Shipping Community' (2004) 3 *WMU Journal of Maritime Affairs* 123.

[106] Turet, above n 25, 63.

[107] *Protocol of 2005 to the Convention for the Suppression of Unlawful Acts against the Safety of Maritime Navigation*, 2006年2月14日开放签署, IMO Doc LEG/CONF. 15/21 (2010年7月28日生效), (以下简称2005 SUA Protocol); *Protocol of 2005 to the Protocol for the Suppression of Unlawful Acts against the Safety of Fixed Platforms Located on the Continental Shelf—Text adopted by the Conference*, 2006年2月14日开放签署, IMO Doc LEG/CONF. 15/22 (2010年7月28日生效) (以下简称2005 SUA Platform Protocol)。

行为。[108] 根据新加的第 3 条之二，任何人有以下行为将被视为犯罪：

- 在船舶上或对船舶使用爆炸性、放射性材料和生物、化学和核武器，造成或可能造成死亡或严重伤害
- 从船上排放上述物质
- 从船上排放石油、液化天然气或其他有害或有毒物质
- 以导致死亡或重伤或损坏的方式使用船舶
- 威胁实施上述罪行

然而，要被视为非法，这些行为的动机必须是出于恐吓民众或迫使政府或国际组织采取或不采取任何行为。[109] 在船上运输上述可用于造成或威胁造成死亡或严重伤害的物质或其他设备和材料也是《SUA 公约议定书》规定的一种犯罪。[110]

2005 年《SUA 公约议定书》的另一重大进展是将其他联合国恐怖主义公约下的罪行列入 1988 年 SUA 公约规定的罪行。[111] 根据 2005 年《SUA 公约议定书》的规定，在船上非法和故意运送犯有上述任何罪行的人也是一种罪行。[112]

该议定书还涉及利用海洋扩散大规模杀伤性武器（WMD）。[113] 除上述罪

---

[108] SUA Protocol 2005, art 3bis (1) (b).
[109] SUA Protocol 2005, art 3bis (1) (a).
[110] SUA Protocol 2005, art 3ter.
[111] 这些公约有：*Convention for the Suppression of Unlawful Seizure of Aircraft*，1970 年 12 月 16 日开放签署，860UNTS 105（1971 年 10 月 14 日生效）；*Convention for the Suppression of Unlawful Acts against the Safety of Civil Aviation*，1971 年 9 月 23 日开放签署，974 UNTS 178（1973 年 1 月 26 日生效）；*Convention on the Prevention and Punishment of Crimes against Internationally Protected Persons, including Diplomatic Agents*，1973 年 12 月 14 日开放签署，1035 UNTS 167（1977 年 2 月 20 日生效）；*Hostages Convention*；*Convention on the Physical Protection of Nuclear Material*，1980 年 3 月 3 日开放签署，1456 UNTS 124（1987 年 2 月 8 日生效）；*Protocol for the Suppression of Unlawful Acts of Violence at Airports Serving International Civil Aviation*，1988 年 2 月 24 日开放签署，1652 UNTS 499（1989 年 8 月 6 日生效）；*Protocol for the Suppression Unlawful Acts Against the Safety of Fixed Platforms Located on the Continental Shelf*，1988 年 3 月 10 日开放签署，1678 UNTS 304（1992 年 3 月 1 日生效）；*International Convention for the Suppression of Terrorist Bombings*，1997 年 12 月 15 日开放签署，2149 UNTS 284（2001 年 5 月 23 日生效）；*International Convention for the Suppression of the Financing of Terrorism*，1999 年 12 月 9 日开放签署，2178 UNTS 229（2002 年 4 月 10 日生效）（以下简称 Terrorism Financing Convention）.
[112] SUA Protocol 2005, art 7.
[113] SUA Protocol 2005, art 3bis (1) (iii).

行外，2005 年《SUA 公约议定书》要求各国将运输生物、化学与核武器（BCN）以及一些相关材料和设备定为犯罪。把双重用途材料[114]也纳入可能会引发一些问题。在许多情况下，海员可能不具备识别这些材料的必要知识。[115] 然而，2005 年《SUA 公约议定书》规定了"知识和意图"的具体要求，以保护无辜的海员和船长不受起诉。[116]

2005 年《SUA 公约议定书》还引入了在公海和专属经济区内的船舶登临制度。在《SUA 议定书》的谈判过程中对这一问题进行了激烈讨论。一些国家赞成登临的规定，但其他国家认为登临制度应包含保障措施，并与《联合国海洋法公约》保持一致。[117] 最后，《SUA 公约议定书》引入了一个制度，即如果怀疑某犯罪已经发生或即将发生，可以在船旗国明确同意的情况下登上任何国家领海外的外国船舶。[118] 该议定书还列出了一些防止不当干涉船旗国和船东的经济利益以及海员权利的保障措施。[119]

登临问题谈判过程中最具争议的问题是美国提出的"默许授权"登临提案。[120] 美国提议，如果船旗国在另一方请求登临后四小时内未作出回应，则请求登临方的执法人员即可登临该船。[121] 这个问题在起草过程中引发了激烈的争论。[122] 后来，作为一种折中的解决方案，议定书在任择基础上纳入了两种"默许授权"制度。根据这一程序，一国在加入议定书时可选择作出两项声明中的一项。这两项声明分别是：第一，缔约国可通知国际海事组织秘书长，如果有任何合理理由怀疑已经、正在或即将犯下 SUA 公约所规定的罪行，且该缔约国未在 4 小时内对确认船舶国籍的要求作出答复，那么它已授权其他

---

[114] "与核有关的两用出口物品包括具有民用或非核用途的设备、材料和技术数据，但也可用于核爆炸物或特殊核材料的设计、制造、试验或生产（如武器级铀或钚）。例如，计算机在日常商业和科学活动中几乎是不可或缺的，但也可用于核武器的设计。其他两用物品可用于浓缩铀，从乏核燃料中分离钚、生产重水或协助核武器试验。"United States General Accounting Office, 'Report to the Chairman, Committee on Governmental Affairs—US Senate Nuclear Nonproliferation: Export Licensing Procedures for Dual-Use Items Need to Be Strengthened' (United States General Accounting Office, 1994) 12.

[115] Turek, above n 25, 68 – 69.

[116] Beckyman, above n 79, 192.

[117] Ibid, 194 – 195.

[118] SUA Protocol 2005, arts 8bis (5) (a) to 8bis (5) (c).

[119] SUA Protocol 2005, art 8bis (10).

[120] Bechman, above n 79, 195.

[121] Ibid.

[122] Ibid.

缔约国登临和检查其船舶。[123] 第二，缔约国可通知国际海事组织秘书长，授权其他缔约国登临和检查其船舶，以确定是否已经、正在或即将犯下罪行。[124] 当然，这些声明是选择性的。目前，该议定书只有 38 个缔约国，没有一个缔约国根据 2005 年《SUA 公约议定书》第 8 条之二的第 4 和 5 款提出任择声明，授权其他缔约国登临和搜查其船舶。[125]

因此，在公海上抓捕恐怖分子可能非常成问题，因为 SUA 公约并没有纳入任何类似《联合国海洋法公约》第 105 条的规定。尽管 2005 年《SUA 公约议定书》第 8 条之二对登临船舶和拘留恐怖嫌疑犯作了一些规定，但该规定主要是基于事先的任择声明或船旗国的临时同意。

如前所述，2005 年会议还通过了一项议定书以修正 1988 年《SUA 固定平台议定书》。与 2005 年《SUA 公约议定书》一样，2005 年《SUA 固定平台议定书》也引入了与生物、化学和核武器（BCN）有关的罪行，以及与从固定平台排放石油、液化天然气或其他有害或有毒物质有关的罪行。[126] 这两项议定书均于 2010 年 7 月 28 日生效。[127]

1988 年 SUA 公约已成为打击海上恐怖主义的主要国际法律文件。该公约规定的权利和义务可能成为未来争议的根源。违反引渡义务是未来可能发生争端的一个领域。然而，公约提供了解决此类争端的机制。本公约规定的争端解决机制将在第五章详细讨论。

下一个需要讨论的问题是其他国际恐怖主义公约是否适用于海上恐怖主义案件。

三、国际恐怖主义法的适用性

人们有一种印象，在国际恐怖主义公约中，只有 SUA 公约适用于海上恐怖主义案件。[128] 然而，其他公约也可能相关，例如，在某些情况下，《制止向

---

[123] SUA Protocol 2005, art 8bis (5) (d).
[124] SUA Protocol 2005, art 8bis (5) (e).
[125] IMO, above n 84, 445.
[126] 2005 SUA Fixed Platform Protocol, art 2bis.
[127] IMO, above n 84, 443.
[128] J Ashley Roach, 'Initiatives to Enhance Maritime Security at Sea' (2004) 28 *Marine Policy* 41, 46.

恐怖主义提供资助的国际公约》[129] 和《反对劫持人质国际公约》就具有相关性。根据《反对劫持人质国际公约》第 1 条规定：

> 任何人如劫持或扣押并以杀死、伤害或继续扣押另一个人（以下称"人质"）为威胁，以强迫第三方，即某个国家、某个国际政府间组织、某个自然人或法人或某一群人，作或不作某种行为，作为释放人质的明示或暗示条件，即为犯本公约范围内的劫持人质罪。[130]

正如阿基莱·劳伦号事件，海上恐怖主义有时可能涉及劫持人质。如果是这样，该公约将适用于包括那些负责在岸上采取行动来支持在海上劫持人质的人。[131]《反对劫持人质国际公约》的适用范围不限于某一特定海域或陆地，但是，在"犯罪发生在一个国家内，人质和被指控的罪犯是该国国民并且被指控的罪犯是在该国境内发现的情况下"，不适用该公约。[132]《反对劫持人质国际公约》第 5 条规定各国有义务在犯罪行为发生时行使管辖权：

（a）发生在该国领土内或在该国登记的船只或飞机上；
（b）该国任何一个国民所犯的罪行，或经常居住于其领土内的无国籍人（如该国认为恰当时）所犯的罪行；
（c）为了强迫该国作或不作某种行为；
（d）以该国国民为人质，而该国认为适当时。[133]

此外，《反对劫持人质国际公约》缔约国也有义务引渡或起诉在其领土内发现的罪犯。[134]

《制止向恐怖主义提供资助的国际公约》在某些情况下也适用于海上恐怖主义案件。下列行为是公约规定的犯罪，即如果某人"以任何手段，直接或

---

[129] Terrorism Financing Convention, annex (mentioning the SUA Convention offences).

[130] Robert Rosenstock, 'International Convention Against the Taking of Hostages: Another International Community Step Against Terrorism' (1980) 9 *Denver Journal of International Law and Policy* 169 (providing an overview of the convention).

[131] Hostages Convention, art 1 (2).

[132] Hostages Convention, art 13.

[133] Hostages Convention, art 5.

[134] Hostages Convention, art 8.

间接地非法和故意地提供或募集资金,其意图是将全部或部分资金用于"实施九项国际恐怖主义公约规定的犯罪或暴力行为,"以恐吓民众,或迫使一国政府或国际组织采取或不采取任何行为"[135]。SUA 公约是这九项国际公约之一。[136] SUA 公约被列入其附件,使该公约与海上恐怖主义密切相关。如果任何人提供或募集资金以协助 SUA 公约规定的罪行,则该人可能根据《制止向恐怖主义提供资助的国际公约》规定受到起诉。与其他恐怖主义公约一样,《制止向恐怖主义提供资助的国际公约》也规定,如果犯罪行为发生在本国境内或在悬挂本国国旗的船舶上,或由其国民实施,则该国有义务确立管辖权。[137] 该公约还允许不同利益攸关国建立任择管辖权。[138]

最后,为应对 2001 年 9 月 11 日的恐怖袭击,联合国安理会通过了第 1373 号决议,将国际恐怖主义确定为对国际和平与安全的威胁。[139] 在该决议中,安理会规定了对联合国所有会员具有约束力的若干一般性和抽象性义务,其中包括预防和制止恐怖主义、制止资助恐怖主义、加强国际合作和拒绝为恐怖分子及其同伙提供庇护等。[140] 这项决议被视为安理会开始进行国际立法[141],它为所有联合国会员国设定了一项普遍义务。[142] 这项与海上恐怖主义有关的决议[143],有可能成为评估船旗国、沿海国和其他国家对海上恐怖主义事件责任的主要决定因素的文件。

---

[135] Terrorism Financing Convention, art 2.

[136] Terrorism Financing Convention, annex.

[137] Terrorism Financing Convention, art 2 (1).

[138] Terrorism Financing Convention, art 2 (2).

[139] *Resolution on Threats to International Peace and Security Caused by Terrorist Acts*, SC Res 1373, UN Doc S/RRES/1373 (2001).

[140] Ibid.

[141] 然而,安理会的立法权存在争议。Paul C. Szasz, 'The Security Council Starts Legialating' (2002) 96 *American Journal of International law* 901; Stefan Talmon, 'The Security Council as World Legislature' (2005) 99 *American Journal of International Law* 1; Luis Miguel and Hinojosa Marti' Nez, 'The Legislative Role of The Security Council in Its Fight Against Terrorism: Legal, Political and Practical Limits' (2008) 57 *International and Comparative Law Quarterly* 333.

[142] Jane Boulden and Thomas George Weis, 'Whither Terrorism and the United Nations' In Jane Boulden and Thomas George Weiss (eds) *Terrorism and the UN: Before and After September* 11 (Indiana University Press, 2004) 12.

[143] Justin S C Mellor, 'Missing the Boat: The Legal and Practical Problems of the Prevention of Maritime Terrorism' (2002) 18 *American University International Law Review* 341, 367 – 368.

第四节 小 结

尽管国际海盗法不适用于公海上对海上恐怖分子的执法和起诉,但这并不一定意味着《联合国海洋法公约》与海上恐怖主义无关。相反,《联合国海洋法公约》可能适用于海上恐怖主义的许多其他方面,如确定国家对海上恐怖主义的责任。SUA 公约以及"9·11"事件后关于恐怖主义的国际法发展,为打击海上恐怖主义创造了一个可行的国际法律框架。但 SUA 公约在公海引入了一种非常有限的执法管辖权形式。此外,与海上恐怖主义有关的国际法的适当执行也可能取决于对司法机构的运作和利用。这个问题将在第三章、第四章和第五章中进行更详细的讨论。

第三章
起诉海上恐怖分子

第一节 引 言

起诉被指控的海上恐怖分子是司法机构的主要职责之一，主要由国内法院执行。目前还没有可以起诉海上恐怖分子的国际司法机构。因此，国际法预见到了国内法院在这方面的重要作用。如前所述，相关的国际反恐条约规定各国有义务起诉海上恐怖分子。不过，国际性法院也可以通过解决由与起诉有关的问题引起的国家间争端，在起诉海上恐怖分子方面发挥间接作用。本章不仅研究海上恐怖分子的起诉以及因起诉海上恐怖分子而可能引起的国家间争端，还将研究在逮捕、拘留和起诉被指控的恐怖分子程序中保障人权的问题。

第二节 管辖权和责任

起诉海上恐怖分子是一个政治和法律上的难题，可能会造成管辖权冲突。此外，由于政治和安全上的影响，各国可能不愿意对被指控的罪犯提供国际法保障。尽管如此，国际法也已建立了起诉海上恐怖分子的综合体系。

SUA公约规定各国有义务引渡或起诉海上恐怖分子。该公约第6条规定了两种类型的管辖权，即强制管辖权与自由裁量管辖权。缔约国有义务对在其船舶上、领土内和由其国民实施的犯罪行为确立管辖权。[1] 如果犯罪行为由惯常居所在该国的无国籍人实施，缔约国也可确立管辖权；如果在犯罪期间，该国国民受伤、受到威胁或被杀害，或所犯罪行是为了迫使国家采取或

---

[1] SUA Convention 1988, art 6 (1).

不采取任何行为[2]，以及如果在其境内发现被指控的罪犯，不将罪犯引渡到根据上述规定确立管辖权的另一个国家，缔约国也有义务确立对该罪犯的管辖权。[3] 各国起诉海上恐怖分子的管辖权是多种多样的，享有管辖权和有义务起诉海上恐怖分子的国家大致可分为以下六类：

1. 船旗国；
2. 沿海国；
3. 受害人所属国；
4. 被指称的罪犯所属国家；
5. 接收罪犯的国家；
6. 作为犯罪目标的国家。

以下简要讨论这些国家的国内法院在起诉海上恐怖分子方面的作用和管辖权，随后将讨论管辖权冲突问题。这些讨论主要依据海上恐怖主义相关条约的规定，包括 SUA 公约、《制止向恐怖主义提供资助的国际公约》和《反对劫持人质国际公约》。

一、船旗国国内法院

船舶悬挂的国旗不仅是一种识别身份的手段[4]，还可以作为取得国家特征的证据。[5] 船旗国对悬挂其旗帜的船舶上发生的任何事件拥有一般管辖权。此管辖权可能是排他性的，也可能是并行的。船旗国对在公海上的本国船舶享有专属的执法管辖权。如常设国际法院在荷花号案中指出："除国际法所明确的某些特殊案件外，公海上的船舶只受悬挂其国旗的国家管辖。"[6] 但在领海却有不同的法律规定。船旗国对其在其他国家领水内的船舶没有执法管辖权，但如果事件发生在其船舶上，即使在另一国领海内，船旗国也享有并行的刑事管辖权。

尽管《联合国海洋法公约》后的国际恐怖主义条约为不少国家创造了并

---

[2] SUA Convention 1988, art 6 (2).
[3] SUA Convention 1988, art 10.
[4] Peter D. Clark, 'Criminal Jurisdiction Over Merchant Vessels Engaged in International Trade' (1979 – 1980) *Journal of Maritime Law and Commerce* 219, 223.
[5] Ibid.
[6] S. S. Lotus (*France v. Turkey*) [1927] PCIJ (Ser A) 10.

行的司法管辖权,但船旗国的管辖权始终得到承认。尽管如此,现代海上恐怖主义公约在司法管辖权方面并未给予船旗国任何优先权。与《联合国海洋法公约》不同的是,在某些情况下,这些公约设立了强制管辖权。SUA 公约规定船旗国有义务对本公约规定的非法行为实施者行使审判管辖权。[7] 根据《反对劫持人质国际公约》规定,如果在船舶上发生本公约所规定的罪行,船旗国有义务确立管辖权。[8] 在罪行是"在悬挂本国国旗的船舶上实施的"情况下,《制止向恐怖主义提供资助的国际公约》规定船旗国也必须确立管辖权。[9] 这些公约最重要的发展是建立了强制管辖权。

二、沿海国国内法院

属地管辖权关系到一个国家的主权。国家对在其领土内所犯罪行享有立法、执法和司法管辖权。沿海国的主权延伸至其内水、群岛水域和领海。[10] 一般来说,沿海国不得对悬挂外国国旗的船舶在通过其领海期间在船上犯下的任何罪行行使刑事管辖权,但"如果犯罪行为后果扩大到沿海国"或"罪行是扰乱沿海国和平或领海的良好秩序"时,沿海国可行使刑事管辖权。[11] 这些例外情况很可能涵盖海上恐怖主义,因为海上恐怖主义事件必然会扰乱沿海国的和平和领海的良好秩序。因此,如果恐怖主义事件发生在沿海国领海内,沿海国国内法院将有权审判海上恐怖主义分子。然而,根据《联合国海洋法公约》规定,各国有权利而非有义务起诉海上恐怖分子。

现代恐怖主义条约的一项特殊发展是对国家领土内的海上恐怖主义事件引入强制管辖权。SUA 公约、《反对劫持人质国际公约》和《制止向恐怖主义提供资助的国际公约》要求缔约国对在其领土(包括领海)内实施的犯罪行为确立司法管辖权。

三、被指控罪犯所属国的国内法院

国家享有对其国民无可争辩的立法和司法管辖权。[12] 国籍作为和领土主

---

[7] SUA Convention, art 6 (1) (a).
[8] Hostages Convention, art 5 (1) (a).
[9] Terrorism Financing Convention, art 7 (1) (b).
[10] UNCLOS, art 2.
[11] UNCLOS, art 27.
[12] Vaughan Lowe and Christopher Staker, 'Jurisdiction' in Malcolm D Evans (ed), *International Law* (Oxford University Press, 2010) 313, 330.

权相关的一个标志，被认为是对域外犯罪行为行使立法和司法管辖权的基础。[13] 这种管辖权的理论基础是"公民无论走到哪里都享受国籍国的保护，这就要求他承担相应的义务遵守其国家要求他遵守的行为标准"[14]。尽管从技术上讲，各国享有对其国民不受约束的管辖权，但国家并不总是愿意行使这一权利。[15] 现代恐怖主义公约最重要的改变是引入了基于国籍原则的强制司法管辖权。SUA 公约、《反对劫持人质国际公约》和《制止向恐怖主义提供资助的国际公约》规定，如果一项罪行是由缔约国公民实施的，则缔约国必须确立司法管辖权。[16]

SUA 公约、《反对劫持人质国际公约》以及《制止向恐怖主义提供资助的国际公约》还引入了一个新理念，即如果罪犯或被指控的罪犯是一个国家的惯常居民，则允许国家对无国籍人行使管辖权。[17] 无国籍人不是任何国家的公民。习惯国际法一般承认属地原则、保护原则和普遍管辖权对无国籍人的管辖权。[18] 现代恐怖主义公约扩大了这一管辖权，对无国籍人建立了一种近乎属人原则的管辖权。

四、受害人国的国内法院

被动的属人管辖权允许犯罪受害人所在国行使管辖权，是国际法下有争议的管辖权基础之一。[19] 尽管最初存在争议，但在起诉恐怖主义分子方面，被动的属人管辖权被广泛接受。[20] 在国际法院内，希金斯（Higgins）法官、库艾曼斯（Kooijmans）法官和比尔根塔尔（Buergenthal）法官在逮捕令案（*Arrest Warrant* case）的共同的个别意见中认为：

---

[13] Ian Brownlie, *Principles of Public International Law* (Ocford University Press, 2008) 303.

[14] Lotika Sarkar, 'The Proper Law of Crime in International Law' (1962) 11 *International and Comparative Law Quarterly* 446, 457.

[15] Ibid, Edwin D Dickinson (reporter), 'Jurisdiction with Respect to Crime' (1935) 29 *American Journal of International Law Supplement* 435, 520.

[16] SUA Convention 1988, art 6 (1); Hostages Convention, art 5 (1) (b); Terrorism Financing Convention, art 7 (1) (d).

[17] SUA Convention 1988, art 6 (2); Hostages Convention, art 5 (1) (b); Terrorism Financing Convention, art 7 (2) (d).

[18] McCullough, 'International and Domestic Law Issues in the Achille Lauro Incident: A Functional Analysis' (1986) 36 *Naval Law Review* 53, 86.

[19] Sarkar, above n 14, 323.

[20] Ibid.

长期以来被认为有争议的被动属人管辖权，现在不仅体现在多国的立法中（美国，1986年《外交和反恐综合法》第113A章；法国，1975年《刑事诉讼法》第689条），而且今天遇到的反对意见也相对较少，至少就某一类罪行而言是这样。[21]

现代恐怖主义公约已将这一原则制度化。SUA公约[22]、《反对劫持人质国际公约》[23] 以及《制止向恐怖主义提供资助的国际公约》[24] 允许受害人本国建立司法管辖权。在所有这些公约中，该管辖权并非强制性的，只有《反对劫持人质国际公约》引入了强制性管辖权。[25] 然而，与国际法其他领域不同，在海上恐怖主义案件中，基于受害人国籍的管辖权主张已不再有争议，因为这些公约已明确接受这一管辖权。

五、强制对象国的国内法院

在国家实践中，当国家利益受到严重威胁时，国家会根据保护原则对侵犯非国民的域外犯罪主张管辖权。美国甚至根据保护原则主张在公海的管辖权。[26] 然而，与海上恐怖主义有关的条约以不同的方式引入了以保护原则为基础的管辖权。根据SUA公约第6条，当犯罪的意图是迫使该国从事或不从事某种行为时，允许一缔约国对公约规定的任何此种罪行行使管辖权[27]。《反对劫持人质国际公约》和《制止向恐怖主义提供资助的国际公约》也有类似规定。然而，国家对可能威胁其利益的罪行没有管辖权。相反，如果国家是强制的对象，则享有管辖权，这不应与保护原则相混淆。

六、基于条约的其他管辖权

除上述管辖原则外，这些公约还为各国引入了其他一些司法管辖权。如前所述，如果在其领土内发现罪犯，即使犯罪行为发生在其领土之外，这些公约的缔约国也有义务行使司法管辖权。该规定有效地为国内法院创造了一

---

[21] *Arrest Warrant of 11 April 2000 (Democratic Republic of the Congo v. Belgium)*, Joint Separate Opinion Of Judges Higgins, Kooijmans and Buergenthal, [2002] ICJ Rep 63, 77–78.

[22] SUA Convention, art 6.

[23] Hostages Convention, art 5.

[24] Terrorism Financing Convention, art 7.

[25] Hostages Convention, art 5.

[26] *United States v. Gonzalez*, 776 F. 2d 931.

[27] SUA Convention, art 6.

种近乎普遍的司法管辖权。[28]

SUA公约还引入了一项在海上安全方面具有创新性且非常有用的管辖权。SUA公约第8条允许缔约国（船旗国）船舶的船长将犯罪嫌疑人移交给任何其他缔约国（接收国）当局，而接收国还可以再要求船旗国接受对该人的移交。[29] 如果船旗国不愿意接收此人，则有义务说明理由。[30] 船长可以将此人运送到最近的国家。如果船长这样做了，则船旗国有义务从接收国接受该人以起诉。如果接收国不将该人引渡到船旗国或任何其他愿意行使管辖权的国家，则根据SUA公约第10条规定，接收国有义务起诉该犯罪嫌疑人。如前所述，SUA公约第10条事实上为罪犯或被指控罪犯所在国的国家法院创设了近乎普遍的裁定管辖权。但这种普遍管辖权并不是真正意义上的普遍管辖，因为它只适用于公约缔约国。但在SUA公约缔约国间建立了普遍的司法管辖权。

还有一些其他问题可能会妨碍对海上恐怖主义分子的起诉。尽管背景不同，但起诉海盗，特别是起诉索马里海盗，可能会为起诉海上恐怖分子面临的挑战提供一些经验借鉴。[31] 其中一个问题是各国不愿起诉。然而，如前所述，与《联合国海洋法公约》有关海盗的规定不同，SUA公约不依赖于利他主义的起诉模式。[32] 正如以下的两个案例研究所示，至少有一个国家总是有兴趣起诉海上恐怖分子，特别是受害人所在国家或犯罪所针对的国家。因此，在海上恐怖主义案件中，不太可能出现像索马里海盗这样没有国家愿意起诉的情况。

最近在起诉索马里海盗方面的经验表明，各国在起诉海上恐怖分子时可能面临另一个挑战。海上恐怖分子与海盗一样，可能会在海上或远离逮捕国的地方被执法机构逮捕，因此，将他们提交法庭可能需要相当长的时间。最近的两起案件中，欧洲人权法院（ECtHR）裁定，法国当局违反了《欧洲人

---

[28] McCullough above n 18, 89.

[29] Tullio Treves, 'The Rome Convention for the Suppression of Unlawful Acts Against the Safety of Navigation' in Natalino Ronzitti (ed), *Maritime Terrorism and International Law* (Martinus Nijhoff, 1990) 80–81.

[30] SUA Convention 1988, art 8 (5).

[31] Md Saiful Karim, 'Prosecution of Maritime Pirates: The National Court is Dead—Long Live the National Court?' (2014) 32 *Wisconsin International Law Journal* 37.

[32] Md Saiful Karim, 'Is there an International Obligation to Prosecute Pirates?' (2011) 58 *Netherlands International Law Review* 387.

权公约》(ECHR) 第 5 条第 1 款和第 3 款规定，因为其没有及时向国内法院提交 9 名索马里海盗。[33] 这些案件中，被告在索马里被捕，花了 4—6 天才将他们带到法国。然而，法国当局在他们抵达法国后又将其拘留了 48 小时，而没有立即将其提交法庭。欧洲人权法院认为在他们抵达法国之前的拘留是合理的，而额外的 48 小时延误是不合理的。

如上所述，有关国际条约确立了管辖权，并在某些方面规定与实际海上恐怖主义事件有关的国家有起诉被指控为海上恐怖主义分子的义务。因此，有必要研究这种司法管辖权和起诉义务在实践中的运作方式。第三节将通过两个案例来研究该问题。

第三节　案例研究：国际法在国内法院起诉罪犯和确保逮捕、拘留和起诉过程中的保障作用

海上恐怖主义公约没有任何规定确定行使管辖权的优先事项。然而，在引渡的情况下，SUA 公约规定了适当考虑船旗国利益和责任的义务。因此，在起诉海上恐怖分子的案件中可能存在管辖权冲突问题。这一部分的两个案例研究，不仅将说明起诉海上恐怖分子的实际复杂性，而且将说明国内法院在起诉海上恐怖分子以及在确保被告人的人权方面发挥的重要作用。

一、阿基莱·劳伦号事件

阿基莱·劳伦号事件既说明了管辖权冲突是如何产生的，也说明了可能违反不同恐怖主义相关公约所规定的义务。[34] 尽管 SUA 公约和《制止向恐怖主义提供资助的国际公约》是在阿基莱·劳伦号事件之后通过的，但《反对劫持人质国际公约》在此事件中是有效的。由《反对劫持人质国际公约》引

[33] *Ali Samatar and Others v. France*, ECHR (2014) 361 and *Hassan and Others v. France* ECHR (2014) 361.

[34] Andrew L Liput, 'An Analysis of the Achille Lauro Affair: Towards an Effective and Legal Method of Bringing International Terrorists to Justice' (1985) 9 *Fordham International Law Journal* 328; Gregory V Gooding, 'Fighting Terrorism in the 1980's: The Interception of the Achille Lauro Hijacker' (1987) 12 *Yale Journal of International Law* 158; Gerald P McGinley, 'Achille Lauro Affair-Implications for International Law' (1984-1985) 52 *Tennessee Law Review* 691; (1986-1987) Michael Bazyler, 'Capturing Terrorists in the Wild Blue Yonder: International Law and the Achille Lauro and Libyan Aircraft Incidents' (1986) 8 *Whittier Law Review* 685; McCullough, above n 18.

起的管辖权冲突以及一个或多个国家违反《反对劫持人质国际公约》可能预示着未来会因 SUA 公约和《制止向恐怖主义提供资助的国际公约》中的类似规定而引发冲突问题。

为评估阿基莱·劳伦号事件中管辖权冲突及其违反强制管辖权问题,需要对事件进行简短的回顾。如前所述,意大利远洋班轮阿基莱·劳伦号在国际水域被解放巴勒斯坦人民阵线隶属于阿布·阿巴斯派的恐怖分子劫持。[35] 这艘被劫持的船从埃及亚历山大港开往塞得港。[36] 劫船者将船驶向叙利亚水域,并于 1985 年 10 月 8 日抵达叙利亚塔尔图斯港。然而,叙利亚拒绝让他们靠岸。[37] 劫船者要求从以色列监狱释放 50 名巴勒斯坦人,否则他们会杀死船上的美国乘客。[38] 后来,埃及当局允许这艘船返回塞得港,并与解放巴勒斯坦人民阵线的领导人阿布·阿巴斯谈判,为劫船者提供安全通道,条件是不对乘客造成伤害。[39] 当时,埃及当局并不知道一名乘客已经被杀害。[40] 劫船者于 1985 年 10 月 9 日傍晚向埃及当局投降。[41] 在检查船舶时,埃及当局本应注意到 1 名乘客被杀。然而,他们却允许劫船者于 1985 年 10 月 10 日乘坐一架埃及航空公司的波音 737 飞机离开埃及。[42] 在发现 1 名乘客被杀后,意大利撤销了安全通行协议。[43] 后来,美国军机迫使载着恐怖分子的飞机降落在意大利西格内拉的北大西洋公约组织基地。[44]

意大利当局对 4 名劫船者提出了正式的刑事指控。[45] 然而,意大利最初没有对劫船主谋阿布·阿巴斯提出任何指控,在美国提出引渡请求之前,他被允许从意大利前往南斯拉夫。[46] 后来,美国要求南斯拉夫引渡阿布·阿巴

---

[35] McCullough, above n 18, 56.
[36] Ibid, 57.
[37] Ibid.
[38] Bazyler, above n 34, 691.
[39] McCullough, above n 18, 58.
[40] Bazyler, above n 34, 691.
[41] McCullough, above n 18, 58.
[42] Ibid, 59.
[43] Ibid.
[44] Ibid.
[45] Ibid, 60.
[46] Ibid.

斯。[47] 南斯拉夫以阿布·阿巴斯享有外交豁免权为由拒绝了这一请求。[48] 随后，阿布·阿巴斯前往伊拉克，伊拉克也拒绝了美国的引渡请求。[49] 1986年7月10日，意大利国内法院判定包括阿布·阿巴斯在内的11名男子参与劫船。[50] 阿布·阿巴斯被缺席审判，并被判处终身监禁。[51]

根据《反对劫持人质国际公约》（以及当时并不存在的SUA公约的相应条款）的规定，多个国家对阿基莱·劳伦号事件的犯罪嫌疑人拥有管辖权。这里假设所有相关国家都是《反对劫持人质国际公约》的缔约国（尽管事实上并非如此）。[52] 意大利作为船旗国，对该罪行拥有强制管辖权。随着船舶进入叙利亚水域并且犯罪行为在叙利亚水域内继续进行，叙利亚也拥有强制性裁判管辖权。埃及的强制管辖权基于两个方面：首先，当船舶在埃及水域时，犯罪行为仍在继续，埃及因此享有属地管辖权；其次，被指控的罪犯在协商离船后仍在埃及境内。如果以色列是《反对劫持人质国际公约》的缔约国，便可以主张作为强制对象国的管辖权。美国作为受害人所属国家享有管辖权。其他一些国家对参与犯罪的本国公民享有强制管辖权，另一些国家作为罪犯的惯常住所地也享有自愿管辖权。南斯拉夫和伊拉克享有强制性的司法管辖权，因为被指控罪犯阿布·阿巴斯是在他们的领土上被发现的。

尽管当时尚未通过SUA公约，但我们将根据《反对劫持人质国际公约》与SUA公约的相关规定对本案例的研究进行分析，以说明未来发生类似事件时可能产生的后果。

美国和其他国家之间存在管辖权冲突。尽管美国没有主张管辖权的义务，但作为事件受害人所属国，根据《反对劫持人质国际公约》的规定，它被允许并愿意确立管辖权。如果今天发生类似事件，则美国可以根据SUA公约的规定主张管辖权。然而，这些公约都没有将一种管辖权置于另一种管辖权之上。就管辖权的优先权方面而言，并无一般的习惯国际法规定。因此，应该

---

[47] Ibid.
[48] Ibid.
[49] Ibid, 61.
[50] Ibid.
[51] Ibid.
[52] Egypt, Yugoslavia, and the United States were parties to this convention. Italy signed but did not ratify the Convention in that time.

考虑的是将管辖权归属于哪个国家更适当或哪个国家能够更适当地行使管辖权。正如杰拉尔德·菲茨莫里斯法官在巴塞罗那牵引力机车公司案（Barcelona Traction case）中认为：

> 国际法对在这些事项上国家划定管辖权范围并没有强加严格的规定……而是让国家在这个问题上有很大的自由裁量权。然而它确实……使每个国家都有义务在其法院对涉外案件的行使管辖权的范围方面保持节制和克制，并避免不适当地侵犯另一个更适当或更适合行使管辖权的国家。[53]

关于阿基莱·劳伦号事件，如果当时批准了《反对劫持人质国际公约》，意大利将有义务根据其规定起诉罪犯。如果这一事件现在发生，意大利有义务根据 SUA 公约第 6 条的规定起诉恐怖分子。虽然美国对判决不满意，但意大利实际上并没有违反《反对劫持人质国际公约》，而且如果这一事件发生在现在，根据 SUA 公约，意大利的行动是合理的。然而，美国可以辩称，意大利违反了 SUA 公约第 5 条的规定——缔约国有义务根据该公约使犯罪行为"受到适当的惩罚"。然而，"适当的惩罚"一词并没有定义。在许多方面，这取决于国内法院的自由裁量权。意大利拒绝引渡似乎并没有违反《反对劫持人质国际公约》，即使这一事件发生在今天，也不会违反《反对劫持人质国际公约》。这样说的主要理由是，这些公约没有把一国行使管辖权置于另一国之上，而意大利本身必须行使管辖权。通过起诉 11 名罪犯，意大利履行了这一义务。[54]

但阿布·阿巴斯的情况可能会有所不同。意大利最初没有逮捕阿布·阿巴斯，却在后来他缺席的情况下对其进行起诉。意大利没有接受美国的引渡请求，理由有两个：一是阿布·阿巴斯享有外交豁免权，意大利法律禁止将被告引渡到其可能面临死刑的国家。[55] 二是需要注意的是，美国所指控的罪行均未判处死刑。[56] 此外，一个人在犯下国际法规定的罪行后是否有权享有

---

[53] Barcelona Traction, Light & Power Company case (Belgium v. Spain) [1970] ICJ Rep 3, 105 (separate opinion of Judge Fitzmaurice).

[54] 应该指出的是，实际上是哪个国家将起诉，主要取决于谁控制着被拘留者。

[55] McCullough, above n 18, 72－74.

[56] Ibid, 74.

外交豁免权也是一个值得怀疑的问题。[57]

从上述事实来看,在意大利当局允许阿布·阿巴斯离开时,意大利似乎并不确定他是否参与了这起事件。相比之下,埃及的行动完全违反了《反对劫持人质国际公约》。根据《反对劫持人质国际公约》的规定,埃及有义务引渡或起诉恐怖分子。同样,南斯拉夫和伊拉克也都违反了《反对劫持人质国际公约》。如果当时存在 SUA 公约,这些国家将因违反 SUA 公约承担责任。

阿布·阿巴斯案件揭示了《反对劫持人质国际公约》(或其他具有类似规定的后续恐怖主义公约)中的一些漏洞。该案说明,由于缔约国根据国际法的另一个分支即外交豁免权负有的义务,可能会使得它们在履行这些反恐公约义务时出现问题。被指控的罪犯享有外交豁免权的情况很少见,然而,这说明了在 SUA 公约制度下可能面临的挑战。

阿基莱·劳伦号事件是一个非常引人注目的海上恐怖主义事件,最主要的原因是该事件促使通过了 1988 年 SUA 公约。这里考虑的第二个案例,即美国科尔号驱逐舰事件,可被视为后 SUA 时代最致命的海上恐怖袭击事件之一。科尔号事件对理解国内法院的作用至关重要,不仅是因为起诉被指控的海上恐怖分子,而且是因为在逮捕、拘留和起诉被指控的恐怖分子过程中确保了提供国际法保障。

二、科尔号事件

在分析不同国家的管辖权和责任问题之前,我们先来对该事件事实做简单梳理。2000 年 10 月 12 日,两名沙特公民,哈桑·阿勒·卡穆里(Hassan al-Khamri)和易卜拉欣·阿勒·塔瓦尔(Ibrahim al-Thawar,又名"尼布拉斯")在也门亚丁港用一艘装满炸药的小船自杀式袭击了美国海军驱逐舰科尔号,造成 17 名美国军人死亡。[58] 后来查明,此次袭击的主谋是基地组织成员阿卜杜勒·拉希姆·侯赛因·穆罕默德·纳希里(Abd al-Rahim Hussayn Muhammad

---

[57] Jordan J. Paust, 'Extradition and United States Prosecution of the Achille Lauro Hostage-Takers: Navigating the Hazards' (1987) 20 *Vanderbilt Journal of Transnational Law* 235, 241.

[58] Akiva J Lorenz, 'Al Qaeda's Maritime Threat' <http://www.maritimeterrorism.com/wp-content/uploads/2008/01/al-qaedas-maritime-threat.pdf> at 26 February 2011. 11.

al-Nashiri，又名"阿尔哈扎里"和"海上王子"），也门裔沙特人。[59] 包括贾迈勒·巴达维（Jamal al-Badawi）和法赫德·库索（Fahad al-Quso）在内的一些也门公民帮助尼布拉斯实施了这次袭击。[60] 2000年11月26日，也门安全部队正式逮捕了6名嫌疑人，另有3人在袭击发生后不久逃离也门。[61]

也门于2004年6月6日正式开始起诉犯罪嫌疑人。经过3个月的审判，也门法院宣布6名犯罪嫌疑人有罪，并宣判了不同的刑罚。法院判处巴达维和纳希里（缺席判决）死刑。然而，也门高等法院将巴达维的刑期减为15年监禁。[62] 其他4名嫌疑人被判处5至10年有期徒刑。[63] 2006年2月3日，所有基地组织成员都逃离了也门监狱。2007年10月25日，巴达维再次投降，在15年刑期服刑不到7年后，也门释放了巴达维。[64] 不幸的是，被定罪的其他被告都已从监狱逃出，或被也门官员释放。[65] 这就提出了一个问题：不到5年的监禁是对夺走17条生命的公正惩罚吗？[66]

美国官员一再要求也门政府将巴达维和库索引渡到美国受审。然而，也门政府因宪法禁止引渡其公民而拒绝了这一请求。[67] 包括纳希里在内的两名犯罪嫌疑人已被美国关押了一段时间。纳希里于2002年11月在阿拉伯联合酋长国被捕并移交给美国中央情报局（CIA）。[68] 美国中央情报局将他关押在秘密海外监狱网[69]，然后于2006年9月将他转移到关塔那摩湾。科尔号袭击事件的另一名策划者陶菲克宾·阿塔什（Tawfiqbin Attash）是也门和沙特阿拉伯公民，于2003年5月在巴基斯坦被捕，并被引渡到美国。[70] 美国在未经审判

---

[59] Ibid.

[60] A Maule, 'Maritime Security: Case Studies in Terrorism' in M R Haberfeld and Agostino Hassell (eds), *A New Understanding of Terrorism* (Springer, 2009) 159, 160-165.

[61] Ibid, 161.

[62] Ibid, 170.

[63] Ibid.

[64] Craig Whitlock, 'Probe of USS Cole Bombing Unravels: Plotters Freed in Yemen; US Efforts Frustrated' <http://www.washingtonpost.com/wp-dyn/content/article/2008/05/03/AR2008050302047.html> 2011年3月5日访问。

[65] Maule, above n 60, 170.

[66] Ibid.

[67] Whitlock, above n 64.

[68] Ibid.

[69] Ibid.

[70] Ibid.

的情况下长期拘留了这两名嫌疑人。

多个国家对这起事件中的罪犯拥有管辖权。与美国同为 SUA 公约缔约国的也门，基于属地原则对所有罪犯、基于属人原则对部分罪犯拥有管辖权。美国作为船旗国和受害人所属国家对罪犯拥有管辖权。沙特阿拉伯根据属人原则对部分违法者拥有管辖权。阿拉伯联合酋长国和巴基斯坦根据 SUA 公约第 10 条的规定对两名罪犯拥有管辖权。

科尔号事件引发了一系列的管辖权问题。首先的一个问题是也门是否违反 SUA 公约。作为属地国，也门拥有起诉恐怖分子的强制管辖权，它在某种程度上履行了该职责。但是，仅仅起诉就足够了吗？还是应该在起诉之后给予一定程度的惩罚？SUA 公约对这一问题并没有完全保持沉默，其第 5 条规定：

> 各缔约国应考虑到这些罪行的严重性，以适当的刑罚对第 3 条所列罪行加以惩处。[71]

因此，问题是也门在仅仅 7 年后释放巴达维是否违反了 SUA 公约第 5 条的规定。

SUA 公约没有规定最低监禁期，这是一个折中方案。据格伦·普兰特（Glen Plant）的说法，第 5 条"被认为涵盖了两派代表团的关切，一派希望明确各国有权决定什么样的处罚是适当的，另一派则希望这些处罚应是'严厉的'"[72]。SUA 公约第 5 条是《反对劫持人质国际公约》第 2 条的逐字复制。[73]《反对劫持人质国际公约》第 2 条在很大程度上沿用了以前通过的恐怖主义公约的模式，因此在《反对劫持人质国际公约》起草过程中，没有就通过这一条款进行认真讨论。[74] 然而，这条规定的历史也并非没有争议。这个问题在起草 1970 年《制止非法劫持航空器的公约》（《海牙公约》）时引起了

---

[71] SUA Convention, art 5.

[72] Glen Plant, 'The Convention for the Suppression of Unlawful Acts Against the Safety of Maritime Navigation' (1990) 39 *International and Comparative Law Quarterly* 27.

[73] Ibid, 281.

[74] Robert Rosenstock, 'International Convention against the Taking of Hostages: Another International Community Step against Terrorism' (1980) 9 *Denver Journal of International Law and Policy* 169, 178.

激烈讨论[75]，这是第一个现代恐怖主义公约，随后的恐怖主义公约在许多方面都遵循了这一模式。根据《海牙公约》第 2 条规定，"各缔约国承诺对犯罪行为处以重罚"[76]。不同国家提出了一些关于规定最低监禁期的建议[77]，但大多数国家不赞成这一提议。[78] 澳大利亚和意大利提议增加下列条款：

> 第 1 款所述的处罚应不低于该国法律对蓄意危害他人生命的罪行所规定的处罚。[79]

这项提议被大多数国家拒绝。但在通过这项公约之后，据预测，如果不能确定最低刑期，将严重降低公约的效力。[80] 科尔号事件说明了这一预测的正确性。然而，需要探讨的是，不包括最低刑期是否允许各国规定一种不严厉的惩罚，就像科尔号事件中所发生的那样。

鉴于罪行的严重性，SUA 公约规定了施加适当处罚的义务。即使对这一条款的解释非常严格，7 年的监禁也不能被视为谋杀 17 人的适当刑罚。因此，可以得出结论，他们虽然履行了司法管辖权义务，但违反了施加适当惩罚的相关义务。这更像是一个国家的违法行为，而不是 SUA 公约的严重缺陷。

另一个问题是美国未经审判就将两名嫌疑人监禁。阿拉伯联合酋长国和巴基斯坦履行了 SUA 公约规定的义务，将纳希里和阿塔什引渡给美国。然而，直到 2008 年，美国在将嫌犯在多个国家的秘密监狱和刑讯设施中长期关押而不加审判后，才根据 2006 年美国《军事委员会法》开始在军事委员会起诉纳希里。[81] 但在军事委员会的起诉是否可以被视为在法庭上的起诉[82]仍存在争议。关于他们未经审判就被拘留的问题，克雷格·惠特洛克（Craig Whit-

---

[75] Abraham Abramovsky, 'Multilateral Conventions for the Suppression of Unlawful Seizure and Interference with Aircraft Part 1: The Hague Convention' (1974) 13 *Columbia Journal of Transnational Law* 382, 399.

[76] Ibid, 399.

[77] Ibid.

[78] Ibid.

[79] Ibid.

[80] Ibid.

[81] 'Al Nashiri to Trial Supposedly Again Maybe' <http://armiesofliberation.com/archives/2011/04/21/al-nashiri-to-trial-supposedly-again-maybe/> 2011 年 6 月 8 日访问。

[82] 'Statement of Human Rights Watch to the United Nations Human Rights Committee: United States Compliance with the ICCPR' <http://www.hrw.org/en/news/2006/03/13/statement-human-rights-watch-united-nations-human-rights-committee> 2011 年 6 月 8 日访问。

lock）指出：

> 在司法部调查科尔袭击案时，阿塔什和纳希里都被列为未起诉的同谋。美国官员在采访中说决定不起诉他们，因为未决的刑事指控可能会迫使中情局或五角大楼放弃对他们的羁押。[83]

纳希里声称他在被美国官员拘留期间受到了酷刑。[84] 2009 年，检方决定撤销军事委员会对纳希里的指控。[85] 2010 年 8 月，奥巴马政府表示没有针对纳希里的任何指控。[86] 然而，2011 年 4 月 20 日，美国国防部再次宣布，根据 2009 年《军事委员会法》的规定，除其他外，纳希里被指控犯有"违反战争法的谋杀"和"恐怖主义"等罪名。[87] 该案目前正在军事委员会审理中。[88] 欧洲议会就这一问题通过了一项决议，并注意到美国没有按照国际法的要求立即将纳希里送交司法当局进行审判。[89] 通过这项决议，欧洲议会表示：

> 对美国总统 2011 年 3 月 7 日决定签署关于拘留和撤销军事法庭禁令的行政命令深感遗憾；确信民事管辖下的正常刑事审判是解决关塔那摩在押人员地位的最佳方式；坚持认为纳希里先生和所有其他被美国拘留的在押人员应立即受到指控，并按国际法治标准进行审判，否则应予以释放；强调在这种情况下，公平审判的相同标准应适用于所有人，不得有任何歧视。[90]

---

[83] Whitlock, above n 64.

[84] Verbatim Transcript of Combatant Status Review Tribunal (CSRT) Hearing for Al Nashiri <http://www.aclu.org/files/pdfs/safefree/csrt_alnashiri.pdf> 2011 年 2 月 9 日访问。

[85] Al Nashiri to Trial Supposedly Again Maybe, above n 81.

[86] Ibid.

[87] 'Urgent Action: Guantanamo: Death Penalty Decision Imminent' <http://www.amnesty.org/en/library/asset/AMR51/046/2011/en/3890360d-4d6b-43ed-b913-9bae9365a73a/am-r510462011en.pdf> 2011 年 6 月 6 日访问。

[88] Military Commissions: 'Abd al-Rahim Hussein Muhammed Abdu Al-Nashiri' (Saudi Aranian) <http://www.mc.mil/CASES/MilitaryCommissions.aspx> 2012 年 8 月 18 日访问。

[89] European Parliament Resolution of 9 June 2011 on Guantanamo: Imminent Death Penalty Decision <http://www.europarl.europa.eu/sides/getDoc.do?type=TA&language=EN&reference=P7-TA-2011-271> 2012 年 8 月 18 日访问。

[90] Ibid.

在最近的一项决定中，欧洲人权法院认为，波兰设立了一个秘密的中央情报局监狱，在那里，纳希里被拘留、折磨和虐待，这违反了《欧洲人权公约》[91]的一些规定。[92] 法院还认为，波兰违反公约规定，将纳希里移交到美国，在那里他继续面临司法不公。[93] 欧洲人权法院目前正在审理针对罗马尼亚的类似案件。

欧洲议会和欧洲人权法院的这一观点与相关国际法律文书是一致的。1988年SUA公约第10条第2款赋予罪犯根据起诉国的国内法获得公平待遇的权利。2005年《SUA公约议定书》扩展了这种保护。根据修订后的SUA公约第10条第2款，任何被拘留的人都应获得公平待遇，包括此人所在地国家国内法规定的所有权利和保障，以及包括人权法在内的国际法的适用条款。该条是按照《制止向恐怖主义提供资助的国际公约》第17条模式起草的。[94] 这种保障措施是对长期以来对国际反恐公约缺乏人权保障批评的回应。[95]

美国是1988年SUA公约的缔约国，并签署了2005年《SUA公约议定书》。在任何文明的法律制度下未经审判的长期拘留和酷刑都是不公正的待遇。因此，如果对纳希里的待遇指控被证明属实，这将明显违反SUA公约规定的义务。

美国一再违反多项国际人权文书，包括《公民权利和政治权利国际公约》（ICCPR）[96] 以及《联合国禁止酷刑和其他残忍、不人道或有辱人格的待遇或处罚公约》（CAT）。[97] 酷刑和未经审判的长期拘留明显违反了《公民权利

---

[91] *Convention for the Protection of Human Rights and Fundamental Freedoms*，1950年11月4日开放签署，213 UNTS 221（1953年9月3日生效）。

[92] *Al-Nashiri v. Poland* (2014) ECHR 833.

[93] Ibid.

[94] IMO, 'Draft Amendments to the SUA Convention and SUA Protocol' Submitted by the United States, IMO Doc LEG 88/3 (2004), 17.

[95] Neil Boister, 'Human Rights Protection in the Suppression Conventions' (2002) 2 *Human Rights Law Review* 199 (Explaining inadequate human rights safeguard in previously adopted suppression conventions).

[96] *International Covenant on Civil and Political Rights*，1966年12月16日开放签署，999 UNTS 172（1976年3月23日生效）。

[97] *United Nations Convention Against Torture and Other Cruel, Inhuman or Degrading Treatment or Punishment*，1984年12月10日开放签署，1465 UNTS 85（1987年6月26日生效）。

和政治权利国际公约》第7条和第9条规定。联合国人权委员会指出：

> 委员会对可信和无可争议的信息表示关切，这些信息表明，缔约国（美国）认为有必要秘密地将人员关押在秘密地点长达数月或数年，而不通知红十字国际委员会（International Committee of the Red Cross）。在这种情况下，被拘留人的家属的权利也受到了侵犯。委员会还关切的是，即使这些人的拘留得到承认，他们仍被单独监禁数月或数年，这种做法违反了第7条和第9条所保护的权利。[98]

未能根据国际人权条约提供必要的保障是另一个明显违反 SUA 公约的行为。这说明可能会出现有关起诉海上恐怖分子的国家间争端。如果在拘留、逮捕和起诉其国民的案件中没有遵守国际人权准则，一国可以对另一国提起诉讼。这一规定为被指控成罪犯的所属国家提供了空间，其可以就违反包括人权法在内的国际法赋予被指控罪犯的权利和保障的行为对起诉国提起诉讼。2005年《SUA 公约议定书》纳入了所有适用的习惯国际法和条约法，为被指控罪犯提供权利和保障。这意味着在拘留、逮捕和起诉过程中违反任何国际法保障将被视为违反 SUA 公约，由于确保这些权利现已成为 SUA 公约的一部分，因此该公约下的争端解决机制可用于解决此类争端。这方面还将在下一部分讨论。

案件的另一个问题是：由于没有任何国家愿意与恐怖分子有牵连，因此科尔号事件中被指控的恐怖分子的所属国家几乎不可能愿意在国际性的法院对美国提起诉讼。这种情况使得国内法院的作用至关重要。在此种情况下，被告可以利用的唯一司法途径是逮捕国或起诉国的国家法院。在反恐战争中，美国国内法院在维护被拘留者的权利方面发挥了至关重要的作用。美国的立场是目前正与恐怖组织发生武装冲突，因此人权条约不适用，取而代之的是战争法。[99] 如果这一说法被接受，则可能会对 SUA 公约制度产生严重影响。这方面将在后面讨论。然而，即使是未经审判的长

---

[98] *Concluding Observations of the Human Rights Committee, United States of America*, UN Doc CCPR/C/USA/CO/3/Rev 1 (18 December 2006) 3.

[99] 美国政府对人权委员会结论性意见的评论, UN Doc CCPR/C/USA/CO/3/Rev.1/Add.1 (12 February 2008) 4。

期拘留和酷刑，也明显违反了战争法。根据《日内瓦公约》第3条规定，被拘留者在任何情况下均应受到人道主义的待遇，并应在任何时间任何地点禁止下列行为：

（1）对生命与人身施以暴力，特别如各种谋杀、残伤肢体、虐待及酷刑；

…………

（2）未经具有文明人类所认为必需之司法保障的正规组织之法庭之宣判，而遽行判罪及执行死刑。[100]

在哈姆丹诉拉姆斯菲尔德（Hamdan v. Rumsfeld）案中，美国最高法院认为，至少《日内瓦公约》第3条适用于反恐战争。[101] 然而，法院并未触及《日内瓦公约》在反恐战争中的普遍适用性。法院认为，所谓的敌方战斗人员有权在"正规组成的法院接受审判，该法院可以提供文明人类认为必不可少的所有司法保障"。[102]。法院的结论是，美国当局组成的军事委员会是非法的，因为该委员会不是一个正规组建的法院，《日内瓦公约》的保护也没有得到保证。[103]

作为对法院裁决的回应，美国国会颁布了2006年《军事委员会法案》，该法案剥夺了"非公民敌方战斗人员"的人身保护审查权。该条款的合宪性在布迈丁诉布什（Boumediene v. Bush）案中受到质疑。[104] 在本案中，美国最高法院认为这是违反宪法的权利中止。[105]

回到纳希里，他在也门被判处死刑。如前所述，2011年4月20日，美国国防部宣布，根据2009年《军事委员会法》规定，纳希里被指控犯有"违反战争法的谋杀"和"恐怖主义"等罪名。这次起诉对美国来说非常具有挑战性。一位专家评论说，"这些指控提供了一个完美的教育机会，让我们了解军

---

[100] Geneva Convention Relative to the Treatment of Prisoners of War，1949年8月12日开放签署，75 UNTS 135（1950年10月21日生效）；Geneva Convention Relative to the Protection of Civilian Persons in Time of War，1949年8月12日开放签署，75 UNTS 287（1950年10月21日生效）。

[101] Hamdan v. Rumsfeld，548 US 557（2006）.

[102] Ibid.

[103] Ibid.

[104] Boumediene v. Bush，553 US 723（2008）.

[105] Ibid.

事委员会出了什么问题，以及为什么对纳希里的起诉最好留给正规的联邦刑事法院处理。"[106] 最有问题的是，如果适用战争法，那么攻击科尔号根本就不是犯罪。海军舰艇和军队成员是武装冲突中的合法目标。美国可能会争辩说其是"非法敌方战斗人员"[107]。然而，根据国际法，这一论点可能无效，因为平民参与敌对行动并不违法。[108]

对科尔号事件犯罪嫌疑人的起诉揭示了国家司法机构作为国际法律体系参与者的几个弱点。首先，各国可能不使用其正规设立的法院，在这些法院中，被告将受到公平审判并享有国际法保障。其次，大多数时候，国内法院执行的国内法可能不符合国际标准。如前所述，美国最高法院在恐怖主义其他方面的类似被拘留问题上发挥了重要作用。这些决定将适用于纳希里或其他海上恐怖主义嫌疑人。它们表明国内法院在适用与海上恐怖主义有关的国际法以及确保国际法在保障拘留和起诉海上恐怖主义嫌疑人的人权方面发挥重要作用。

通过对这两个案例的研究，笔者认为，国内法院虽有其缺点，但在起诉海上恐怖主义嫌疑人以及确保在逮捕、拘留和起诉过程中为被告提供国际法保障方面是最重要的机构。这部分也揭示了国内法院的缺陷不是与生俱来的，法院本身不对此负有责任。这个问题源于各国的法律制度和有关政府的政治意愿。最常见的是，法院的作用受到政府政治部门的阻碍。考虑到这个问题的政治敏感性，也并不奇怪。然而，国内法院在这方面发挥了重要作用。国内法院，特别是在维护被告的国际人权案中具有独特地位，因为，如案例研究表明的那样，被告所在国家不太可能愿意与任何被指控犯有海上恐怖主义罪的人有联系。这实际上削弱了国际性法院的作用，并将问题主要留给了国内法院。然而，在某些情况下，国际性法院也可能发挥作用。在此背景下，下一部分将讨论国际司法机构的作用。

---

[106] Gabor Rona, 'Some Thoughts on al Nashiri and Military Commissions: While Waiting for the Grown-ups to Take Over' < http://www.humanrightsfirst.org/2011/04/20/some-thoughts-on-al-nashiri-and-military-commissions-while-waiting-forthe-grown-ups-to-take-over> 2011年6月8日。

[107] Ibid.

[108] Ibid.

第四节 起诉罪犯和可能发生的国家间争端

对罪犯的起诉可能会引起国家间争端。一国在另一国起诉其国民时，可就不遵守《维也纳领事关系公约》（VCCR）[109] 规定的领事权提起诉讼。要求引渡罪犯或指控侵犯罪犯的人权或领事权也可能引起国家间争端。根据 SUA 公约，如果犯罪行为是在其船旗国船舶、领土上发生或由其国民实施的；或其国民因犯罪行为受伤或死亡；或该国是犯罪行为人的惯常居住地；或犯罪行为是为了迫使该国作或不作某事而实施的，一国可请求另一国引渡被指控的罪犯。[110] 如果引渡请求被拒绝，可能会引发国家间的争端。

如果在拘留、逮捕和起诉其国民的案件中没有遵循国际人权准则，一国可以对另一国提起诉讼。这项规定有三层含义，首先，如果被指控的罪犯没有得到国际法的保障，那么被指控的罪犯所在国将可以在国际性司法场合质疑对其国民的拘留或逮捕，以表明国际法规定的保障措施未提供给其国民。其次，被指控的罪犯所在国可以通过证明其国民没有获得国际法保障，在国际性司法场合质疑国内法院裁决的有效性。最后，尽管公约没有提及赔偿，但如果另一国未能确保对其国民的国际法保障，则在技术上一国可以对另一国提起赔偿诉讼，因为赔偿是违反国际法的必然结果。

如前所述，SUA 公约第 16 条引入了因起诉和拘留海上恐怖分子而引起国家间争端的解决机制。在上述争端中，各国可以寻求诉诸这一争端解决机制。

---

[109] *Vienna Convention on Consular Relations*，1963 年 4 月 24 日开放签署，596 UNTS 261（1967 年 3 月 19 日生效）arts 5 and 6.

[110] SUA Convention 1988, arts 6 and 7. The disputes between Libya and the United States and the disputes between Libya and the United Kingdom regarding the similar provision of Convention for the Suppression of Unlawful Acts Against the Safety of Civil Aviation, *Questions of Interpretation and Application of the 1971 Montreal Convention arising from the Aerial Incident at Lockerbie* (*Libyan Arab Jamahiriya v. United Kingdom*), *Provisional Measures* [1992] ICJ Rep 3; *Questions of Interpretation and Application of the 1971 Montreal Convention arising from the Aerial Incident at Lockerbie* (*Libyan Arab Jamahiriya v. United States of America*), *Provisional Measures* [1992] ICJ Rep 114; *Questions of Interpretation and Application of the 1971 Montrel Convention arising from the Aerial Incident at Lockerbie* (*Libya Arab Jamahiriya v. United Kingdom*), Preliminary Objections, [1998] ICJ Rep 9; *Questions of Interpretation and Application of the 1971 Montreal Convention arising from the Aerial Incident at Lockerbie* (*Libyan Arab Jamahiriya v. United States of America*), Preliminary Objections, [1998] ICJ Rep 115.

然而，在这方面可能会遇到一些困难，特别是在美国参与的情况下。如前所述，美国认为其在所谓反恐战争中的行动将受国际武装冲突法的约束。如果这种观点被接受，可能会产生严重问题。如果国际人权法不适用，那么与适用国际人权法有关的 SUA 公约条款将可能是多余的。然而，具有讽刺意味的是，布什政府还声称 1949 年《日内瓦公约》将不适用于全球反恐战争，并否认在战争期间被拘留的人的战俘地位。这一主张涉及两个主要问题：美国的主张是否合理；如果合理，这一立场是否适用于成员国之间的争端。

美国当局表示，美国与基地组织的武装冲突仍在继续，反恐战争也是法律意义上的武装冲突。因此，在这种情况下，战争法而不是国际人权法，才会占主导地位：

> 美国正在与"基地"组织、塔利班及其支持者进行武装冲突。作为这场冲突的一部分，美国逮捕并拘留敌方战斗人员，根据战争法，美国有权拘留他们直到敌对行动结束。适用于这些拘留的法律框架是战争法，而不是《公民权利和政治权利国际公约》。[111]

然而，全球打击跨国恐怖组织的斗争是否可以归类为武装冲突，这是值得怀疑的。正如联合国 5 位特别报告员所说，"就国际人道法的适用而言，全球打击国际恐怖主义的斗争本身并不构成武装冲突。"[112]

国际人道法和人权法是相辅相成的[113]，人道法在某些情况下的适用并不会使人权法不适用。如国际刑事法院所述：

> 法院认为，《公民权利和政治权利国际公约》的保护不会在战时

---

[111] 美国政府对人权委员会结论性意见的评论，UN Doc CCPR/C/USA/CO/3/Rev.1/Add.1（12 February 2008）4。

[112] *Situation of detainees at Guantanamo Bay*, *Report of the Chairperson of the Working Group on Arbitrary Detention*, Ms Leila Zerrougui; the Special Rapporteur on the independence of judges and lawyers, Mr Leandro Despouy; the Special Rapporteur on torture and other cruel, inhuman or degrading treatment or punishment, Mr Manfred Nowak; the Special Rapporteur on freedom of religion or belief, Ms Asma Jahangir and the Special Rapporteur on the right of everyone to the enjoyment of the highest attainable standard of physical and mental health, Mr Paul Hunt, UN Doc E/CN.4/2006/120（15 February 2006），para, 21.

[113] United Nations Human Rights Committee, *General Comment No.31: Nature of the General Legal Obligation Imposed on States Parties to the Covenant*, UN Doc CCPR/C/21/Res.1/Add13（29 March 2004）5.

停止，除非根据该公约第 4 条的规定，在国家紧急状态时可以克减某些条款。[114]

此外，基地组织不具备适用战争法的条件。战争法可能首先适用于两个主权国家之间发生武装冲突的情况。如果冲突一方是交战方或叛乱分子，它们也可能适用，但基地组织两者都不是。一个叛乱组织必须有政府的外表，一支有组织的军队，控制某些领土，并在相对稳定的更广泛的人口中拥有支持基础。[115] 交战地位的条件包括上述所有标准以及一个或多个国家的承认。[116] 基地组织显然不满足上述条件。因此，由于基地组织与美国之间的冲突不能被视为战争，战争法在这种情况下是不适用的。[117]

声称美国正在与恐怖分子交战可能会造成许多严重的问题。正如乔丹·J.珀斯特（Jordan J. Paust）的评论：

> 这种精神分裂式的主张不仅不合逻辑且毫无法律依据，而且还可能对允许的非国家行为体的暴力形式……以及对美国和其他国家武装部队成员的保护产生危险后果。[118]

将全球反恐斗争视为一场战争的最大问题之一是互惠原则。由于美国认为其目前正在发动一场针对基地组织的战争，有权杀死或抓获基地组织成员，并在未经审判的情况下拘留该组织的任何成员，直到积极的敌对行动结束。[119] 在本案中，根据战争法，基地组织对美军拥有同样的权利。[120] 这意味着袭击美国海军舰艇，例如袭击美国科尔号，对基地组织成员来说不再是犯罪行为。[121] 这是将执法活动视为战争的一个危险方面。但还应该注意的是，

---

[114] *Legality of the Threat or Use of Nuclear Weapons*, Advisory Opinion [1996] ICJ Rep 226, 240.

[115] Jordan J. Paust, 'War and Enemy Status After 9/11: Attacks on the Laws of War' (2003) 28 *Yale Journal of International Law* 325, 326.

[116] Ibid.

[117] Ibid.

[118] Ibid.

[119] Allen S Weiner, 'Law, Just War and the International Fight Against Terrorism: Is it War?' in Steven P. Lee (ed) *Intervention, Terrorism and Torture: Contemporary Challenges to Just War Theory* (Springer, 2007) 137, 148–149.

[120] Ibid.

[121] Paust, above n 115, 327.

即使将其视为战争，对平民目标的攻击仍是犯罪行为，可被视为战争罪。[122]

最后一个问题是美国的立场是否对 SUA 公约规定的争端解决机制有任何影响，答案是否定的。根据 SUA 公约争端解决机制解决的是两个成员国之间的争端，而不是恐怖组织与美国之间的争端。即使美国与基地组织发生了武装冲突，它也没有与 SUA 公约的另一缔约国发生武装冲突。

然而，SUA 公约争端解决机制本身就是一个有缺陷的制度。根据 SUA 公约第 16 条第 2 款的规定，缔约国可以随时声明不受这一争端解决机制的约束。

除了利用 SUA 公约争端解决机制外，一国还可以在国际法院提起诉讼，或利用《联合国海洋法公约》争端解决机制解决国家间争端，包括逮捕、拘留和起诉海上恐怖分子嫌疑人。同样，如果不止一个国家愿意起诉，或在引渡海上恐怖分子的问题上有分歧，也可以启动诉讼程序，以解决起诉被指控罪犯的管辖权冲突。然而，国际法院的管辖权主要是基于同意或自愿接受强制管辖权。如前所述，《联合国海洋法公约》强制争端解决机制也有一定的局限性，仅适用于某些类型的争端。

因此，虽然国际司法机构在起诉海上恐怖分子的过程中可以发挥维护人权的作用，但国内法院仍然是主要参与者。鉴于当代世界的政治法律现实，国内法院不仅是起诉海上恐怖分子的唯一机构，而且还是确保向被指控罪犯提供国际保障措施的主要机构。

第五节 小 结

本章批判性地探讨了司法框架和司法机构在起诉恐怖主义犯罪嫌疑人方面发挥重要作用的局限性。实体法律和司法框架仍存在模糊性，导致在确保司法机构的有效性方面存在不确定性。然而可以看出，尽管存在诸多不足，但如果充分发挥其潜力，司法机构在确保基于规则的海洋治理方面仍可发挥重要作用。与传统观念相反，在海上恐怖主义案件中，国内法院比国际性法院发挥了更积极的作用，国际性法院的潜在作用尚未得到充分利用。然而，国际法提供了一个可行的法律框架，司法机构在其中发挥着至关重要的作用。

---

[122] Weiner, above n 119, 149.

本章还指出，至少需要在某些法律和制度方面进行改进，以正确利用司法机构的潜在作用。也可以说，由于缔约国的态度，司法机构的作用没有得到充分发挥。

本章还指出了现有制度中一些严重的局限性。作为国家机构的国内法院遵循国内法的规定，但在国内法本身不符合国际法的情况下，其作为国际法参与者的作用便会被边缘化。然而，这一章也表明，国内法院有时可以在认定违反国际法的国内法为非法方面发挥重要作用。这体现了国内法院作为国际法行为体的巨大潜力。如上所述，国际性法院的作用还有待探讨。然而，由于管辖权的限制和缔约国不愿接受国际司法机构的管辖权，今后的情况可能会变得复杂。

第四章
可能产生涉及国际法争端的法律问题

第一节 引 言

本章确定了与海上恐怖主义有关的主要国际法问题，这些问题可能造成争端，需要国际和国家司法机构在解决此类争端中发挥作用，对确定司法机构在解决涉及国际法争端方面的作用很重要。而且查明这些法律问题与确定司法机构在解决海上恐怖主义可能引起的争端之间的相关性也很重要，因为，如第一章所述，司法机构只能解决法律争端，而不能解决一般冲突。因此，从一开始就确定是否可能发生法律争端很重要。

本章将确定与海上恐怖主义相关的新出现的法律问题，这些问题可能成为未来争端的根源。识别这些法律问题是决定由什么样的法庭来解决这些问题的关键因素。从下面的讨论中可以看出，尽管在实践中围绕这些法律问题发生的争端很少，但涉及国际法的国家间争端仍有可能出现。不同类型的法律问题可能会导致由海上恐怖主义事件引起的国家间争端，包括由船旗国、沿海国和/或其他国家的作为和不作为引起的争端。潜在的争端可能涉及不同的航行权利和航行自由，以及对这些权利的干涉问题。关于国家作为船旗国和沿海国的尽职义务以及可归因于国家的私人行为问题还会产生其他问题。在考虑适用于国家对海上恐怖主义行为负责的法律规则的同时，有必要了解"9·11"事件之后联合国安理会内部逐渐出现的一个特别法，这个特别法又导致产生了不局限于国际法委员会标准的有关行为归属和责任的专门规则。[1] 司法机构的管辖权在很大程度上取决于对这些复杂问题的回答。

本章第二节讨论沿海国在确保外国船舶安全航行权方面的责任问题，其主要目的是探讨航行权与沿海国的相应义务之间的关系。第三节专门讨论国家干扰航行自由的责任问题。对海上恐怖主义和大规模杀伤性武器海上扩散的日益关切促使一些国家采取严格的船舶检查措施。对航行自由进行无理干扰的情况确实存在，这也可能成为国家间争端的根源。"防扩散安全倡议"（PSI 倡议）可能是这些紧张关系的一个显著例子。第四节涉及船旗国对利用船舶进行海上恐怖主义的责任。现代国际航运在很大程度上是一个以船旗国为基础的体系。由于只有船旗国对悬挂其旗帜的船舶享有完全的管辖权，因此，其他国家对这些船舶的管辖权非常有限。然而，并非所有船旗国都认真有效地对悬挂其旗帜的船舶行使管辖权和控制权。由此产生的方便旗（或开放登记制）现象意味着，向非国家实体提供国籍，而实际所有权往往不为人所知。这种情况增加了海上恐怖主义的可能性，因为恐怖分子集团可能使用开放注册的方式操纵船舶。由于没有相应的义务就不存在任何权利，因此，应当探讨船旗国在这方面的责任，并考虑由于违反这种义务而引起国家间争端的可能性。第五节接着分析国家在援助海上恐怖分子方面的责任。人们日益关切的是，有些国家可能与海上恐怖分子有直接联系，包括国家资助的恐怖主义。这部分将探讨这些复杂问题及可能产生的潜在争议。

第二节　海上恐怖主义对国家管辖范围内航行权的威胁与沿海国责任

如前所述，在沿海国主权管辖海域内，存在着外国船舶遭到恐怖袭击的很大的可能性。[2] 因此，会出现沿海国是否有责任确保外国船舶和平享有航行权的问题。回答这个问题涉及许多方面。首先，其他国家在沿海国管辖海域内是否拥有航行权？其次，如果这是一项权利，那么沿海国是否为义务的

---

[1] Tal Becker, *Terrorism and the State*: *Rethinking the Rules of State Responsibility* (Hart, 2006), 84. Article 55 *Lex Specialis*: The articles [ILC Articles] do not apply where and to the extent that the conditions for the existence of an internationally wrongful act or the content or implementation of the international responsibility of a state are governed by special rules of international law.

[2] 见本书第一章。

承担者。最后，防止恐怖主义的一般义务是否要求沿海国采取积极措施，确保在其管辖范围内其他国家和平地享有航行权。

首先，有必要概述一下各国在沿海国管辖水域内所享有的不同类型的航行权。各国享有领海内的无害通过权。[3] 这项权利通过"习惯国际法、司法判决和公约的结合"得到承认。[4] 根据《联合国海洋法公约》，"通过只要不损害沿海国的和平、良好秩序或安全，就是无害的"[5]。同时，《联合国海洋法公约》还规定了一些有损于沿海国和平、良好秩序或安全的行为。[6] 此外，无害通过应符合《联合国海洋法公约》和其他国际法规则。[7] 沿海国在其领海内享有为防止非无害通过而采取必要措施的权利。[8]

各国享有在其他国家群岛水域进行无害通过[9]和群岛海道通过的权利。[10] 群岛海道通行是指根据《联合国海洋法公约》规定，在公海或专属经

---

[3] UNCLOS, arts 17 and 52.

[4] Donald R Rothwell, 'Innocent Passage in the Territorial Sea: The UNCLOS Regime and Asia Pacific State Practice' in Donald R Rothwell and Sam Bateman (eds) *Navigational Rights and Freedoms and the New Law of the Sea* (Marinus Nijhoff, 2000) 74, 75.

[5] UNCLOS, art 19 (1).

[6] UNCLOS, art 19 (2). 'Passage of a foreign ship shall be considered to be prejudicial to the peace, good order or security of the coastal State if in the territorial sea it engages in any of the following activities: (a) any threat or use of force against the sovereignty, territorial integrity or political independence of the coastal State, or in any other manner in violation of the principles of international law embodied in the Charter of the United Nations; (b) any exercise or practice with weapons of any kind; (c) any act aimed at collecting information to the prejudice of the defence or security of the coastal State; (d) any act of propaganda aimed at affecting the defence or security of the coastal State; (e) the launching, landing or taking on board of any aircraft; (f) the launching, landing or taking on board of any military device; (g) the loading or unloading of any commodity, currency or person contrary to the customs, fiscal, immigration or sanitary laws and regulations of the coastal State; (h) any act of wilful and serious pollution contrary to this Convention; (i) any fishing activities; (j) the carrying out of research or survey activities; (k) any act aimed at interfering with any systems of communication or any other facilities or installations of the coastal State; (l) any other activity not having a direct bearing on passage.'

[7] UNCLOS, art 19 (1).

[8] UNCLOS, art 25.

[9] UNCLOS, art 52.

[10] UNCLOS, art 53. "群岛的海道通行权对公海的航行自由权非常重要，尤其是穿越印度尼西亚及菲律宾的群岛水域和国际海峡，包括 Makassar 海峡、Celebes 海峡、Luzon 海峡、Sunda 海峡、Lombok 海峡以及 Ombai 海峡。来往于太平洋和印度洋之间的大型油轮及载有弹道导弹的核潜艇在这些群岛水域及国际海峡航行。" David L Larson, 'Innocent, Transit, and Archipelagic Sea Lanes Passage' (1987) 18 *Ocean Development & International Law* 411, 417.

济区的一部分和公海或专属经济区的另一部分之间行使航行和飞越的过境权。[11] 国家还享有在国际航行海峡的"过境通行权"。[12] 过境通行是指"航行和飞越自由的唯一目的是在公海或专属经济区的一部分和公海或专属经济区的另一部分之间的海峡连续和迅速过境"[13]。

一些海峡的使用国有时要求沿海国采取必要措施，防止其管辖范围内可能发生的恐怖主义行为。[14] 这种情况引起了沿海国在确保外国船舶在其管辖范围内和平享有航行权方面的责任问题。[15] 沿海国在这方面履行谨慎注意的责任可能是产生国家间争端的一个严重问题。[16]

《联合国海洋法公约》中没有规定各方在领海内发生恐怖行为时采取行动的任何直接义务。如上所述，其他国家享有在沿海国主权范围内水域的航行权。每项权利都有相应的义务。[17]

根据《牛津英语词典》，"rights"的主要含义是"基于法律或道德理由的正当要求，以某种方式拥有或获得某物，或采取某种行动"[18]。权利与相应责任之间的关系在经济学的分析中得到了充分证明。如诺贝尔经济学奖得主阿马蒂亚·森（Amartya Sen）在不同语境下所作的评论：

---

[11] UNCLOS, art 53 (3).

[12] UNCLOS, art 38. "如果所有141个沿海国将其领海扩大到已被1982年的《联合国海洋法公约》规定的12海里，那么估计会有135个国际海峡会与领海重叠至6海里甚至更多，这将会对轮船或飞机产生航行上的问题……然而，1982年的《联合国海洋法公约》试图去解决这些问题。由于超级大国的极力主张，以及其他沿海国的承认及支持，一个新的国际海峡的法律制度在第三次联合国海洋法会议上创建并被称为"过境通行"制度。Larson, above n 10, 414.（引文省略）。过境通行的概念起源于习惯国际法，正如国际法院在"科孚海峡案"中观察到的，"法院认为，和平时期国家军舰在无害的情况下，可以穿越两部分都是公海的用于国际航行的海峡而不需要沿海国的事先授权，除非国际公约有特别规定，否则沿海国在和平时期没有权利禁止这样穿越海峡的航权利。" *The Corfu Channel Case* (*United kingdom v. Albania*), ICJ Rep, 1949, 28.

[13] UNCLOS, art 38 (3).

[14] J. Ashley Roach, 'Enhancing Maritime Security in the Straits of Malacca and Singapore' (2005) 59 *Journal of International Affairs* 97. Tammy M Sittnick, 'State Responsibility and Maritime Terrorism in the Strait of Malacca: Persuading Indonesia and Malaysia to take Additional Steps to Secure the Strait' (2005) 14 *Pacific Rim Law and Policy Journal* 743, 745.

[15] Ibid, Sittnick.

[16] 关于国家责任及适当顾及，Ibid。Robert P. Barnidge Jr, *Non State-Actors and Terrorism: Applying the Law of State Responsibility and the Due Diligence Principle* (T. M. C. Asser Press, 2007).

[17] Ian Brownlie, *Principles of International Law* (Oxford University Press, 6th ed, 2003) 421.

[18] Cited in Gayatri Chakravorty Spivak, 'Righting Wrongs' (2004) 103 *The South Atlantic Quarterly* 523, 523.

在这种观点中，权利是需要相关义务的权利。如果 A 有权获得某些 X，那么就必须有某个机构，例如 B，有义务向 A 提供 X。[19]

约瑟夫·拉兹（Joseph Raz）认为：

> 如果某人的利益足以使他人承担义务，那么他就有权利。如果他的权利被法律承认，即如果法律承认他的利益足以成为使他人承担义务的充分理由，那么他的权利就是合法权利。这是这里陈述的核心，它解释了为什么……一条规则被作为授予权利的规则而通过。要成为一项授予权利的规则，它必须以这样一种信念为动力，即某人（权利持有人）的利益应该通过对他人施加义务而被保护。[20]

确保外国船舶和平安全地享有航行权是沿海国的责任。沿海国在防止海上恐怖主义方面的不作为很可能被视为违反国际义务。这种违反义务的行为并不基于海上恐怖主义法。相反，它将以允许无害、过境以及群岛海道通过的国际法为基础。否则，《联合国海洋法公约》达成的微妙妥协就会落空。正如汉斯吉姆·迦莱尔（Hasjim Djalal）所说，"这种妥协应促进国际航行和通信中的法律秩序、和平与合作，因此应尽可能忠实地执行"[21]。通行权与沿海国领海主权之间的历史关系至关重要。正如丘吉尔（Churchill）和洛尔（Lowe）所评论的那样，"……无害通过和沿海国主权的概念是平行发展的，各自帮助有助于塑造对方"[22]。外国人在一国陆地领土内的权利与船舶在另一国领海内的权利有很大不同。一个国家是否允许人员或飞机进入其陆地领土或陆地领土上方的空域是一种自由裁量权。相反，无害通过、过境通行和群岛海道通行权不是沿海国的自由裁量权，这是《联合国海洋法公约》规定的义务。当一个国家在另一个国家的领海内行使这项权利时，沿海国负有确保安全的国际责任。图里奥·特雷韦斯（Tullio Treves）考虑到达成平衡的重

---

[19] Amartya Sen, *Developments as Freedom* (Oxford University Press, 1999) 227–231.
[20] Joseph Raz, 'Legal Rights' (1984) 4 Oxford Journal of Legal Studies 1, 14.
[21] Hasjim Djalal, 'The Law of the Sea Convention and Navigational Freedoms' in Donald R. Rothwell and Sam Bateman (eds), *Navigational Rights and Freedoms and the New Law of the Sea* (Martinus Nijhoff Publishers, 2000) 1, 10.
[22] R. R. Churchill and A. Lowe, *The Law of the Sea* (3rd ed., Machester University Press, 1999) 81.

要性和不妨碍航行权的义务时说:"关于无害通过的国际规则试图在航行利益与对其适用的海域行使主权的沿海国利益之间取得平衡。不妨碍航行的义务是保护航行利益的基本要素。"[23] 不认真努力打击领海、群岛海道和用于国际航行的海峡内已知的恐怖主义威胁,不符合沿岸国的"不妨碍义务"。

这里,有必要考虑一下公约的措辞:"无害通过权"和"过境通行权",这不仅仅是许可,而且是一项权利。沿海国负有确保船旗国和平享有这项权利的国际责任。根据迈尔斯·S. 麦克杜格尔(Myres S. McDougal)的观点,国际海洋法:

> 是一个持续的需求和响应的过程,在这个过程中,特定国家的决策者单方面就世界海洋的使用提出了最具多样性和冲突性的主张,而在这个过程中,其他决策者……根据国际社会和其他声索国的利益,权衡和评估这些相互矛盾的主张,并最终接受或拒绝相关主张。[24]

在确定沿岸国对确保船旗国和平享有航行权的责任时,应确定其他国家在什么条件下可以接受沿岸国对领海、群岛水域和用于国际航行的海峡的主权要求。用第三次联合国海洋法会议第二主要委员会报告员兼国际航行海峡问题非正式小组联合主席萨蒂亚·N. 南丹(Satya N. Nandan)的话(以个人身份撰写):

> 就有关航行和飞越国家管辖海域的制度达成协议,是广泛接受《海洋法公约》必不可少的条件。解决适用于一般领海和用于国际航行海峡的通行制度,以及通过群岛水域,特别是通过群岛海道通行制度问题,使会议有可能就 12 海里为领海的最大宽度达成一致……[25]

---

[23] Tullio Treves, 'Navigation' in René Jean Dupuy, Daniel Vignes (eds), *A Handbook on the New Law of the Sea* (Martinus Nijhoff Publishers, 1991) 835, 907.

[24] Myres S. McDougal, 'The Hydrogen Bomb Tests and the International Law of the Sea' (1955) 49 *American Journal of International Law* 356, 356–357.

[25] Satya N. Nandan, 'An Introduction to Regime of Passage Through Straits Used for International Navigation and Through Archipelagic Watres' in Myron H Nordguist, Tommy Thong Bee Koh and John Norton Moore (eds), *Freedom of Seas, Passage Rights and the 1982 Law of the Sea Convention* (Martinus Nijhoff, 2009) 57.

从萨蒂亚·N. 南丹的评论中可以看出，在谈判过程中，如果没有保证和平享有其航行权利，其他国家不会接受沿海国对 12 海里领海、群岛水域和用于国际航行海峡的国家主权权利。阿尔维德·帕尔多（Arvid Pardo）大使详细记录了在《联合国海洋法公约》谈判过程中不同国家利益的协调：

> 毫无疑问，《联合国海洋法公约》处处体现了对利益的妥协，因为如果没有这种妥协，就不可能形成一份无疑会得到绝大多数国家签署的文本。[26]

他还认为，在为沿海国分配大片海域时，《联合国海洋法公约》主要关注的是"最大限度地"维护航行权。[27] 所有国家在沿海国拥有主权的不同海域的航行权是《联合国海洋法公约》谈判进程的关键内容之一。[28] 这是一项法权利，不应与国际法中的人权相混淆。国际法中的人权可以普遍主张，但这些权利的责任承担者不易确定（例如，发展权）。[29] 与此相反，从《联合国海洋法公约》的谈判历史可以看出沿海国已被规定为这一权利所对应的义务承担者，至少是暗示规定。从上述对萨蒂亚·N. 南丹和阿尔维德·帕尔多大使著作的讨论可以得出结论，即这些航行权利是与沿海国的义务有着历史的和协议的（条约必须遵守）联系的合法权利。

将沿海国视为其他国家在沿海国管辖范围内航行权的责任承担者符合国际条约的解释规则。根据 1969 年《维也纳条约法公约》第 31 条第 1 款规定，"条约应依其用语按其上下文并参照条约之目的及宗旨所具有之通常意义，善意解释之。"[30] 正如常设仲裁法院在帝汶岛案中所指出的那样，"在这里，我

---

[26] Arvid Pardo, 'The Convention on the Law of the Sea: A Preliminary Appraisal' (1982 – 1983) 20 *San Diego Law Review* 489, 492.

[27] Ibid, 502.

[28] Ibid.

[29] Stephen Marks, 'The Human Right to Development: Between Rhetoric and Reality' (2004) 17 *Harvard Human Rights Journal* 139. 然而，一些作者认为发达国家应当是发展义务的承担者。Shawkat Alam and Saiful Karim, 'Linkages of Development and Environment: In Search of an Integrated Approach through Sustainable Development' (2011) 23 *Georgetown International Environmental Law Review* 345.

[30] 《维也纳条约法公约》，1969 年 5 月 23 日开放签署，1155 UNTS 331, 第 31 条第 1 款（1980 年 1 月 27 日生效）。

们必须一如既往地寻找双方在约束自己时的实际和和谐的意图"[31]。根据国际法院,"自然和普通意义"的规则:

>并不是绝对的。如果这种解释方法所产生的意义与所载词语的条款或文书的精神、目的和上下文不相符,则不能有效地依赖这种解释方法。[32]

在考虑《联合国海洋法公约》的起草历史时,可以得出这样的结论,即"最大限度地"[33]确保航行权是公约的目标之一,沿海国在这方面须承担责任。

可以说,防止恐怖主义是习惯国际法的一项义务。[34] 联合国大会和安理会都强调防止恐怖主义积极义务的存在。[35] 根据安理会第1373号决议,成员国必须采取"必要措施防止发生恐怖行为"[36]。该决议要求沿海国采取一切必要措施,防止其管辖范围内发生海上恐怖主义。

很可能沿海国的最具体的义务来自SUA公约。该公约要求各国采取"一切切实可行的措施,防止在其各自领土内外为实施这些犯罪做准备"[37]。因此,沿海国有义务采取一切切实可行的措施,防止在其拥有领土主权的领海内准备海上恐怖主义的行为。

导致国家对作为或不作为承担责任的主要条件是这些行为可归因于国家,

---

[31] *Affaire de l'ile de Timor* (Pays-Bas, Portugal) (1914) II RIAA 48. Boundaries in the Island of Timor (*Netherlands v. Portugal*) (*Unofficial English Translation*), Permanent Court of Arbitration available at<http://www.pca-cpa.org/upload/files/English%20Timor%20Sentence%20edited.pdf>2011年3月25日访问, vi, Para 3.

[32] *South West Africa Cases* (*Ethiopia v. South Africa*, *Libya v. South Africa*), Preliminary Objections, [1962] ICJ Rep 319, 336.

[33] Pardo, above n 26, 502.

[34] Justin S C Mellor, 'Missing the Boat: The Legal and Practical Problems of the Prevention of Maritime Terrorism' (2002) 18 *American University International Law Review* 341, 367.

[35] Ibid. United Nations General Assembly, Measures to Eliminate International Terrorism, General Assembly Resolution 210, UN Doc A/Res/51/210 (1997); United Nations General Assembly, *Measures to Eliminate International Terrorism*, General Assembly Resolution 60, UN Doc A Res/49/60 (1994); United Nations Security Council, *Threats to International Peace and Security Caused by Terrorist Acts*, Security Council Resolution 1373, UN Doc S/Res/1373 (2001).

[36] sc Res 1373.

[37] SUA Convention 1988, art 13 (1).

而该作为或不作为构成对国际义务的违反该国的国际义务。[38] 在沿海国主权管辖海域内发生海上恐怖主义的情况下，私人行为何时归因于国家，可能存在一些争论。[39] 这里的重点是船旗国在领海、用于国际航行的海峡和群岛水域的航行权，以及沿海国确保和平承担这项权利的相应义务。如果私人行为是由该特定国家不履行义务而发生的，则该行为可归因于该国。

需要探讨的最重要问题是，国家不采取必要措施以防止领海或群岛水域内的海上恐怖主义的发生是否违反国际义务，因为不作为可能产生相应的国际义务。在霍茹夫工厂案（管辖权判决）中，常设国际法院使用"违反约定"一词来表示违反国际义务。[40] 随后，国际法院在伤害赔偿案（Reparation for injuries Case）中使用了相同术语。[41] 除此之外，其他术语，包括"不履行国际义务"和"不符合国际义务的行为"，也被用来表示违反国际义务。[42] 最后两个术语与目前的讨论非常相关。不采取适当步骤防止沿海国管辖范围内的海上恐怖主义和随后发生的恐怖主义事件，可视为不履行国际义务，以及不符合国际义务行为。

然而，如果国家未采取行动、不作为或未按照有关国际法行事，则私人的行为一般不能归因于国家。正如国际联盟理事会为意大利和希腊之间关于意大利将军恩里科·特里尼（Enrico Tellini）及其3名助手在希腊境内划定希腊-阿尔巴尼亚边界时被暗杀的事件而成立的法学家委员会所评论的那样：

> 只有在国家忽视采取一切合理措施预防犯罪和追捕、逮捕罪犯并将其绳之以法的情况下，国家才会在其领土内对外国人犯下政治

---

[38] ILC, *Responsibility of States for Internationally Wrongful Acts* 2001, art 2 <http://untreaty.un.org/ilc/texts/instruments/english/draft%20articles/9_6_2001.pdf> 2010年2月3日访问。James Crawford, *The International Law Commission's Draft Articles on State Responsibility: Introduction, Text and Commentaries* (Cambridge University Press, 2003) 83.

[39] Abdul Ghafur Hamid, 'Maritime Terrorism, the Straits of Malacca, and the Issue of State Responsibility' (2006 – 2007) 14 *Tulane Journal of International and Comparative Law* 155, 163 – 165.

[40] *Case Concerning the Factory at Chorzow* (*Germany v. Poland*) (*Claim for Indemnity*) (*Jurisdiction*) [1972] PJIC Series A No 9, 21.

[41] *Reparation for Injuries Suffered in the Service of the United Nations* (*Advisory Opinion*) [1949] ICJ Rep 174, 184.

[42] Crawford, above n 38, 83.

罪行。[43]

由此可以得出结论，如果沿海国疏于采取一切合理措施保护外国船舶，则可能要承担责任。沿海国有义务尽职尽责，确保外国船舶在其领海内和平享有无害通过权。[44] 一国的这一义务显然延伸至领海，尤其是延伸到其管辖范围内用于国际航行的海峡。[45]

关于沿海国应采取何种措施来确保其他国家和平享有航行权问题可以从以下几个方面来讨论。首先，期望一个沿海国持续在其管辖下的广阔水域巡逻是不合理的。其次，在存在可预见的威胁以及沿海国知道或应当知道存在这种威胁的情况下，它应采取适当行动以确保安全。[46] 在某些地区，航行国可能会向沿海国通报他们的关切，并要求采取积极措施确保海上安全。[47] 然而，许多发展中沿海国可能无法投入大量资金来确保外国船舶的安全。《联合国海洋法公约》禁止为无害通过收取任何费用。[48] 因此，沿海国有理由期待从加强安全措施中受益的国家获得一些财政帮助，而提供这样的帮助并不少见。[49] 例如，从经济角度来看，马六甲海峡和新加坡海峡是日本最重要的航道。2008 年，日本"批准向马来西亚提供 4.73 亿日元（440 万美元）的第一笔赠款援助，用于改善马来西亚领海的海上安全设备"[50]。

笔者认为，当其他国家担心海上安全并愿意为沿海国增加行动提供必要的财政帮助，但相关沿海国拒绝采取任何行动时，可能会产生国际法律责任。这并不是说沿海国有义务随时采取一切必要的预防措施，防止其水域内的海上恐怖主义。如果沿海国无法确保其水域内的海上安全，它也没有义务允许外

---

[43] Council of the League of Nations, 'Interpretation of the Covenant and Other Questions of International Law Report of the Special Commission of Jurists' (1924) 5 *League of Nations Official Journal* 523, 24.

[44] Sittnick, above n 14.

[45] Ibid.

[46] *Corfu Channel Case*, above 12, 36.

[47] C S Kuppuswamy, 'Straits of Malacca: Security Implications' <http://www.southasiaanalysis.org/%5Cpapers11%5Cpaper1033.html> 2012 年 8 月 1 日访问。

[48] UNCLOS, art 26 (1).

[49] Anthony S Massey, 'Maritime Security Cooperation in the Strait of Malacca' <http://www.dtic.mil/dtic/tr/fulltext/u2/a483524.pdf> 2012 年 8 月 1 日访问。

[50] 'Japan Grants Aid to Malaysia for Maritime Security' <http://english.people.com.cn/90001/90777/6345589.html> 2011 年 8 月 12 日访问。

国军舰在其水域巡逻，因为审慎是一个相对的术语。但这个标准可以在其他国家的帮助下实现。例如，与其建议派遣自己的军舰在一个发展中沿海国的水域巡逻，一个发达国家可以向有关的发展中沿海国捐赠一些最先进的巡逻舰。与此同时，笔者也不是建议沿海国在没有其他国家的财政和后勤帮助的情况下就不承担任何责任。显然沿海国有责任采取与其财力和其他能力相称的合理措施，确保其水域内的海上安全。那么要确定的主要问题是，沿海国是否无法或鲁莽地不愿采取适当措施。这涉及对《联合国海洋法公约》相关规定的解释应当对各方合理和公平。

在科孚海峡案中，法院认为，只要阿尔巴尼亚知道或肯定已经知道在其领海内存在水雷，并且没有采取任何措施将危险通知其他国家，就足以追究阿尔巴尼亚的责任。[51] 在这种情况下，并没有证据证明是阿尔巴尼亚布了水雷，也没有证据证明阿尔巴尼亚方面有任何纵容行为。有间接证据证明，阿尔巴尼亚当局知道或肯定已经知道水雷的存在。[52] 法院对起诉方采用了较宽松的举证责任门槛，并认为：

> 实际上，一国在其境内行使这种对领土控制的专属权会影响该国构建对此类事件情况的证据方法。由于这种排他性控制，作为违反国际法的受害者的另一个国家往往无法就责任提供直接的事实证据。应允许这类国家更自由地利用事实推定和间接证据的方法。[53]

在本案中，法院以阿尔巴尼亚对其边境拥有排他性控制权为由假定阿尔巴尼亚知情。这种做法加大了沿海国的举证责任。

在外交和领事工作人员案中，国际法院认为伊朗的责任是：

> 伊朗政府完全没有采取任何"适当措施"来保护美国使馆的馆舍、工作人员和档案，以防止武装分子的袭击，也没有采取任何措施来阻止这次袭击，或者在袭击结束前阻止它。[54]

---

[51] *Corfu Channel Case*, above n 12, 22.
[52] Ibid.
[53] Ibid, 18.
[54] *United States Diplomatic and Consular Staff in Tehran*（*United States of America v. Iran*）[1980] ICJ Rep 3, 31.

法院还认为，伊朗的不作为明显严重违反了相关国际法律文书规定的伊朗对美国的义务。[55] 虽然《联合国海洋法公约》没有对沿海国规定任何确保外国船舶安全的具体义务，但船旗国的无害通过、群岛海道通行和过境通行的权利必须对沿海国施加相应的义务。

《联合国海洋法公约》规定了国家对领海、用于国际航行的海峡和群岛水域的主权，条件是善意行使权利，不得滥用权利。《联合国海洋法公约》第300条规定：

> 缔约国应诚意履行根据本公约承担的义务并应以不致构成权利滥用的方式，行使本公约所承认的权利、管辖权和自由。

可以通过用于国际航行的海峡的例子来解释。萨蒂亚·N. 南丹认为，如果用于国际航行海峡的使用国不履行根据《联合国海洋法公约》第43条规定的使用国与沿海国的合作义务，则可能滥用第300条规定的权利。[56] 反之亦然，如果沿海国不愿采取合理措施保障外国船舶的安全，可能会被视为沿海国滥用权利。在领海行使严格主权原则，而不采取适当措施确保安全的无害通过，也可能构成滥用权利和违反诚信义务。

从上述讨论可以得出结论：沿海国的疏忽或不作为足以建立其国际责任。如果在领海内发生恐怖袭击，受害船舶的船旗国可以要求沿海国对其违反确保和平享有航行权利的义务行为进行赔偿。虽然《联合国海洋法公约》没有明确规定此类赔偿，但要求赔偿并不难。正如常设国际法院在霍茹夫工厂案中所指出的：

> 国际法的一项原则是，对一项约定的违反就涉及以充分的形式进行赔偿的义务。因此，赔偿是对不遵守一项公约的不可或缺的补充，没有必要在公约中说明这一点。[57]

国际法已明确规定，赔偿是违反义务的必然结果。

---

[55] Ibid, 32.

[56] Satya N. Nandan, 'Provisions on Straits Used for International Navigation in the 1982 United Nations Convention on the Law of the Sea' (1998) 2 *Singapore Journal of International and Comparative Law* 393, 397.

[57] *Case Concerning the Factory at Chorzow*, above n 40.

这一部分可以概括地说，如果沿海国领水内发生严重的恐怖袭击，而该国未能采取合理措施确保其水域内的安全，被袭击船舶的船旗国可以要求沿海国承担国际责任。这种主张的主要依据是船旗国的航行权以及由此导致的对该权利的侵犯。国际司法机构可以在解决该问题引起的争端方面发挥重要作用。然而，本节并未主张在任何情况下沿海国都应承担责任。只是认为，如果沿海国有能力却不顾一切地不愿确保外国船舶的安全，则应承担某种形式的责任。

第三节专门讨论航行权的另一个方面，研究干涉航行自由和航行权所产生的法律问题。

第三节　为打击海上恐怖主义而干涉航行自由

各国越来越多地采取严厉措施打击恐怖主义，这可能会干涉其他国家的航行自由，由此会产生国家间争端。[58]《联合国海洋法公约》没有重点关注安全问题，最多是在其他问题的背景下提及。[59] 然而，国际海洋法不会一成不变[60]，国际法律进程应该能够应对国际社会的新需求。

"9·11"事件后对海上安全的威胁的看法增加了各国在其管辖范围以内和以外采取严格的安全措施的可能性。海上安全和航行权之间的这种紧张关系可能造成国家间的争端。在确定干涉航行权的合法性时，合理性是最重要的因素之一。[61] 正如迈尔斯·S. 麦克杜格尔和威廉·T. 博克（Willian T. Burke）所指出的，在确定干涉的合法性时，需要考虑：

> 平衡各种利益相关因素的评估过程包括：主张专属使用权的国家
> 寻求保护的利益的重要性、主张的当局与受到威胁的利益之间的关系、
> 受影响的活动类型、发生频次、此类活动对一般共同体的重要性、对

---

[58] On state responsibility for interference with the freedom of navigation, Philipp Wendel, *State Responsibility for Interferences with the Freedom of Navigation in Public International Law* (Springer-Verlag, 2007).

[59] Stuart Kaye, 'Freedom of Navigation in a Post 9/11World: Security and Creeping Jurisdiction' in David Freestone, Richard Barnes and David M Ong (eds), *The Law of the Sea: Progress and Prospects* (Oxford University Press, 2006) 345, 348.

[60] McDougal, above n 24.

[61] Wendel, above n 58, 51.

用途受影响的干涉方式和程度以及干涉的持续时间。尽管这一平衡过程中的推定必须有利于自由航行，但在特定情况下对这些因素的评估可能表明，对这种包容性用途的某些干涉符合共同利益。[62]

任何允许干涉外国船舶航行权和航行自由的主张都必须是全球共识的结果。[63] 否则，公海将成为一片混乱或单方面统治的地方。[64]

各国在不同海域拥有不同的权利和义务。[65] 在领海和群岛水域，沿海国享有在某些情况下进行干涉的权利，例如非无害通过。[66] 如前所述，国家在领海内享有无害通过权和在国家管辖海域内享有其他类型的航行权，但这种权利并非无条件的。[67] 如果通过有损于沿海国的和平、良好秩序和安全，则该通过可能是非法的。[68] 如果外国船舶在无害通过时从事或准备从事恐怖活动，则沿海国可以干涉并采取行动。然而，如果干涉没有正当的理由，则可能会产生争端。

干涉公海航行自由，尤其是对船舶的拦截和登临是海上安全中的重要问题。国际法"传统上不太赞成对船旗国以外的船舶采取拦截措施，除非在极其特别的情况下"[69]。所有国家都享有公海航行自由,[70] 只有船旗国享有对其在公海船舶的管辖权。然而,《联合国海洋法公约》规定了在某些情况下登临外国船舶的管辖权[71]，但这不包括恐怖主义或为恐怖分子运输大规模杀伤性武器的船舶。1988 年 SUA 公约引入了一项授权登临的任择程序，以便在发

---

[62] Myres S McDougal and William T Burke, *The Public Order of the Oceans: A Contemporary International Law of the Sea* (Martinus Nijhoff, 1987) 767.

[63] Ibid, 794.

[64] Ibid.

[65] 关于国家在不同海域对外国船舶的管辖权，见 Ivan Anthony Shearer, 'Problems of Jurisdiction and Law Enforcement Against Delinquent Vessels' (1986) 35 *International and Comparative Law Quarterly* 320。

[66] Historically this power is limited to the matters of navigation and national security. Ibid, 321.

[67] 见本书第二章。

[68] Ibid.

[69] Stuart Kaye, 'Interdiction and Boarding of Vessels Ar Sea: New Developments and Old Problems' in Rupert Herbert-Burns, Peter Lehr and Sam Bateman (eds), *Lloyd's MIU Handbook of Maritime Security* (Auerbach, 2009) 201.

[70] UNCLOS, arts 87 (1) (a) and 90.

[71] UNCLOS, art 110.

生公约所规定的非法行为情况下登船。[72] 然而，截至撰写本书时，没有一个国家接受这一任择授权程序。《联合国海洋法公约》对无理干涉公海航行权的后果作出了非常明确的规定。根据《联合国海洋法公约》，被扣押船舶的船旗国可以要求扣船国对不正当扣押其船舶的行为承担责任。[73]《联合国海洋法公约》有3条特别规定专门针对无理干涉航行自由的赔偿问题。根据其第110条规定，在有合理理由怀疑某些行为的情况下，有登临外国船舶的权利，"如果嫌疑经证明为无根据，而且被登临的船舶并未从事嫌疑的任何行为，对该船舶可能遭受的任何损失或损害应予赔偿"。[74] 如前所述，最重要的问题是，海上恐怖主义并没有被列为可导致登临外国船舶的一个行为。此外，第106条还明确规定，在因海盗行为而不正当扣押或逮捕船舶的情况下，有权要求赔偿。[75] 第111条规定，如果船舶在领海内违反沿海国的法律和规章情况下在公海上的紧追权。[76] 但是，船旗国有权在不正当紧追的情况下要求赔偿。[77] 2005年《SUA公约议定书》也涉及赔偿问题。该议定书第8条之二第10款规定，"如果干涉是不正当或没有根据的，缔约国应对可归责于它的任何毁坏、损害或损失承担国家责任"[78]。

对专属经济区内航行自由的干涉权利也非常有限。在专属经济区海域内，沿海国可以根据其经济权利干涉外国船舶的航行[79]，而这通常与海上恐怖主义无关。对专属经济区航行自由的干涉已经是一个棘手问题，各国一直就其在这个特殊海域的权利和义务进行激烈讨论。[80] 该区域可能存在两类争端，包括沿海国干涉航行自由和另一国干涉航行自由。这两个问题都非常复杂。

例如，中国、日本、朝鲜和美国就专属经济区的航行权问题已经发生了

---

[72] 见本书第二章。
[73] UNCLOS, art 110 (3).
[74] Ibid.
[75] UNCLOS, art 106.
[76] UNCLOS, art 111.
[77] UNCLOS, art 111 (8).
[78] SUA Protocol 2005, art 8bis (10).
[79] UNCLOS, arts 56 and 73.
[80] Jon Van Dyke, 'Military Ships and Planes Operating in the Exclusive Economic Zone of Another Country' (2004) 28 *Marine Policy* 31; George V Galdorisi and Alan G Kaufman, 'Military Activities in the EEZ: Preventing Uncertainty and Defusing Conflict' (2001–2002) 32 *California Western Law Journal* 253; Stuart Kaye, *Freedom of Navigation in the Indopacific Region* (Sea Power Centre, 2008) 7–15.

多起争端。[81] 尽管这些争端与海上恐怖主义没有直接关系，但它们可能会在一定程度上对在海上恐怖主义场景下出现的与航行权有关的争端给出一些说明。2001年12月，日本海上保安厅击沉了一艘在日本专属经济区航行的朝鲜船舶，船上所有船员遇难。[82] 除此之外，日本还抗议一艘正在进行科学研究活动的中国科考船在其专属经济区内出现。[83] 2009年，美国海军军舰无瑕号（USNS Impeccable）与中国渔船在专属经济区相遇并发生争端。[84] 中国要求无瑕号离开中国在南海的专属经济区。[85] 取代无瑕号的胜利号军舰也与中国海上巡逻机发生类似争端。[86] 然而，美国为其合法权利辩护，认为《联合国海洋法公约》或习惯国际法为其提供了航行自由的权利，"包括为自卫而进行的非侵略性的海军活动"。[87] 然而包括中国在内的一些沿海国家并不同意这一观点，中国通过解释《联合国海洋法公约》相关规定来证明沿海国在专属经济区内的活动是正当的，"各国应适当顾及沿海国的权利和义务，并遵守沿海国的法律法规"。[88] 然而，中国却一直"被一些人指责为试图将其专属经济区视为领海"。[89] 因此，自《联合国海洋法公约》通过以来，国家实践一直不一致。尽管如此，很明显，《联合国海洋法公约》对专属经济区内的军事活动既没有明文禁止也没有明文许可。[90]

谈判过程中的一些参与者声称，已达成允许这种活动的普遍谅解。如第三次联合国海洋法会议主席许通美（Tommy Koh）大使所言：

> 公约文本中的解决方案非常复杂。没有任何地方明确说明第三国是否可以在沿海国的专属经济区内进行军事活动。但一般的理解是，我们谈判和商定的文本将允许进行此类活动。因此，我不同意

---

[81] Natalie Klein, *Maritime Security and the Law of the Sea* (Oxford University Press, 2011) 218.
[82] Ibid.
[83] Ibid.
[84] Eric A McVadon, 'The Reckless and the Resolute: Confrontation in the South China Sea', (2009) 5 *China Security* 1, 1-2.
[85] Ibid.
[86] Ibid.
[87] Ibid, 2.
[88] UNCLOS, art 58 (3).
[89] McVadon, above n 84.
[90] Dyke, above n 80.

以下说法……第三国不得在……专属经济区进行军事活动……[91]

然而，这并不一定允许各国对另一国专属经济区内的船舶采取军事行动。如果发生海上恐怖主义事件，专属船旗国管辖权将适用于专属经济区。如果沿海国在其专属经济区内对外国船舶采取行动，同样会产生问题。根据《联合国海洋法公约》第58条，其他国家享有该公约第87条规定的航行自由。从技术上讲，这是公海自由，将适用船旗国的专属管辖权。然而，沿海国在专属经济区内还有剩余权利。根据《联合国海洋法公约》第59条的规定：

> 在本公约未将在专属经济区内的权利或管辖权归属于沿海国或其他国家而沿海国和任何其他一国或数国之间的利益发生冲突的情形下，这种冲突应在公平的基础上参照一切有关情况，考虑到所涉利益分别对有关各方和整个国际社会的重要性，加以解决。[92]

萨蒂亚·N. 南丹和沙伯太·罗森（Shabtai Rosen）认为，《联合国海洋法公约》第59条"既可以作为外交解决'冲突'的指南，也可以作为司法解决'争端'的指南"[93]。对在专属经济区内从事海上恐怖主义活动的外国船舶采取行动，可能基于具体情况的需要而得到支持，并可能符合本条规定的整个国际社会的利益。此外，沿海国在海上安全（以及其他国家船舶的安全）方面的利益可能比船旗国的航行自由更为重要，至少在恐怖主义危险日益增加的情况下是这样。还应当指出，第59条处理的是沿海国和船旗国之间的利益冲突，因此，本条不能用来作为第三方干涉外国船舶在另一国专属经济区内航行自由的理由。可以认为，第59条明确针对的是争端解决，因此不能用来证明任何事情的正当性。然而，不能仅仅因为该条与争端解决有关，就拒绝该条确立的原则的普遍适用性。但是，如果有充分理由怀疑该国即将遭到袭击，一个国家可以以自卫为由拦截并搜查外国船舶。

然而，出于航行目的，《联合国海洋法公约》中规范公海航行的规定将适

---

[91] Cited in Jon M. Van Dyke (ed), *Consensus and Confrontation: The United States and the Law of the Sea Convention* (Law of the Sea Institute, 1985) 304.

[92] UNCLOS, art 59.

[93] Myron H Nordquist et al. (eds), *United Nations Convention on the Law of the Sea, 1982: A Commentary* (Martinus Nijhoff, 2003) vol. 2, 569.

用于专属经济区。一般来说，船旗国对其在公海的船舶拥有专属管辖权。如果在没有法律依据的情况下扣押外国船舶，则可能会产生争端。最重要的问题是确定何时可以将干涉视为是不正当的。如上所述，就公海而言，除公约第110条所列的某些情况外，未经船旗国许可的任何干涉都可能是不合理的，然而，海上恐怖主义未列入其中。[94] 如果航行权是以其他理由被干涉，则可以视为无理干涉。

国家责任的确定可能取决于行动的合理性。[95] 然而，对于合理性的评估，应该有一些有利于自由航行的假设。[96] 对自由航行的支持程度将取决于海域，公海开始成为保护航行权最有力的海域。[97] 在海上恐怖主义的背景下干涉航行权是一个非常复杂的问题，而且在"9·11"事件之后变得更加复杂。上述讨论说明了沿海国、船旗国以及干涉国之间的紧张关系。

在此背景下，值得一提的是"防扩散安全倡议"（PSI倡议），该倡议可能对航行自由产生重大影响，从而引发争端。海上恐怖主义同非国家行为体获取大规模毁灭性武器问题以及同帮助这些非国家行为体的国家密切相关。[98] 正如美国防止大规模杀伤性武器扩散和恐怖主义委员会主席在2008年12月所说："除非采取紧急预防行动，否则在未来5年内，更有可能在世界的某个地方发生涉及核武器、生物武器、化学武器或放射性武器的大规模毁灭性武器的恐怖主义袭击。"[99] 这种担忧促使一些主要国家采取措施停止向这些行为体提供武器。当代最受争议的倡议就是"PSI倡议"，该倡议寻求建立一种安排，以阻止向"存在扩散担忧的国家和非国家行为体"运送大规模毁灭性武器及其运载系统和相关材料。[100] 美国于2003年发起了PSI倡议，并得

---

[94] UNCLOS, art 110.
[95] Wendel, above n 58, 51.
[96] Ibid, 52.
[97] Ibid.
[98] Michael Richardson, 'A Time Bomb for Global Trade: Maritime-related Terrorism in an Age of Weapons of Mass Destruction' (2004); Terrorism <http: //www. un. org/en/globalissues/terrorism/> 2012年8月1日访问。
[99] Philip E. Coyl, The Proliferation Security Initiative: Background, History and Prospects for the Future <http: //icnnd. org/Documents/Proliferation_Security_Initiative. pdf>2013年2月2日访问。
[100] Proliferation Security Initiative: Statement of Interdiction Principles <http: //www. state. gov/t/isn/rls/fs/23764. htm> 2010年2月9日访问。

到了《禁止原则的声明》的支持。[101]

一些国家由于对 PSI 倡议的合法性存在疑问,对该倡议表达保留。[102] 中国和印度尼西亚决定不参与该倡议。[103]

参与 PSI 倡议的国家可登临、搜查和扣押载有大规模杀伤性武器相关货物的船舶。[104] 各国的航行权不是沿海国的自由裁量权。简单阅读一下 PSI 倡议的禁止原则和其他与 PSI 倡议有关的文件就会发现,至少有两个主要的国际法律问题可能会对其参与者产生影响。这些可能违反国际海洋法,特别是与领海的无害通过和公海航行自由权有关的法律[105],以及对合法贸易,特别是对

---

[101] Ibid; Fabio Spadi, 'Bolstering the Proloferation Security Initiative at Sea: A Comparative Analysis of Ship-Boarding as a Bilateral and Multilateral Implementing Mechanism' (2006) 75 *Nordic Journal of International Law* 249, 250。

[102] Mark J Valencia, *The Proliferation Security Initiative: Making Waves in Asia* (Routledge, 2005) 39. Andreas Persbo and Ian Davis, 'Sailing Into Uncharted Waters? The Proliferation Security Initiative and the Law of the Sea' (British American Security Information Council, Research Report, 2004); Samuel E Logan, 'The Proliferation Security Initiative: Navigating Legal Challenges' (2005) 14 *Journal of Transnational Law and Policy* 253; Daniel H Joyner, 'The Proliferation Security Initiative: Nonproliferation, Counterproliferation, and Inter-national Law' (2005) 30 *The Yale Journal of International Law* 507; Michael A Becker, 'The Shifting Public Order of the Oceans: Freedom of Navigation and the Interdiction of Ships at Sea' (2005) 46 *Harvard International Law Journal* 131; Michael Byers, 'Policing the High Seas: The Proliferation Security Initiative' (2004) 98 *American Journal of International Law* 526; Walter Gary Sharp Sr, 'Proliferation SecurityInitiative: The Legacy of Operation Socotora' (2007) 16 *Transnational Law and Contemporary Problems* 991; Thomas D Lehrman, 'Enhancing the Proliferation Security Initiative: The Case for a Decentralised Nonproliferation Architecture' (2004) 45 *Virginia Journal of International Law Association* 223; Ian Patrick Barry, 'The Right of Visit, Search and Seizure of Foreign Flagged Vessels on the High Seas Pursuant to Customary International Law: A Defense of the Proliferation Security Initiative' (2004) 33 *Hofstra Law Review* 299; John Yoo and Glenn Sulmasy, 'The Proliferation Security Initiative: Model for International Cooperation' (2006) 35 *Hofstra Law Review* 405; Sandra L Hodgkinson et al. , 'Challenges to Maritime Interception Operations in the War on Terror: Bridging the Gap' (2007) 22 *American University International Law Review* 583; Andrew S Williams, 'The Interception of Civil Aircraft Over the High Seas in the Global War on Terror' (2007) 59 *The Air Force Law Review* 73; Jack I Garvey, 'The International Institutional Imperative for Countering the Spread of Weapons of Mass Destruction: Assessing the Proliferation Security Initiative' (2005) 10 *Journal of Conflict and Security Law* 125; Stuart Kaye, 'The Proliferation Security Initiative in the Maritime Domain' (2005) 35 *Israel Yearbook on Human Rights* 205.

[103] BASIC, Proliferation Security Initiative (PSI): Combating Illicit WMD Trafficking < http://www.basicint.org/nuclear/counterproliferation/psi.htm>2010 年 2 月 10 日访问; Proliferation Security Initiative, above n 100.

[104] Ibid.

[105] Valencia, above n 12, 39.

两用材料贸易的限制。[106]

如果沿海国在其领海内拦截其他国家的船舶,则可能会产生争端。根据《联合国海洋法公约》第19条,在船舶无害通过时,运输大规模杀伤性武器并未被列为非无害行为。事实上,《联合国海洋法公约》第23条明确允许运输大规模杀伤性武器。如果一个国家的无害通过权因其船舶运输大规模杀伤性武器而被剥夺,则可能构成对《联合国海洋法公约》的违反。因此,船旗国可以根据《联合国海洋法公约》启动争端解决机制程序。因此,PSI倡议参与方和船旗国之间很有可能发生国际法争端。然而,第23条规定了运载核物质的外国船舶有义务携带文件并采取国际协定规定的特殊预防措施。该规定使沿海国有机会检查船舶是否持有相关文件并已采取了预防措施。事实上,通过这项规定,外国船舶不可能在沿海国不知情的情况下在无害通过时携带核武器。然而,这一规定并不一定授权沿海国拒绝无害通过或扣押运载核武器的船舶。

丹尼尔·H.乔恩(Daniel H. Joyner)认为,无害通过权不会成为允许沿海国根据PSI倡议采取行动的重大瓶颈,因为对通过权的界定比任何特定行为的实施更为重要。[107] 他认为,对大规模杀伤性武器扩散和大规模杀伤性武器相关材料过境的担忧,意味着沿海国的行为可以适用《联合国海洋法公约》第19条第2款a项作为对使用武力威胁的根据,因为本条对武力威胁的提及不仅限于对沿海国的威胁,还可能包括对另一国的威胁。[108] 娜塔莉·克莱因(Natalie Klein)认为,考虑到对大规模杀伤性武器扩散到非国家行为体的关切,以及沿海国在确定无害通过是否有损和平、良好秩序和安全的自由裁量权时,"解释应该有利于沿海国有权对侵犯无害通过权的船舶采取措施"[109]。

下一个问题是勾勒出沿海国对非无害通过的船舶可能采取的"必要措施"[110]。沿海国只有在发生扰乱国家和平安宁的犯罪行为时,才允许行使禁

---

[106] Ibid, 31.

[107] Daniel H. Joyner, 'The Proliferation Security Initiative: Non-proliferation, Counter-proliferation & International Law' (2005) 30 *Yale Journal of International Law* 507, 536.

[108] Ibid.

[109] Klein, above n 81, 201.

[110] Ibid.

止权以及刑事管辖权。[111] 然而，如果沿海国将非法通过其领海，运送大规模杀伤性武器定为犯罪，则可能会对外国船舶采取相应的措施。在此基础上，沿海国可以制定一个可行的法律框架来阻止大规模杀伤性武器非法通过其领海。[112]

在公海上的拦截活动问题更大。国家在公海上拦截和登船的权利仅限于特殊情况，用于扩散的大规模杀伤性武器不在名单之内。如果大规模杀伤性武器是由政府船舶从一国运往另一国，《联合国海洋法公约》不允许第三方采取行动。[113] 此外，关于在第三方国家的专属经济区内进行军事活动也存在争议。因此，如果参加 PSI 倡议的国家在非参加国的专属经济区内拦截船舶，则可能会引起严重的法律争端。[114]

美国已经与 11 个国家签署了 PSI 船舶登船协议。[115] 这些国家中的大多数被称为"方便旗"或"开放注册"国家，有大量船舶在这些国家注册。根据这些协议，美国有权登临大量船舶并拦截大规模杀伤性武器运往或运自有扩散问题的国家和非国家行为体。只要遵守这些条约的规定，就可以防止有关拦截的争端。然而，如果第三国国民或公司因拦截而受到损害，则可能会引起争端，因为根据情况，这可能会导致船旗国和登船国承担单独的或连带责任。[116]

使用悬挂其他国家国旗的船舶运输大规模杀伤性武器可能会引发争端。大规模杀伤性武器极有可能由国家政府船舶运输。在这种情况下，在公海拦截这些船舶或剥夺它们无害通过领海的权利显然是非法的。

总体而言，干涉航行权可能是国家间争端产生的根源。目前，国际法对船舶管辖权的规定非常复杂，正如丹尼尔·帕特里克·奥康奈尔（Danie Pat-

---

[111] Ibid.

[112] Ibid.

[113] UNCLOS, art 95.

[114] Md Saiful Karim, 'US Led Informal Multilateral Political Arrangements: Whether International Law and Institutions?' (2010) 49 *Indian Journal of International Law* 521; Valencia, above n 102, 14, See also Kaye, above n 80.

[115] US Department of States, Ship Boarding Agreements, <http://www.state.gov/t/isn/c27733.htm> 2015 年 11 月 7 日访问。

[116] Douglas Guilfoyle, *Shipping Interdiction and Law of the Sea* (Cambridge University Press, 2010) 331.

rick O'Connell）在其评论中认为：

> 虽然《日内瓦公约》和《蒙特哥湾公约》的案文在一定程度上尊重这几个管辖范围方面是明确的，但它们在许多方面没有注入内在统一的有助于增加案文精确性的管辖权理论。其结果就是国际律师所熟悉的"葡萄管辖权蔓延"现象的危险。[117]

尽管2005年《SUA公约议定书》的实施取得了某些进展，但拦截外国船舶的范围仍然有限。[118] 尽管全球都意识到海上恐怖主义和大规模杀伤性武器的扩散问题，但各国仍不愿放弃或允许对船旗国专属管辖权的侵犯。[119] 这种限制性的做法为国家在干涉航行自由的情况下承担责任创造了空间。

本节揭示了因拦截外国船舶而引发争端的可能性。还讨论了《联合国海洋法公约》授予船旗国对公海以及可能对他国专属经济区的专属管辖权。承担责任是这种管辖权和权利的必然结果。因此，接下来将讨论船旗国在海上恐怖主义方面的责任问题。

第四节 船旗国对使用船舶进行海上恐怖主义的责任

如第一章所述，一艘船舶可被用于攻击另一艘船舶以及攻击港口和海上设施。[120] 因此，审查此类船舶的船旗国是否对恐怖主义行为负有法律责任至关重要，因为人们确实会担心恐怖分子可能拥有和操控使用方便旗的船舶。[121] 未经审查实际所有权而提供旗帜的做法，为恐怖分子拥有可能用于恐怖袭击的船舶创造了机会。有证据表明，基地组织和泰米尔伊拉姆猛虎解放组织（LTTE）等恐怖主义组织操纵使用方便旗的船舶，逐渐形成了自己的海军。[122]

---

[117] Daniel Patrick O'Connell, *The International Law of the Sea* (edited by Ivan Anthony Shearer, Clarendon Press, 1984) vol II, 735-737.
[118] Kaye, above n 69, 212.
[119] Ibid.
[120] 见本书第一章。
[121] Gal Luft and Anne Korin, 'Terrorism Goes to Sea' (2004) 83 *Foreign Affairs* 61, 70.
[122] Martin N Murphy, *Small Boats, Weak States, Dirty Money: Piracy and Maritime Terrorism in the Modern World* (Columbia University Press, 2008), 347-360.

根据国际法，船东拥有选择其船舶国籍的充分自由，而国家也有权根据相关国际法制定本国国籍船舶登记的法规和标准。这意味着在公海上只有船旗国对其船舶享有管辖权。[123] 然而，只给予船旗国管辖权引发许多严重的问题。例如，大量船舶（约占商船总数的 69.7%）以悬挂方便旗或登记的方式运营。[124]

任何国际法律文书都没有"方便旗"的定义表述。它通常指允许外国船东登记但与船东没有任何实际联系的国家。这些开放登记的船旗国中的许多国家对悬挂其国旗的船舶没有真正的控制权，这必然增加了使用这些船舶发动恐怖主义袭击的可能性。[125] 一些涉及"非法货物、恐怖分子的运送以及从大型远洋船舶上指使从事非法行为的海上恐怖主义事件本可以通过船旗国更严格的审查而避免发生，船旗国本来就是要对在该国登记的所有船舶的运营进行监管的"。[126] 然而这种方便旗的做法造成了 3 个漏洞，即船舶权属缺乏透明度、船舶安全性缺失以及对货物缺乏管控。[127] 这可能会鼓励恐怖分子购买船舶并悬挂方便旗。船旗国对这种不正当行使《联合国海洋法公约》赋予权利的做法是否应当承担国际法律责任值得研究。在讨论这个问题之前，对与船舶的国籍和方便旗文化有关的国际法进行简要讨论有助于确定船旗国的责任。

波斯劳·亚当·波斯克（Boleslaw Adam Boczek）建议将"方便旗"定义为"任何国家允许外国拥有和外国控制的船舶，在某种情况下注册外国所有和外国控制的船舶的旗帜，这些情况对注册船舶的人员来说是方便和有利的。[128]，为确保对船舶的适当控制，1958 年《公海公约》[129] 和《联合国海洋法公约》[130] 引入了船舶与船旗国之间"真正联系"的概念，但没有对该术

---

[123] 'Every State shall fix the conditions for the grant of its nationality to ships, for the registration of ships in its territory, and for the right to fly its flag. Ships have the nationality of the State whose flag they are entitled to fly. There must exist a genuine link between the State and the ship.' UNCLOS, art 91.

[124] ISL, Shipping Statistics and Market Review, vol. 55 (11), (2011) 5.

[125] Alexander J Marcopoulos, 'Flag of Terror: An Argument for Rethinking Maritime Security Policy Regarding Flags of Convenience' (2007–2008) 32 *Tulane Maritime Law Journal* 277, 294.

[126] Ibid.

[127] Ibid, 294–298.

[128] Boleslaw Adam Boczek, *Flags of Convenience: An International Legal Study* (Harvard University Press, 1962) 2.

[129] Convention on the High Seas, art 5.

[130] UNCLOS, arts 91 and 94.

语进行精确定义。国际法的这种模糊性使人们认为仅仅是登记这样的行政行为就足以满足"真正联系"原则的各项要素。[131] 此外，一种占主导地位的观点也得到国际法院的支持，即缺乏"真正联系"不足以拒绝承认船舶的国籍。国际海洋法法庭支持一国在国际场合提出索赔的立场如下：

> 《联合国海洋法公约》第94条没有任何规定允许发现证据表明船旗国对船舶缺乏适当管辖和控制的国家拒绝承认船舶悬挂船旗国国旗的权利……仲裁庭的结论是，《联合国海洋法公约》中关于需要在船舶与其船旗国之间建立真正联系的目的是确保更有效地履行船旗国的职责，而不是制定其他国家可据以质疑船舶在船旗国登记的有效性的标准。[132]

国际法的这些缺陷助长了"方便旗"的广泛做法，并阻碍了其他国家对可疑船舶采取行动。在这方面，有必要探讨国家是否对使用悬挂其旗帜的船舶进行恐怖主义袭击负有责任的问题。

首先，必须查明使用船舶的恐怖主义行为何时可归因于该船舶的船旗国。如前所述，如果国家有任何不作为或失职，那么其需承担责任。此外，正如科孚海峡案判决所述，如果国家知道或肯定已经知道存在危险，那么它将被认为负有责任。[133] 那些向未知实体提供国旗的国家应该知道，这种做法可能会给其他国家带来安全问题。[134] 这种做法完全可以被视为滥用权利和以不诚信的方式行使权利。如本章第二节所述，《联合国海洋法公约》明确规定了诚

---

[131] Alan Khee-Jin Tan, *Vessel-Source Marine Pollution: The Law and Politics of International Regulation* (Canbridge University Press, 2006) 47 – 57. William Tetley, 'The Law of the Flag, "Flag Shopping", and Choice of Law' (1993) 17 *Tulane Maritime Law Journal* 139; H Edwin Anderson III, 'The Nationality of Ships and Flags of Convenience: Economics, Politics, and Alternatives' (1996 – 1997) 21 *Tulane Maritime Law Journal* 139; O'Connell, above n 117, 761.

[132] *M/V SAIGA (No 2) Case (St. Vincent and Grenadines v. Guinea)* (1999) 38 ILM 1323, 1343. In another case the ICJ has observed 'The Court having reached the conclusion that the determination of the largest ship-owning nationa depends solely upon the tonnage registered in the countries in question, any further examination of the contention based on a genuine link is irrelevant for the puepose of answering the question which has been submitted to the court for an advisory opinion.' *Constitution of the Maritime Safety Committee of IMCO (Advisory Opinion)* [1960] ICJ Rep 150, 171.

[133] *Corfu Channel Case*, above n 12 36.

[134] See Murphy, above n 122.

信义务，禁止滥用权利。[135]

其次，安全理事会第1373号决议可能是认定船旗国责任的进一步的依据。安理会决定，所有国家都应避免"向参与恐怖行为的实体或个人提供任何形式的积极的或消极的支持"[136]。众所周知，恐怖组织利用方便旗，因此，对提供方便旗的疏忽可以被理解为对恐怖组织的消极支持。此外，根据该决议，成员国必须采取"必要措施防止恐怖主义行为的发生"[137]。向可疑实体提供旗帜可能不符合采取"必要措施"的规定。

总之，可以认为，如果一个国家过失地向恐怖主义船舶提供了国旗，或者尽管当时对海上恐怖主义已经意识到，但继续遵循便利恐怖分子悬挂其国旗操控船舶的登记制度，那么该国应对恐怖主义事件负责。任何法律体系都不应该是静止的。国际海洋法的发展史就是一部能够适应时代需要的法律制度的发展史。可以毫不夸张地说，国际社会一再声称恐怖主义的非法性，已经为各国创设了一项习惯国际法义务，即要求各国采取一切可能的措施来预防恐怖主义。利用"灰色的"登记制度向可疑实体提供船旗不符合这一义务。

第五节　向海上恐怖分子提供帮助的国家责任

要讨论的最后一个问题与国家对海上恐怖主义的责任以及由此产生争端的可能性问题相关，那就是确定对帮助海上恐怖分子所承担的国家责任问题。本部分涵盖两个主要问题：国家代理人实施海上恐怖主义以及私人行为者在国家帮助下实施海上恐怖主义。这两类事件都有发生的案例。笔者认为，特别法已经形成，"9·11"事件后的联合国安理会决议和相关国际条约的发展大大改变了海上恐怖主义归属问题的法律。

彩虹勇士号事件是国家特工海上恐怖主义最突出的案例。1985年7月10日，法国军事安全部门（DGSE）使用两个爆炸装置在奥克兰港炸沉了悬挂英国国旗的绿色和平组织的彩虹勇士号船。该船当时正在参加反对法国在南太平洋进行核试验的抗议活动。新西兰当局逮捕了两名法国军事安全部门的特

---

[135] 见本章第二节。
[136] Security Council Resolution 1373, UN Doc S/RES/1373（2001）(28 September 2001) 2.
[137] Ibid.

工——马夫拉特（Mafrat）少校和普里奥（Prieur）上尉。他们随后对过失杀人和故意损坏的指控认罪，新西兰法院判处他们10年监禁。该事件引发了法国和新西兰之间严重的法律争端。[138] 法国后来证实，法国军事安全部门特工是根据官方命令行事，并且该国准备为其特工侵犯新西兰主权向新西兰提供赔偿。在通过外交渠道谈判失败后，双方同意将争端提交联合国秘书长哈维尔·佩雷斯·德·奎利亚尔（Javier Pérez de Cuéllar）作出具有约束力的裁决。秘书长于1986年7月6日作出裁决，不仅要求法国向新西兰支付700万美元[139]，还要求法国就违反国际法的行为向新西兰道歉。对于这2名特工，秘书长决定将他们转移到法国，在偏远的太平洋岛屿郝岛服刑3年。[140] 这一裁决在3个不同的协议中得到双方的确认。[141] 后来，法国没有完全遵从这一裁决，在3年期限届满前从郝岛释放了这2名特工。[142] 1986年协议规定，与协议有关的任何争议均应提交仲裁。[143] 新西兰援引了该规定，于是一个仲裁庭成立了。尽管仲裁庭认定法国违反了多项义务，但由于义务期限（拘留期）已经结束，因此并未作出任何裁决。[144] 上述争端并未适用《联合国海洋法公约》争端解决机制，因为《联合国海洋法公约》直到这些事件发生之后很久才生效。然而，适用第三方争端解决程序，包括仲裁，表明需要国际司法机构来解决此类争端。

关于国家特工实施恐怖主义行为的国家责任问题，在归属问题上没有特别的争议。然而，这也不是一个简单的问题。在彩虹勇士号案件中，法国承认罪犯是法国特工。然而，在国家拒绝承认嫌疑方为国家特工的情况下，可能会出现强烈的争议。在这种情况下，如果无法证明罪犯是国家特工，国家

---

[138] J Scott Davisson, 'The Rainbow Warrior Arbitration Concerning the Treatment of the French Agents Mafrat and Prieur' (1991) 40 *International and Comparative Law Quarterly* 246. Jodi Wexler, 'The Rainbow Warrior Affair: State and agent Responsibility for Authorised Violations of International Law' (1987) 5 *Boston University International Law Journal* 389; Michael Pugh, 'Legal Aspects of the Rainbow Warrior Affair' (1987) 36 *International and Comparative Law Quarterly* 655.

[139] Rainbow Warrior<http://www.iilj.org/courses/documents/RainbowWarrior.pdf>2009年8月18日访问。

[140] Ibid.

[141] Ibid.

[142] Ibid.

[143] *Rainbow Warrior Arbitration* (*New Zealand v. France*) [1992] 102 ILR 215.

[144] Ibid.

责任可能取决于其他理由，如不作为或未能尽职行事。

在何种情况下，个人的行为可归因于国家也至关重要。本章第二节讨论了这个问题，那些论述在这里也适用。在国家帮助恐怖分子的案件中确立国家责任是一个关键问题，因为围绕行为的归属问题存在着分歧。

根据国际法委员会关于《国家对国际不法行为的责任条款草案》，私人的行为可归因于国家，"如果一人或一群人实际上是按照国家的指示或在其指挥或控制下行事"[145]。虽然美国国内法院认为，在美国军舰科尔号案中，苏丹因向恐怖分子提供物质支持而负有责任[146]，但在尼加拉瓜案中，美国的立场正好相反。在该案中，国际法院认为反政府武装不能被视为事实上的美国代理人，因为：

> 国家参与资助、组织、训练、供应和装备反政府武装、选择军事或准军事目标以及规划整个行动，即使发挥了主要或决定性作用，这一事实本身仍然不足以使美国承担法律责任，原则上必须证明美国有效控制了被指控的违法行为发生过程中的军事或准军事行动。[147]

国际法要求"有效控制"或"特工"检验以将私人行为归因于国家。然而，前南斯拉夫国际刑事法庭（ICTY）（以下简称"前南刑事法庭"）在塔迪奇案中放宽了这一严格的法律立场。法庭给出了两个主要理由，认为尼加拉瓜案检验标准不具有说服力。法庭认为，有效控制标准似乎不符合国家责任法的逻辑，也不符合司法和国家实践。[148]然而，将非国家行为者的行为归因于国家，前南刑事法庭采取了"总体控制"的检验方法。[149]有人认为：

> 与国际法院采取的规则相比，塔迪奇案中的"总体控制"检验

---

[145] ILC, *Draft Articles on Responsibility of States for Internationally Wrongful Acts, With Commentaries* (2001) 45.

[146] *Olivia Rux v. Republic of Sudan* [2005] 495 F. Supp. 2d 541.

[147] *Military and Paramilitary Activities in and Against Nicaragua* (Merits) (*Nicaragua v. United States of America*) [1986] ICJ Rep 14.

[148] *Prosecutor v. Du*[ko Tadi] [1999] IT-94-1-A, paras 115–140 <http://www.icty.org/x/cases/tadic/acjug/en/tad-aj990715e.pdf> 2009 年 2 月 9 日访问。

[149] Ibid.

方法确实降低了将私人行为归因于国家的门槛,两种方法的试金石都是国家必须指导或控制——而不是简单地支持、鼓励甚至是宽恕——私人行为者。[150]

然而,国际法院在波斯尼亚种族灭绝案[151]中拒绝了前南刑事法庭提出的"总体控制"检验方法,而是认为:

接下来必须指出,"总体控制"检验方法的主要缺点是扩大了国家责任的范围,远远超出了国际责任法应遵循的基本原则,即一国只对其自身的行为负责,也就是说,对以任何理由代表其行事的人的行为负责。对于其官方机构的行为,以及对于根据国内法未被正式承认为官方机构但必须与国家机构等同的个人或实体的行为都是如此,因为它们处于完全依赖国家的关系中。除这些情况外,一国可以对个人或群体——既不是国家机关,也不等同于国家机关——所实施的行为承担责任,只有在假定这些行为是国际不法行为,根据习惯国际法规则可归因于国家的情况下才成立。[152]

这种限制性的定义将很难追究一个国家向海上恐怖分子提供物质帮助的责任。令人感到惊讶的是,国际法院认为,凭借对种族灭绝这样的强行法罪行提供帮助或支持,不足以判定一国负有责任。可以说,这种做法可能会使国际法律制度对受害国没有吸引力。这种对国际司法机制自我设置严重限制的做法可能会鼓励各国采取法律外措施或在可能的情况下求助于国内司法机构。根据安东尼奥·卡塞斯的说法,"国际法院错过了一个详细阐述和改进尼加拉瓜案检验方法的好机会"[153]。他进一步指出,国际法院关于"国际法委员会条款第8条反映了习惯法的基本假设,并未得到证明,它只是基于法院本

---

[150] Derek Jinks, 'State Responsibility for the Acts of Private Armed Groups' (2003) 4 *Chicago Journal of Interntaional Law* 83.

[151] *Case Concerning the Application of the Convention on the Prevention and Punishment of the Crime of Genocide* (*Bosnia and Herzegovina v. Serbia and Montenegro*), *Merits*, *Judgment* of 26 February 2007 <http://www.icj-cij.org/docket/files/91/13685.pdf> 2010年5月26日。

[152] Ibid, 406. Also See, *Armed Activities on the Territory of the Congo* (*Democratic Republic of the Congo v. Uganda*) *Judgement* [2005] ICJ Rep 168, 219 – 223.

[153] Antonio Cassese, 'The Nicarague and Tadic Tests Revisited in Light of the ICJ Judgement on Genocide in Bosnia' (2007) 18 *European Journal of International Law* 649, 667.

身的权威（尼加拉瓜案先例）和国际法委员会的权威"[154]。这导致了可适用的国际法的不确定性。似乎"国际法院和前南刑事法庭在归属问题上相互作用的最终结果表明，国际法院将继续使用尼加拉瓜案检验方法来评估其遇到的国家责任问题，然而前南刑事法庭将继续使用其'总体控制'的检验方法"[155]。

然而，可以通过一些国际条约和联合国安理会第 1373 号决议来确定国家对海上恐怖主义提供帮助的国家责任。如前所述，安理会根据《联合国宪章》第七章采取行动，决定各国应"禁止向参与恐怖主义行为的实体或个人提供任何形式的主动或被动支持"[156]。这项决议改变了有关恐怖主义的国际法，包括海上恐怖主义。如果一个国家向恐怖组织提供主动或被动的支持，该国应对违反决议规定的义务承担责任。正如塔尔·贝克尔（Tal Becker）所言，"关于各种反恐义务的范围和地位的任何问题……都因安全理事会第 1373 号决议的通过而黯然失色"[157]。

向海上恐怖分子提供物质帮助也可能违反一些国际条约。如果国家直接或间接资助海上恐怖主义，则国家责任可能基于《制止向恐怖主义提供资助的国际公约》而产生。[158] SUA 公约规定各国应采取"一切切实可行的措施，防止在其领土内为在其领土以内或以外犯罪进行准备工作"[159]。向海上恐怖分子提供物质支持明显违反了这些公约。

第六节 小 结

本章探讨了如果外国船舶在其水域内遭到恐怖分子袭击，而沿海国在采取合理措施打击海上恐怖主义方面存在严重疏忽，则沿海国负有责任。还有

---

[154] Ibid, 651.

[155] Richard J. Goldstone and Rebecca J. Hamilton, 'Bosnia v. Serbia: Lessons from the Encounter of the International Court of Justice with the International Criminal Tribunal for the Former Yugoslavia' (2008) 21 *Leiden Journal of International Law* 95, 102.

[156] sc Res 1373.

[157] Becker, above n 1, 122.

[158] Ilias Bantekas, 'The International Law of Terrorist Financing' (2003) 97 *American Journal of International Law* 315, 317.

[159] SUA Convention, art 13.

人建议，国家干涉外国船舶的航行权也将承担责任。但国家是否负有责任取决于干涉发生在哪个海域。笔者认为，如果船旗国的船舶被用于对另一国的船舶、港口或其他海事设施进行恐怖主义袭击，而该船旗国一般不愿对悬挂其国旗的船舶实施适当的管制，则该船旗国可能要承担国家责任。

总之，本章讨论了海上恐怖主义行为可能引起的法律纠纷以及可以采取哪些措施来防止海上恐怖主义行为。同时，本章还表明存在一个可行的国际法律框架，为海上恐怖主义的不同方面确立国家责任。然而，这一实质性法律框架只是使司法机构在打击海上恐怖主义方面发挥积极和有效作用的第一步。

以下章节将更详细地探讨管辖权及其实际范围，以及国际和国内法院在打击海上恐怖主义方面发挥有效作用的局限性。

第五章
海上恐怖主义引起的纵向、跨国和横向争端的解决

第一节 引 言

前几章已经探讨了司法解决与海上恐怖主义有关的一系列争端可适用的法律。本章将讨论解决横向、纵向和跨国争端可用的法庭以及维护海上恐怖主义受害者权利的现有保障措施。本章还将批判性地评价国际和国家司法机构在解决这些争端方面的有效性和相关性,并分析解决这些争端的司法机构的可用性和实用性。第二节讨论国内法院在解决海上安全争端中的作用。第三节分析利用现有国际司法机构解决海上恐怖主义引起的国家间争端的可能性。

笔者认为,有必要存在一个结构合理的国际司法机构框架来解决国家间的争端,尽管并非经常使用。此外,尽管国内法院存在固有的局限性,但其在解决跨国争端以及间接解决纵向和横向争端方面仍发挥着重要的作用。如第一章所述,横向争端是国家间纠纷;纵向争端是国家与私人间纠纷;跨国争端是不同国籍私人间纠纷。[1]

第二节 海上恐怖主义争端和国内法院

国内法院在解决海上恐怖主义引起的争端方面发挥着至关重要的作用,

---

[1] David Sloss,'Treaty Enforcement in Domestic Courts: A Comparative Analysis' in David Sloss (ed), *The Role of Domestic Courts in Treaty Enforcement* (Cambridge University Press, 2009) 1;见本书第一章。

128 提供了针对其本国及在某些特殊情况下针对另一国维护个人权利的场所。其所发挥的作用是多维度的。首先，国内法院是个人就其船舶被无理扣押获得救济的第一个也是唯一的直接司法机构。但是，他们也可以通过其国籍国诉诸国际性法院。其次，船旗国、沿海国和受害国的国内法院是决定对个别受害人进行赔偿的第一个司法机构。正如下文将讨论的，美国的一些情况发展表明，即使是恐怖主义事件的受害者也可以在国内法院起诉另一个主权国家或其他政治实体。

国际性法院在海上恐怖主义领域的作用非常有限，因此，国际法律制度的适用在很大程度上取决于国内法院。国内法院在国际法律秩序中有两方面的作用。首先，国内法院在执行国内法时，作为国际法律秩序的参与者可以发挥直接作用；其次，国内法院在解决国家间争端中可以发挥间接作用。

在判定国内法院执行国内法过程中，在国际法律领域所发挥的作用涉及三个方面。首先，国内法院可以执行为实施国际法而制定的国内法。其次，国内法院可以根据国家的国际义务来解释国内法，从而间接地执行国际法。这一趋势被一位作者描述为"解释性纳入"[2]。最后，国内法院有时可能是执行国际法的唯一司法机构。例如，只有在国内法院才可以起诉海上恐怖主义和其他海上犯罪的个人。根据国内法起诉个人所犯的这些罪行时，国内法院实际上也在执行国际法。在这方面，国际法律制度在一定程度上依赖于国内法院。如本书第一章所述，在该领域中国际法律制度的实施更多地依赖于国内司法机构。本书的主要目的之一就是，通过审查国内法院在该领域中的运作来探讨这种依赖性。

在国内法院，涉及国际法的诉讼大致可分为三类：横向争端、纵向争端和跨国争端。[3] 横向争端涉及国家间纠纷，纵向争端涉及国家与私人间纠

129 纷，跨国争端涉及不同国籍私人当事人间纠纷。[4] 国内法院很少面临横向国际法争端问题。一些国际法问题本就具有国家间性质，例如边界争端和使用武力，通常不会在国内法院出现。然而，在某些情况下，国内法院可能不得

---

[2] Melissa A. Waters, 'Creeping Monism: The Judicial Trend toward Interpretive Incorporation of Human Rights Treaties' (2007) 107 *Columbia Law Review* 628.

[3] Sloss, above n 1, 1.

[4] Ibid.

不处理一些具有横向意义的问题[5]，例如，与海洋划界有关的问题通常由国际性法院处理，但国内法院也可能不得不间接处理此类问题，如国家立法是否适用于特定海域[6]内的船舶，或确定领海宽度[7]，或领海内无害通过权与土著人的原始权利是否一致的问题。[8]

国内法院在全球法律治理中发挥着至关重要的作用。[9] 当事方寻求诉诸国内法院以维护国际法纵向和跨国条款所赋予的权利的情况非常普遍。[10] 国内法院不仅在处理涉及不同国家主体的跨国争端问题的解决方面司空见惯[11]，而且其参与处理涉及一国政府和个人的纵向问题的情况也并不罕见。[12] 在海上恐怖主义领域，国内法院在这两方面的作用都非常重要。

就国内法院是否应当过问一个涉及横向性质严重的法律问题一直存在争议。布里迈尔（Lea Brilmayer）认为，当"案件或争议……涉及个人的国际法权利，而不仅仅是平等主权国家的权利"时，国内法院应该处理这个国际法问题。[13] 然而，高洪柱不同意这个观点。[14] 布里迈尔教授提出了这样一个理论，即国内法院适合解决纵向因素比横向因素更占主导地位的国际法争端。[15] 尽管如此，通过解决所谓的纵向争端，国内法院显然有可能在间接解决涉及两国的横向争端中也发挥重要作用，因为在许多方面，当个人被外国法院拒绝司法时，纵向争端就变成了横向争端。例如，如果船舶因涉嫌海上恐怖主义而被一国错误扣押，被扣押船舶的船主可首先诉诸逮捕国的国内法院。如果船主未能获得案件的公正审理，则船旗国便可介入，争议就可能成

---

[5] Rosalyn Higgins, *Problem and Process: International Law and How We Use It* (Oxford University Press, 1994) 205.

[6] *Post Office v. Estuary Radio Ltd* (1968) 2 QB 740.

[7] *R v. Kent Justices ex parte Lye* (1967) 2 QB 153.

[8] *Yarmirr v. Northern Territory* (2000) HCA 56.

[9] Christopher A Whytock, 'Domestic Courts and Global Governance' (2009) 84 *Tulane Law Review* 67, 71.

[10] Higgins, above n 5, 204. 见本书第四章。

[11] Whytock, above n 9, 74.

[12] Ibid.

[13] Lea Brilmayer, 'International Law in American Courts: A Modest Proposal' (1991) 100 *Yale Law Journal* 2277, 2280.

[14] Harold Hongju Koh, 'Transnational Public Law Litigation' (1991) 100 *Yale Law Journal* 2347, 2350.

[15] Brilmayer, above n 13.

为横向争端。实际上，国内法院发挥这样的作用已经很长时间了。1824 年，美国当局在西班牙水域扣押了一条法国船。美国最高法院认为扣押是不合理的，因为这是对西班牙主权的干涉。[16] 如果美国最高法院对此案作出不同判决或拒绝作出判决，这场争端可能会成为美法或美西之间关系紧张的根源。尽管美国最高法院是对纵向争端作出的判决，但同时也间接解决了横向争端。

在横向争端的情况下，"如果国家法院能够真正成为国际法的代理人，而不是在具有国际法律重要性的问题上成为国家利益的代言人"[17]，那么国内法院的作用将更有意义。然而，国内法院有效履行间接解决横向争端的义务的能力，很大程度上取决于国家法律框架内对国际法的总体接受程度。

国际法期望国内法院在执行和实施法律方面发挥重要作用。埃亚尔·本韦尼斯蒂（Eyal Benvenisti）解释了这一作用：

> 国际法认为国家法院在向拒不服从的政府执行国际义务方面可以发挥作用。因此，例如，国民受到伤害的国家在提起国际诉讼之前要求用尽当地救济办法的习惯规则，其假定是可以合理地期望国内法院纠正其行政部门在其管辖范围内对外国人所犯的错误。[18]

国内法院在多大程度上实现这一期望是值得商榷的。尽管在许多方面，国内法院是实施国际法的重要行为体，但这种方法也存在一些局限性。[19] 关于一元论和二元论的长期争论仍然与确定一个国家的国内法律体系中对国际

---

[16] 法院认为："如果我们的税务官员被授权进入外国港口和领土，以扣押违反我们法律的船舶，那将是荒谬的。不能假定国会会自愿为这种明显违反国家法律的行为辩护。因此，对肇事船舶的逮捕必须限制在我们有完全管辖权的地方，限制在我们自己的水域，或所有国家的共同的海洋通道。" *The Apollon*, 23 US 362, 271, 1824 WL 2683（USGa）.

[17] Wolfgang Friedmann, *The Changing Structure of Interntaional Law* (Columbia University Press, 1964), 148.

[18] Eyal Benvenisti, 'Judicial Misgivings Regarding the Application of International Law: An Analysis of Attitudes of National Courts' (1993) 4 *European Journal of International Law* 159, 160.

[19] 关于国内法院的有限性参见：Richard B Lillich, 'The Role of Domestic Courts in Promoting Internatioanl Human Rights Norms' (1978), 24 *New York Law School Law Review* 153; David F Klein, 'Theory for the Application of the Customary International Law of Human Rights by Domestic Courts' (1988) 13 *Yale Journal of International Law* 332; Richard A Falk, *Role of Domestic Courts in the International Legal Order* (Syracuse University Press, 1964); Brilmayer, above n 13; Vladlen S Vereshchetin, 'New Constitutions and the Old Problem of the Relationship between International Law and National Law' (1996) 7 *European Journal of Interntaional Law* 1.

法的接受程度有关。特定国家的国内法院对国际法的总体态度,对确定国内法院作为国际法行为体的作用至关重要。

任何关于国内法院作为国际法行为体的作用的讨论都不可避免地从考察两种理论开始:一元论和二元论。[20] 一元论者认为,国际法和国内法是单一法律体系的一部分,国际法优于国内法。[21] 相反,二元论者认为,国际法和国内法是两个独立的法律体系,[22] 国内法院通过将国际法纳入国内法律体系来适用国际法。根据希金斯的观点,尽管一些学者认为一元论和二元论的辩论已经过时,但在国内法与国际法冲突的情况下,国内法院处理方法的差异在很大程度上仍然取决于所涉国家是一元论者还是二元论者。[23] 这在海上安全方面是一个非常重要的问题。例如,当国际海事安全公约与国内法之间发生冲突时,国内法院将如何处理?这将主要取决于该国对国际法的总体态度。

为了使国内法院在国际法律体系中发挥作用,关键是要在国内法官和其他行为体中形成一种观念,即国内法院在某种程度上是国际法律体系的代言人。理查德·A. 福尔克(Richard A. Falk)认为国内法院是"新兴国际秩序体系的代言人,当国际法规范与国家政策的要求发生冲突时,优先考虑国际法规范代言人"[24]。然而,在实践中,只有极少数法官赞同这种进步的观点。[25] 当地方主权行为受到质疑时,国内法院往往回避国际法律问题。[26] 虽然人们清楚地认识到需要国内法院发挥其公正作用[27],但在实际中实现这一目标并非易事。[28]

---

[20] Higgins, above n 5, 205.

[21] J. G. Starke, 'Monism and Dualism in the Theory of International Law' (1936) 17 *British Year Book of International Law* 66, 70.

[22] Ibid, 74–75.

[23] Higgins, above n 5, 206.

[24] Rochard A. Falk, 'The Interplay of Westphalia and Charter Conceptions of the International Legal Order' in Richard A Falk and Cyril E Black, *The Future of International Legal Order* (1969) 32, 69.

[25] Rechard B Lillich 'The Proper Role of Domestic Courts in the Interntaional Legal Order' (1970–1971) 11 *Virginia Journal of International Law* 9, 10.

[26] Ibid, 48.

[27] Friedmann, above n 17.

[28] Lillich, above n 25, 48; Myres S McDougal, 'The Impact of International Law upon National Law: A Policy-oriented Perspective' (1959) 4 *South Dakota Law Review* 25.

国内法院对国际法的适用在一定程度上取决于相关国家的法律文化和主审法官对国际法的认知。[29] 国际法在国内法院的适用也可能取决于主审法官的观念。关于认知问题的一个有趣例子是锡理事会案（Tin Council Case），该案涉及国际锡理事会解体后成员国的责任。[30] 最初，下级法院根据英国的法律规定对此案作出判决。[31] 然而，在上诉法院，克尔·L. J.（Kerr L. J.）表示"逻辑起点必须是国际法"[32]。上议院的坦普尔曼勋爵（Lord Templeman）持不同的观点，认为这件事只是"对成文法文件的直白文字进行构建的小问题"[33]。在另一案例中，尽管阿拉伯货币基金组织通过国际条约成立，但在缺乏国内法律文书的情况下，上议院不愿承认其作为国际组织的合法存在。[34]

　　根据美国最高法院鲍威尔法官（Justice Powell）的说法，"在国际性法庭获得更广泛的支持之前，各国内法院是发展受尊重的国际法体系的最佳途径。"[35] 尽管有这一般切期望，但国内法院长期以来一直不愿适用国际法。1993年，埃亚尔·本韦尼斯蒂指出了国内法院在这方面的三个具体偏见：

　　（1）狭义解释一国宪法中与国际法有关的条款，从而限制对其政府国际法政策干涉的普遍趋势；

　　（2）在解释国际法时优先考虑政府利益，甚至在解释国际法律文书时寻求行政部门的指导；

　　（3）国内法院还发明了许多回避技巧，如政治问题、国家行为、不可裁判性和缺乏诉讼地位等。[36]

---

[29] Higgins, above n 5, 206.

[30] Christopher Greenwood, 'The Tin Council Litigation in the House of Lords' (1990) 49 *Cambridge Law Journal* 8.

[31] *J. H. Rayner (Mincing Lane) Ltd v. Department of Trade and Industry* (1987) 3 BCC 413.

[32] *J. H. Rayner (Mincing Lane) Ltd v. Department of Trade and Industry* (1989) Ch 72, 143.

[33] *J. H. Rayner (Mincing Lane) Ltd, Appellants v. Department of Trade and Industry* (1990) 2 AC 418, 476.

[34] *Arab Monetary Fund v. Hashim* (No 3) [1991] 2 AC 114.

[35] *First National City Bank v. Banco Nacional de Cuba* (1972) 406 US 759, 775.

[36] Eyal Benvenisti, 'Judicial Misgivings Regarding the Application of International Law: an Analysis of the Attitudes of National Courts' (1993) 4 *European Journal of International Law* 159.

在日益全球化的世界中，这种对国内法院的自我限制是非常成问题的，在这个世界中，需要国内法院发挥积极主动的作用来执行国际法。[37] 在诸如海上恐怖主义等领域，国际法期望国内法院发挥特殊作用。

受全球化推动国际法规范化扩张的影响，当代世界各国法院利用国际法的频率呈上升趋势。[38] 在上述文章发表 15 年后，本韦尼斯蒂意识到一些国内法院态度的转变是显而易见的。[39] 然而，国内法院继续表现出对国家利益的敏感性，并且不愿意在可能产生负面经济或政治影响的情况下限制其行政部门。[40] 改变其做法的主要催化剂是国内法院的法官所处的工作环境。[41] 在这种不断变化的背景下，最重要的一个方面是司法顺从的成本增加，因为环境、国家安全和金融市场等问题不再属于个别国家的专属职权领域。[42]

国际法可被视为国家法院的通用语。[43] 在国际法本身主要依赖国家法院的情况下，共同语言的这一作用便显得极为重要。国内法院在与国际性法院合作建立更加协调一致的国际监管机构方面的作用已得到该领域两位杰出学

---

[37] Eyal Benvenisti and George W Downs, 'National Courts, Domestic, Democracy and the Evolution of International Law' (2009) 20 *European Journal of International Law* 59, 60.

[38] Yuval Shany, 'National Courts as International Actors: Jurisdictional Implications' (Hebrew University International Law Research Paper N0. 22-08, 2009); William W. Burke-White, 'International Legal Pluralism' (2004) 25 *Michigan Journal of International Law* 963, 965-966; George Slyz,' Interntaional Law in Domestic Courts' in Thomas M Franck and Gregory H Fox (eds), *International Law Decisions in National Courts* (1996) 71, 72.

[39] Benvenisti and Downs, above n 37, 60.

[40] Ibid, 61. 为了得出这一结论，Benvenisti 和 Downs 参考了欧洲法院在 2008 年 9 月 9 日 Fiamm 诉欧盟理事会（*FIAMM v. Council of the EU*）一案中的判决。<http://eur-lex.europa.eu/LexUriServ/LexUriServ.do? uri=CELEX: 62006J0120: EN: HTML> 2010 年 7 月 12 日访问。在该案中，如果没有其他国内法院的互惠承诺，ECJ 就拒绝执行 WTO 条款。欧共体法院指出，"承认欧共体法院负有确保欧共体法律符合世贸组织规则的直接责任，将有效地剥夺欧共体的立法或行政机关在欧共体贸易伙伴中享有的回旋余地"。毫无争议的是，一些缔约方，包括欧共体最重要的贸易伙伴，已根据世贸协定的标的和目的得出结论，在审查其国内法规则的合法性时，这些缔约方并不在其法院适用的规则之列。然而，这可能不是一个完美的例子，因为欧洲法院不是一个国内法院，见 Nikolaos Lavranos, 'National Courts, Domestic Democracy, and the Evolution of Interntaional Law: A Reply to Eyal Benvenisti and George Downs' (2010) 20 *European Journal of International Law* 1005, 1009; *Jones (Respondent) v. Ministry of Interior (Kingdom of Saudi Arabia) (Appellants)* [2007] 1 All ER 113 (HL)。

[41] Ibid. Benvenisti and Downs.

[42] Ibid.

[43] Francesco Francioni, 'International Law as a Common Language for National Courts' (2001) 36 *Texas International Law Journal* 587; Shany, above n 38.

者的高度认可。[44] 此外，当代著作也强调，一国国内法院的态度可能对其他国家国内法院的态度产生积极影响。也就是说，不同国家法院之间存在努力协作的关系。

本韦尼斯蒂和达恩斯（Downs）以印度次大陆为例——该地区不同国家的法院在保护环境和人权方面受到印度最高法院的巨大影响[45]，探讨了国内法院对国际法的态度是否会影响其他国家的法院是有意义的，但这个问题非常复杂。如本韦尼斯蒂和达恩斯提供了一个菲律宾最高法院关于代际公平的未成年人奥帕萨（Oposa）案例。作者认为印度和孟加拉国的法院受到了这一判决的影响。[46] 然而，如果有关国家的宪法或成文法中没有相同的规定，这种方法在执行国际法的情况下可能收效甚微。例如，孟加拉国最高法院在没有明确的宪法规定的情况下拒绝适用新出现的代际公平的国际法原则，并认为奥帕萨案不能用来指导孟加拉国的法理学，因为孟加拉国和菲律宾的国内法并不相同。[47]

即使是最进步的国内法院的法官也认为国际法更多是一种影响力而非义务的来源[48]，如果国际法和国内法发生冲突，则以国内法为准。如果国内法与国际法不一致，最多只能引起国内立法者和行政部门的注意。[49] 这是确定国内法院作为国际法行为体地位的一个非常重要的问题。由此可以得出一个简单的结论，即国内法院的作用高度依赖于各自国家的行政和立法机构的决定。此外，国内法院也高度依赖相关国家的宪法或法律规定。在麦德林案（*Ex Parte Medellín*）中，尽管布什总统在备忘录中要求遵守国际法院对阿韦纳

---

　　[44]　Benvenisti and Downs，注释 630.

　　[45]　同上，Benvenisti and Downs 关注的是国际法与国外法的影响，而该书仅仅关注国际法。孟加拉国最高法院在下列案件中广泛引用并遵循了印度最高法院的裁决：*Dr. Mohiuddin Farooque v. Bangladesh and Others*, 55 *DLR*（HCD）613（2003）（hereinafter Industrial Pollution Case）; *Dr. Mohiuddin Farooque v. Bangladesh and Others*, 50 DLR（HCD）84（1998）（hereinafter FAP 20 Judgment on Merit）; *Dr. Mohiuddin Farooque v. Bangladesh and Others*, 48 DLR（HCD）438（1996）（hereinafter Radiate Milk Case）; *Dr. Mohiuddin Farooque v. Bangladesh and Others*, 49 DLR（AD）1（1997）（hereinafter *FAP 20 Case*）.

　　[46]　Ibid, 66.

　　[47]　*Farooque v. Bangladesh*（1997）49 DLR（AD）1 [53].

　　[48]　Ben Clarke and Jackson Maogoto, *International Law*（Thomson Reuters, 2009）, 72 – 73. Michael Kirby, 'The Growing Rapprochment between International Law and National Law' <http://www.hcourt.gov.au/speeches/kirbyj/kirbyj_weeram.htm>2010 年 8 月 21 日访问。

　　[49]　*Ershad v. Bangladesh*（2000）21 BLD（AD）69, 70.

案（the Avena Case）的判决，但得克萨斯州法院公开拒绝执行该案的判决。[50] 这些讨论说明仅依靠司法能动主义是不够的，立法机关为立法而采取的积极措施对在国内领域正确实施国际公约是必要的。

国内法院主要是国家法律和体制框架内的机构。如果没有在国内法律框架内正确实施国际法，就不可能期待国内法院发挥积极作用。当国际法明确期待国内法院发挥积极的作用时，这个问题就变得更加重要。正如笔者所言，海上恐怖主义就是这样一个领域，即国际法的实施在很大程度上取决于国内法院作用的发挥。

发挥国内法院的作用，从而适当执行国际法，可能会产生积极的国家间的影响。例如，SUA 公约规定各国有义务引渡或起诉被指控犯有国际不法行为的被指称的罪犯。[51] 如果各国通过根据国际法起诉罪犯来发挥各自国内法院的作用，就可以避免因遵守引渡或起诉义务而产生的国家间争端。

目前的趋势是通过间接方法实施国际法，例如由国内法院解释宪法条款，主要是在国际人权和环境法领域。然而，很难确定国内法院是否在解释宪法条款时是出于认为国际法的某些条款具有约束力而进行的。此外，人权和环境保护的例子可能不太适合确定国内法院对国际法所有方面的态度。例如，澳大利亚有法院就认为，如果未在国内法中完全复制《联合国海洋法公约》的规定，法院就不受其约束，也不愿意适用这些规定。[52]

本书基于这样一种基本的理解，即国内法院作为国际法参与者的有效性和积极作用，在很大程度上取决于相关国家的行政和立法机构的政治决定。尽管司法机构在形式上是独立的，但国内法院必须适用国家法律。如果国际法不在国家法律框架内实施，国内法院通常不会执行国际法。国内法院在直接执行国际法方面可能还存在其他的现实问题。然而，不应因此忽视国内法院的司法能动作用。在某些情况下，国内法院可能会通过解释国内法和宪法原则，采取积极措施在国内场合实施国际法。

《联合国海洋法公约》就海事安全的某些方面为国内法院提供了管辖权。

---

[50] Ex parte *Medellin* [2006] 223 sw. 3d 315, 321.

[51] SUA Convention 1988, art 6 (1).

[52] *R v. Lijo and Others* [2004] WADC 29 (Unreported, District Court of Western Australia in Criminal, Blaxell DCJ, 27 February 2004) [16-26]; Md Saiful Karim, 'Conflicts over Protection of Marine Living Resources: The "Volga Case" Revisited' (2011) 4 *Goettingen Journal of International Law* 101.

另一个重要的海上安全公约——SUA 公约也为国内法院提供了管辖权。事实上，世界上三分之一的海洋现在处于沿海国的主权或主权权利之下，因此国内法院的作用至关重要。如果外国船舶违反该国管辖范围内的法律法规，国内法院可以对其行使管辖权，该管辖权因实质事项和海域而异。

此外，《联合国海洋法公约》还规定了一个条件，即在各国诉诸强制争端解决程序之前用尽当地救济——如果国际法有如此要求。[53] 该项规定进一步肯定了设立国家争端解决机构的作用。海上恐怖主义和其他海上安全问题的威胁日益严重，增加了无正当理由逮捕、拘留和紧追船舶的可能性。但船舶所有人或承租人因不正当逮捕、拘留和紧追而遭受损害的，应首先向追赶船舶的船旗国国家争端解决机构提出赔偿要求。在用尽所有当地救济措施后，被追赶船舶的船东或承租人可以要求其船旗国将案件提交相关国际争端解决机构。[54] 但如果被追赶船舶的船旗国认为其航行自由受到侵犯，它可以考虑通过国际争端解决机制进行追索，而无须用尽船东所属国的当地救济措施。当一个国家的索赔不仅取决于其国民遭受的损害，而是基于该国家直接通过其国民遭受侵害而提出的独立索赔时，则它可以在不用尽国内救济的情况下将案件提交一个国际性的法庭。[55]

下面将在海上恐怖主义背景下讨论国内法院的作用，并以不正当干涉航行和海上恐怖主义受害人权利为例。

一、国内法院和对航行的不正当干涉

当个人船舶航行权受到不正当干涉时，国内法院可以在向其提供救济方面发挥重要作用。国内法院在确保外国船舶在国家管辖范围内的航行权方面发挥作用并非新现象。[56] 为确保航行权，诉诸国内法院是常见现象。[57] 例

---

[53] UNCLOS, art 295.

[54] Nicholas M. Poulantzas, *The Right of Hot Pursuit in International Law* (2nd ed, Martinus Nijhoff, 2002) 262.

[55] *Case Concerning Avena and Other Mexican Nationals (Mexico v. United States of America)* [2004] ICJ Rep 12, [37] – [40].

[56] Erik Jaap Molenaar, 'Navigational Rights and Freedoms in a European Regional Context' in Donald Rothwell and Sam Bateman (eds) *Navigational Rights and Freedoms and the New Law of the Sea* (Martinus Nijhoff, 2000) 22, 25.

[57] *International Association of Independent Tanker Owners (Intertanko) v. Secretary of State for Transport Queen's Bench Division (Administrative Court)* 30 June 2006 [2006] EWHC 1577 (Admin).

如，欧洲联盟（EU）的一项指令因可能侵犯无害通过权而在英国法院受到质疑。[58] 该案虽与海上恐怖主义无关，但它确实说明了如果沿海国任意剥夺无害通过权或以其他方式妨碍外国船舶的无害通过，国内法院可发挥潜在的作用。国际独立油轮船东协会（Intertanko）向英国行政法院申请司法审查，要求提请欧洲法院出具意见，理由是关于船舶来源污染的第 2005/35/EC 号指令的规定不符合现行国际法，侵犯了无害通过权。[59] 法院在考虑了《联合国海洋法公约》的相关规定后，认为该指令附加了一些《联合国海洋法公约》不允许的条件，并认为"很明显可以争辩的是，该指令的通过确实有可能妨碍无害通过的权利"[60]。这是国内法院在面临不合理干涉航行指控时可以发挥潜在作用的一个例子。

该案件也可以作为说明国内法院在对侵犯航行权的个人提供救济方面存在局限性的一个典型案例，因为欧洲法院最终拒绝提供意见。法院认为《联合国海洋法公约》是"构成共同体法律秩序不可分割的组成部分"[61]。尽管如此，其结论仍然是：

> 《联合国海洋法公约》原则上不赋予个人独立的权利和自由。特别地，只有当他们将其船舶与给予其船舶国籍并成为船旗国的国家之间建立密切联系时，他们才能享有航行自由。[62]

法院进一步认为，"《联合国海洋法公约》没有制定旨在直接和立即适用于个人并赋予他们可以用来对抗国家的权利或自由的规则"[63]。通过这种推理，法院拒绝根据个人的请求来评估欧洲共同体措施的有效性。

本案是国内法院在向受害船东提供救济措施以防止沿海国侵犯航行权方面存在实际局限性的一个典型案例。欧洲法院的这项决定说明船东只能通过船旗国对航行权的不正当干涉提出异议，但欧洲法院并未就该指令的未来实

---

［58］ Ibid.
［59］ Ibid.
［60］ Ibid.
［61］ *International Association of Independent Tanker Owners（Intertanko）and Others v. Secretary of State for Transport*, Case C-308/06, Judgment of the Court（Grand Chamber）3 June 2008 European Court of Justice.
［62］ Ibid.
［63］ Ibid.

施向国内法院提供任何指引。欧洲法院不是国内法院，国内法院在不正当干涉航行权案件中的作用不应由欧洲法院的一项决定来评估。专家质疑这项决定的法律合理性。[64] 然而，欧洲法院的判决限制了国内法院在欧洲地区的作用。

另一个问题是在国家法律体系内未执行《联合国海洋法公约》有关航行权的规定，从而影响了国内法院的作用。这个问题可以伏尔加案（*Volga Case*）为例来详细说明。尽管此案涉及非法捕鱼，但仍可说明各国法院未来在面对类似的海上恐怖主义问题时的态度。2002年2月7日，澳大利亚海军官员在南大洋赫德岛和麦克唐纳岛附近的澳大利亚专属经济区针对巴塔哥尼亚齿鱼（Patagonian Toothfish）的非法捕捞活动进行巡逻时，登上了一艘俄罗斯伏尔加号渔船，通过计算，确定该船当时在澳大利亚专属经济区海域内。[65] 后来，更精确的计算显示，当一架军用飞机第一次发现该船时，该船在澳大利亚专属经济区内0.7海里，当军用直升机第一次发送信息时，该船在澳大利亚专属经济区外0.5海里。[66] 澳大利亚海军官员在专属经济区几百米外登上了伏尔加号。[67] 这意味着澳大利亚当局在该船进入澳大利亚专属经济区时，未向其发出任何听觉或视觉信号，违反了行使紧追权的要求。据报道，该船从事了非法捕鱼活动。该事件在国际法院和澳大利亚法院进行了数次诉讼。[68]

根据《联合国海洋法公约》第111条第4款规定，在专属经济区内违反沿海国法律的情况下，紧追必须从追逐国的专属经济区开始，并在发出视觉或听觉信号后开始。澳大利亚当局根据1991年《渔业管理法》第100条第2款规定指控该船的3名船员犯有可起诉的罪行。船员们最初向西澳大利亚地方

---

[64] Jan Wouters and Philip de Man, 'International Association of Independent Tanker Owners (Intertanko), International Association of Dry Cargo Shipowners (Intercargo), Greek Shipping Cooperation Committee, *Lloyd's Register and International Salvage Union v. Secretary of State for Transport*, Case C-308/06' (2009) 103 *American Journal of International Law* 555; Alan Khee-Jin Tan, 'The EU Ship-Source Pollution Directive and Coastal State Jurisdiction Over Ships' (2010) *Lloyd's Maritime and Commercial Law Quarterly* 469.

[65] *R v. Lijo and Others*, Unreported, District Court of Western Australia in Criminal, Blaxell DCJ, WADC \ IND \ 2004WADC0029. doc, 27 February 2004, Paras 16 – 26.

[66] Ibid.

[67] Ibid, para 31.

[68] 关于这些案子的详细讨论见 Karim, above n 52。

法院提交了永久中止诉讼程序的申请。申请人的主要论点是，伏尔加号是在公海上被扣押，根据国际法的规定是非法的，超出了1991年《渔业管理法》赋予的权力。申请人称由于他们是被非法带入司法管辖区，如果允许检方继续审理此案，将是对法院程序的滥用。[69]

《渔业管理法》第100节规定，任何人在没有外国捕鱼许可证的情况下，在澳大利亚渔区（AFZ）内使用外国渔船进行商业捕鱼都是非法的。该法案第87节授予澳大利亚当局"监视和执行"的权力，并授予其从渔区内的地方追逐个人和船舶到渔区以外地方（公海）的权力。澳大利亚法律关于"紧追"的规定与《联合国海洋法公约》有关规定并不完全一致。与《联合国海洋法公约》第111条第4款规定不同，澳大利亚法律并没有规定追逐必须在发出视觉或听觉的停驶信号后才能开始。此外，澳大利亚法律还允许使用雷达进行追踪，这显然可以在没有视觉或听觉信号的情况下进行，且进行"紧追"的官员在开始追捕之前无须相信该船违反了澳大利亚的法律。然而，澳大利亚法院认为，由于"紧追"在澳大利亚法律下是有效的，因此永久搁置案件的请求是站不住脚的。正如布莱克赛尔（Blaxell DCJ）的评论：

> 《联合国海洋法公约》不是澳大利亚国内法的一部分……不言而喻，议会并不打算在该法案中完全复制其条款。该法案的相关条款似乎没有任何含糊之处，因此，第87节不能被解释为引入了《联合国海洋法公约》中尚未存在的任何要求。在这方面，《联合国海洋法公约》的规定不能用来反驳该法令的明确措辞。[70]

如果在《联合国海洋法公约》与国内法发生冲突时，国内法院直接拒绝适用《联合国海洋法公约》，这将破坏公约的精神。在国内环境下，国际法在国内的执行属于行政机关和立法机关的自由裁量权。如果行政部门明确不打算在国内领域执行某些国际法，那么二元论国家的国内法院几乎没有什么作用。然而，国家成为该公约的缔约国之后，如果不执行该公约，就明显违反了国际法。这个例子强调了国内法院作为国际法律体系行为体的效力在很大程度上取决于有关国家政府的政治意愿。

---

[69] *R v. Lijo and Others*, above n 65, para 2.

[70] *R v. Lijo and Others*, above n 65, para 37.

如前所述，《联合国海洋法公约》引入了一个迅速释放程序，船旗国可以借此向国际司法机构申请迅速释放其被另一国扣押的船舶。然而，《联合国海洋法公约》的迅速释放程序仅限于船舶因非法捕捞和海洋污染而被捕的情况。[71] 这一迅速释放程序不适用于海上恐怖主义案件。该问题将在第三节更详细地讨论。国际机构无法在捕鱼和污染范围之外提供迅速释放，这使得国内司法机构的作用更加重要。此外，对于不正当干涉船舶航行权和对不正当扣押的赔偿，扣押国的国内法院可能是永久释放船舶的法庭。

外国船舶所有人是否诉诸国内法院将取决于国内法院所在地的国内法。一些国家可能会引入不利于船东的严格的法律规定。例如，在上述伏尔加号案中，由于澳大利亚严格的国内法要求，船东未能获得船舶的迅速释放。[72] 如果沿海国对在其海域内从事海上恐怖主义活动或通过其管辖海域运输大规模杀伤性武器的船舶引入类似的法律规定，则国内法院可能无法提供任何有意义的救济措施以防止干涉航行权。然而，该案例并不是个完美的例子，因为沿海国对海上恐怖主义的立法管辖权，可能比其对海洋污染和非法捕捞上的立法管辖权在地理覆盖范围方面要窄得多。就恐怖主义而言，沿海国的管辖权范围仅限于其领水，并不延伸至其专属经济区。[73]

如前所述，沿海国可在其领海内对某些犯罪行为行使刑事管辖权。然而在发生海上恐怖主义或相关问题的情况下，干涉航行属于船旗国在公海上的专属管辖权。与海盗不同，海上恐怖主义不属于《联合国海洋法公约》第 110 条的

---

[71] Myron H. Nordquist, Shabtai Rosenne and Louis B Sohn, *United Nations Convention on the Law of the Sea* 1982: *A Commentary* (Martinus Nijhoff, 1988) vol. v, 68–69.

[72] 伏尔加号的船东在澳大利亚联邦法院提起关于反对没收该船的诉讼。原告指控根据澳大利亚法和国际法，登船和扣押该船都是非法的，因为该船位于澳大利亚的专属经济区以外。但法院裁定，"这些罪行违反了渔业管理法，涉及伏尔加号船在澳大利亚专属经济区内的使用和存在，并且由于这些违法行为，该船被自动没收，连同其设备和捕获物。"实施没收的规定是有效的。该船舶已成为英联邦的财产，因此没有理由因登船和扣押而获得任何救济。该船在澳大利亚渔业区进行非法捕鱼时自动被没收，因此根本没有"紧追"行为。法院认为，不需要就紧追是否符合《联合国海洋法公约》即作出最终判决。*Olbers Co Ltd v. Commonwealth of Australia*, 205 Australian law Reports (2004) 432, 433, 457, 458. Rachel Baird, 'Australia's Response to Illegal Foreign Fishing: A Case of Winning the Battle but Losing the Law?' (2008) 23 *Interntaional Journal of Marine and Coastal Law* 95; Laurence Blakely, 'End of the Viarsa Saga and the Legality of Australia's Vessel Forfeiture Penalty for Illegal Fishing in Its Exclusive Economic Zone' (2008) 17 *Pacific Rim Law & Policy Journal* 677.

[73] 然而，一些国家扩大了这一管辖权。例如，澳大利亚扩大了其在公海针对开往澳大利亚港口的外国船舶的刑事管辖权。*Crimes at Sea Act* 2000 (Cth) Sec 6 (3).

例外之一。根据《联合国海洋法公约》，就海上恐怖主义干涉公海航行可能是不合理的。如第三章所述，SUA 公约的 2005 年《SUA 公约议定书》引入了在特定情况下允许其他国家采取适当措施的制度。然而，该制度主要基于船旗国的同意。如果采取任何措施被认为不合理，根据 2005 年《SUA 公约议定书》采取的措施可能会成为争议的根源。在 2005 年《SUA 公约议定书》的谈判中，就哪个法院应优先审理与不合理干涉公海航行有关的案件进行了辩论。[74] 正如本节稍后将要讨论的那样，这一问题的最终解决方案为国内法院创造了一个重要的角色。2005 年《SUA 公约议定书》规定了国家对不正当干涉的责任，个人可以直接援引适用。

该问题在谈判中得到了认真的讨论。许多代表要求在 2005 年《SUA 公约议定书》的登船条款中提供保障，包括补偿条款。[75] 考虑到其他国家的关切，美国提出如下条款：

　　如果根据本条采取措施的理由被证明是没有根据的，只要船舶没有实施任何证明所采取措施是正当的行为，那么船舶应就可能遭受的任何损失或损害得到赔偿。[76]

与会代表对此提案意见不一。有代表提出，因登船而遭受损失或伤害的，不仅船舶，船东、船上人员等个人也应有权获得赔偿。[77] 此外，据一些代表称，尚不清楚船旗国或登船国是否会支付赔偿。经过这次讨论[78]，美国对原稿进行了修改并提出以下版本：

　　如果缔约国根据本条所采取措施的理由被证明是没有根据的，缔约国应根据其国内法，对根据本条采取的行动造成的损害或损失负责，如果这种行动是非法的或超过根据现有信息合理要求的执行

---

[74] Philipp Wendel, State Responsibility for Interferences with the Freedom of Navigation in Public International Law (Springer-Verlag, 2007), 106 – 111.

[75] Ibid.

[76] IMO, 'Draft Amendments to the SUA Convention and Protocol Submitted by the United States' IMO Doc LEG 86/5 (26 February 2003) 11.

[77] IMO, 'Report of the Legal Committee on the Work of its 86th Session' IMO Doc LEG 86/15 (2003) 16.

[78] Ibid; Wendel, above n 74, 107.

本条规定的范围，但前提是船舶没有实施任何行为证明所采取的措施是合理的。[79]

修订后的美国提案有一个重要问题：国家的责任将受其国内法的约束。不少代表建议删除"根据其国内法"这一措辞。[80] 一个代表团称，"虽然可能有必要在该国法院提出索赔，但赔偿的可能性不大"。[81] 该代表团认为，"登船理由充分的举证责任应由进行登船的国家承担"[82]。在公共船舶实施干涉的情况下，该建议会有争议，菲利普·温德尔（Phillip Wendel）认为：

> 由于国际法庭通常不适用本国法律，而且公共船舶在国际法庭上不享有豁免权……代表们推定，干涉国的国内法院有权就赔偿问题作出裁决，私人实体应有权直接向干涉国索赔。[83]

如果是这样，国内法院在不正当干涉航行权方面可以发挥重要作用。

这份美国重新起草的草案由于继续提及国内法律而受到尖锐批评。[84] 墨西哥提议，应明确不同实体的利益将受到直接保护，并应就对负有责任的缔约国采取个别行动留有空间。[85] 其还指出，"必须明确指出，国内法律制度有责任为处理这种性质的索赔作出迅速安排"[86]。

在国际海事组织法律委员会工作组审议 SUA 公约会上，不同国家提交了多项提案。[87] 墨西哥提交了另一项提案，指出"可以通过承认有必要在文书

---

[79] IMO, 'Draft Amendments to the SUA Convention and Protocol Submitted by the United States' IMO Doc LEG 87/5/1 (8 August 2003) Annex 2, 10.

[80] IMO, 'Report of the Legal Committee on the Work of Its 87th Session' IMO Doc LEG 87/17 (23 October 2003), 18; Wendel, above n 74.

[81] Ibid.

[82] Ibid.

[83] Wendel, above n 74, 107 – 108.

[84] IMO, 'Report of the Legal Committee on the Work of Its 88th Session' IMO Doc LEG 88/13 (18 May 2004), 16.

[85] IMO, 'Comments and Proposals: Submitted by Mexico' IMO Doc LEG 88/3/1 (19 March 2004) 2.

[86] Ibid.

[87] IMO, 'Comments on the US delegation's Proposed Revisions to the Proposed Protocol to the SUA Convention (Annex 1)' Submitted by Brazil, IMO, Doc LEG/SUA/WG.1/2/4 (9 July 2004); IMO, 'Suggested Amendment to Article 8bis 8b (Safeguards)' Submitted by Mexico, IMO, Doc LEG/SUA/WG.1/2/8 (12 July 2004); IMO, 'Prpposal Regarding Article 8bis Paragraph (c)' Submitted by Germany, IMO, Doc LEG/SUA/WG.1/WP.8 (15 July 2004).

文本中规定为船员及船舶和货物所有人的利益采取直接行动,并规定参与有关行动的国家承担连带赔偿责任来实现平衡"[88]。然而,这一提议并未得到有力的支持。最后,德国为相关条款提出如下草案:

> 应采取合理措施避免船舶被不当滞留或延误。
>
> 如果根据本条采取措施的理由证明没有根据,或者非法,或者超出了根据现有资料为执行本条规定所合理要求的范围,且该船舶没有实施任何行为证明采取措施的合理性,那么该船舶应就可能遭受的损失或损害得到登船国的赔偿。
>
> 缔约国应规定就这种损害或损失提起诉讼追索权。[89]

德国的提案受到其他国家的谨慎欢迎,工作组最终同意采纳以下方案:

> 在下列情况下,缔约国应对根据本条采取措施造成的任何损害或损失承担责任:
>
> (i) 此类措施的理由被证明是没有根据的,只要该船舶没有采取任何行为证明所采取的措施是正当的;或者
>
> (ii) 此类措施是非法的或超出根据现有信息合理要求实施本条规定的措施。
>
> 缔约国应就此类损害规定有效的追索权。[90]

该条款规定缔约国有义务在其国内法律制度中引入法律救济措施。[91] 因此,为国内法院设立了强制管辖权。

接下来的重要问题是哪个国家将承担赔偿责任,即船旗国或登船国的国内法院是否对这类索赔享有管辖权?登船国的责任不是一个复杂问题。然而,船旗国因授权登船国采取行动是否负有责任是谈判时激烈辩论的问题。[92] 大多数人赞成不要求船旗国对授权登船负有责任。有人建议作出规定:"船旗国

---

[88] IMO, 'Draft Article 8bis, Paragraph 8 (b) (Security measures and Compensation) ' Submitted by Mexico, LEG 89/4/2 (17 September 2004) 3.

[89] IMO, 'Submitted by Germany', IMO, Doc LEG 89/WP. 4 (25 October 2004).

[90] IMO, 'Report of the Legal Committee on the Work of Its 89th Session' IMO, Doc LEG 89/16 (4 November 2004), Annex 5, 5.

[91] Wendel, above n 74, 109.

[92] IMO, 'Report of the Working Group' IMO, Doc LEG/SUA/WG. 2/4 (9 February 2005) 11.

授权登船本身不构成其责任。"[93] 工作委员会在纳入这项规定后，提出了如下规定：

> 如果船旗国授权登船本身不引起责任，缔约国应对根据本条采取的措施造成的任何损害或损失承担责任：
> （i）采取这些措施的理由证明是没有根据的，前提是该船舶没有实施任何可以证明的采取这些措施是正当的；或
> （ii）根据现有资料，此类措施是非法的或超出了执行本条款确定的合理要求。
> 缔约国应对此类损害规定有效的追索权。[94]

这说明与会代表一致认为航行权属于船旗国，只有违反其他权利才会导致船旗国承担责任。[95]

另一个引起争论的重要问题是应由哪个国家的法院裁定赔偿。希腊提出一项建议，"可以向船旗国、登船国或请求国的法院提出索赔"[96]。该提议没有得到足够的支持，说明干涉国的国内法院将拥有给予赔偿的管辖权。然而，船旗国或请求国的国内法律可能规定本国法院的管辖权。

从这些讨论中可以清楚地看出，2005年《SUA公约议定书》为干涉国的国内法院就不正当干涉航行权设立了管辖权。此外，如果船舶所有人和光船承租人因航行权受到不合理干涉而遭受损失或伤害，他们可以直接[97]向干涉国国内法院索赔，国内法院在这方面可以发挥重要作用。2005年《SUA公约议定书》最近才生效，只有少数几个国家批准，现在评论这项规定的实际用途还为时过早。然而，这是国内法院作为国际法律体系中的行为体发挥作用的一个典型案例，并说明了国际法律体系对国内法院的依赖性。

需要注意的是，从实践的角度来看，这项规定的用处可能是不确定的。个人只能在干涉国的国内法院寻求救济，但个人这样做毕竟不是很方便。例

---

[93] Ibid.
[94] Ibid, 11.
[95] Wendel, above n 74, 110.
[96] IMO, 'Proposal to Amend Draft Article 8bis (8b) of the SUA Convention' Submitted by Greece, IMO, Doc LEG/SUA/WG. 2/WP. 5 (1 February 2005).
[97] Wendel, above n 74, 111.

如，如果美国在南中国海不合理地登上一艘小型印度尼西亚船舶，由于诉讼费用高且路途遥远，船舶所有人在美国国内法院提起诉讼并非易事。虽然判决的执行可能存在困难，但船旗国法院或受害人的国内法院可能是个人诉讼最方便的选择。如前所述，尽管希腊提议"可以向船旗国、登船国或请求国的法院提出索赔"[98]，但该提议并未在议定书的最终版本中获得通过。

最后，本书认为虽然 SUA 公约预测国内法院将在打击海上恐怖主义过程中决定对不正当干涉航行权的赔偿方面发挥重要作用，但国内法院能够在多大程度上实现这一作用尚不确定。这种预测的不确定性来自国内法院在海洋污染和非法捕鱼等其他海上安全问题中不正当干涉航行权案例的以往经验。国际独立油轮船东协会和伏尔加案说明，国内法院的作用在很大程度上取决于国际法在国内法律体系中的实施，而国际法在国内法律体系的立法实施在很大程度上取决于立法机关和行政机关的政治意愿。

二、维护受害人权利的国内法院

如本书第一章所述，国内法院在解决横向和跨国争端方面发挥着重要作用。在美国，不同海上恐怖主义事件的受害人已在国内法院寻求针对不同行为体（包括外国）的追索权。阿基莱·劳伦号和科尔号事件均引发了受害人及其家属在美国法院的民事诉讼。

在阿基莱·劳伦号事件中，遇害的美国乘客莱昂·克林霍弗的妻女不仅起诉了巴勒斯坦解放组织（PLO，以下简称巴解组织）[99]，还起诉了船主和旅行社。她们认为巴解组织、船主和旅行社要对劫持事件负责。船主和旅行社反过来又起诉了巴解组织。该案对分析国内法院在与海上恐怖主义有关的民事诉讼中的作用至关重要。

巴解组织向法院提出了一项请求，要求以缺乏实质事项、属人管辖权和不可裁判性为由驳回此案。如本书第二章所述[100]，关于与国际法相关的问题，国内法院通常会采取一些长期存在的回避手段，包括不可裁判性和政治问题。然而，本案是这些一般原则的例外。该案中美国纽约南区地方法院拒

---

[98] IMO, above n 96.

[99] *Klinghoffer v. S. N. C. Achille Lauro Ed Altri-Gestione Motonave Achille Lauro in Amministrazione Straordinaria*, 739 F. Supp 854（DNY 1990）.

[100] Ibid.

绝适用政治问题原则。[101]

　　法院认为其对该争端的实质事项拥有管辖权。该管辖权主要来源于美国《联邦海事法》和国内立法，即《公海死亡法》（DOHSA）。[102] 由于恐怖活动发生在通航水域，因此根据《联邦海事法》，法院具有管辖权。法院认为"在通航水域扣押船舶是传统的海事不法行为，因此这些案件属于海事管辖范围"[103]。本案是如何在海上恐怖主义案件中适用传统海事法的一个例子。法院还认为，它对涉及《公海死亡法》（DOHSA）的问题享有管辖权。[104] 根据该法第761节规定：

> 当一个人的死亡是由于在美国海岸1海里以外的公海上发生的非法行为、疏忽或过失所引起时，死者的个人代表可以在美国地区法院的海事法庭提起诉讼，要求赔偿。此诉讼专为死者的妻子、丈夫、父母、子女或受抚养亲属的利益而进行，针对的是如果死亡未发生则应承担责任的船只、个人或公司。[105]

　　巴解组织的另一个主张是这起诉讼涉及不可裁判的政治问题。然而，法院驳回了这一提议，断定该问题是在其管辖范围内的海盗行为。[106] 法院判定，"在公海上的每一次武力劫夺都初步属于海盗行为，因此构成海事侵权。"[107]。法院进一步认为，"在公海上扣押船舶不构成价值判断，也不构成国际法的争议问题，海盗行为明显违反国际法。"[108] 然而，将阿基莱·劳伦号事件认定为海盗行为并不符合国际法。

　　正如第二章所讨论的，由于（构成海盗行为所需的）私人目的和两艘船舶的要求，像阿基莱·劳伦号这样的事件不能被视为海盗行为。尽管法院在这方面的意见在国际法下明显不合理，但其整个判决并非基于对国际法的这种错误解释。事实上，法院在判决的后续段落中正确地认为，"在没有正当理

---

[101] Ibid.
[102] Ibid.
[103] Ibid.
[104] Ibid.
[105] *Death on the High Seas Act*（*DOHSA*），46 USC App 761（1982）.
[106] *Klinghoffer v. S. N. C. Achille Lauro*, above n 99.
[107] Ibid.
[108] Ibid.

由怀疑或调查的情况下，在国际水域袭击中立船舶违反国际法是无可争议的。"[109] 法院最终得出结论：

> 这些是侵权索赔。它们不涉及政策选择和价值决定，宪法上承诺要在国会大厅或行政部门的范围内解决……但涉及对个人和财产伤害的责任问题……政治问题原则并不适用。[110]

巴解组织还要求管辖豁免，因为它在管辖范围内的存在是由于它在联合国的活动。然而，法院认为巴解组织不是联合国会员，因此不享有免予诉讼的豁免权。[111]

巴解组织针对这一决定向美国第二巡回上诉法院提起上诉。[112] 法院驳回了巴解组织根据《外国主权豁免法》（FSIA）作为主权国家提出的豁免请求[113]，并认为巴解组织并不是一个国家，因此不享有主权国家的豁免权。巴解组织认为，由于其作为联合国常驻观察员的身份，可以免予诉讼。该要求基于《联合国和美国关于联合国总部的协定》（the "Headquarters Agreement"）。[114] 然而，法院认为该协定适用于联合国会员，而不适用于像巴解组织这类的观察员。[115] 法院维持了地方法院的判决，即"政治问题原则不适用于普通侵权诉讼"。法院援引美国最高法院的一项裁决，认为这个问题"涉及'政治问题'，但不是'政治案件'"[116]。法院认为，"行政和立法部门都明确支持在联邦法院起诉恐怖组织的概念"[117]。此外，巴解组织辩称，其与纽约的联系不足以支持在纽约南区法院对其拥有属人管辖权的主张。法院将案件发回地方法院以作进一步调查，因为这一主张无法根据法院掌握的记录

---

[109] Ibid.

[110] Ibid, 引自 omitted.

[111] Ibid.

[112] *Klinghoffer v. S. N. C. Achille Lauro Ed Altri-Gestione etc*, 937 F. 2d 44 (2d Cir NY 1991).

[113] Ibid.

[114] *Agreement Between the United Nations and the United States of America Regarding the Headquarters of the United Nations*, 1927 年 6 月 26 日开放签字, 11 UNTS 11 (1947 年 11 月 21 日生效) (hereinafter Headquarters Agreement).

[115] *Klinghoffer v. S. N. C. Achille Lauro Ed Altri-Gestione etc*, above n 112.

[116] Ibid.

[117] Ibid.

得到解决。它还决定管辖权应仅建立在巴解组织的非联合国活动上。[118] 据报道，此案已于 1997 年庭外和解。[119]

在阿基莱·劳伦号案之后，美国国会颁布了 1990 年《反恐怖主义法》，因为许多国会议员认为该案的结果可能仅适用于海事管辖权和巴解组织与纽约的偶然接触。[120] 国会内部有一种意见认为，应更广泛地允许此类针对恐怖袭击犯罪嫌疑人的民事诉讼。[121] 根据《反恐怖主义法》，"任何因国际恐怖主义行为而致其人身、财产或商业遭受伤害的美国国民，或其……幸存者……可以在美国地方法院提起诉讼"[122]。该法于 1992 年进行了修订，禁止对外国国家或以官方身份行事的外国代理人提起诉讼。[123] 该法案颁布后又颁布了若干法律，扩大了恐怖主义受害人对外国和其他实体提起民事诉讼的范围。其中一项法律是 1996 年《反恐怖主义和有效死刑法》（AEDPA）。[124]

通过《反恐怖主义和有效死刑法》，美国根据《外国主权豁免法》（FSIA），取消了外国在恐怖主义或向实施导致美国公民人身伤亡的恐怖主义行为的个人或实体提供物质资助和资源方面的主权豁免。[125] 该修正案提起诉讼的前提条件是，外国必须是被美国国务院指定为资助恐怖主义的国家，受害人或原告必须是美国公民，如果事件发生其领土内，则必须给予被告获得仲裁的机会。

---

［118］ Ibid.

［119］ Benjamin Weiser, 'A Settlement With the PLO Over Terror On a Cruise' <http://www.nytimes.com/1997/08/12/world/a-settlement-with-plo-over-terror-on-a-cruise.html>2011 年 6 月 12 日访问。

［120］ Adam N Schupack, 'The Arab-Israeli Conflict and Civil Litigation against Terrorism' (2010) 60 *Duke Law Journal* 207, 213.

［121］ Ibid.

［122］ *Antiterrorism Act of 1991*, Pub L No 102 – 572, 1003, 106 Stat 4522 (codified as amended at 18 USC Secs 2331 – 38 (2006)), Sec 2333 (a).

［123］ Ibid, Sec 2337.

［124］ Antiterrorism and Effective Death Penalty Act of 1996, Pub L No 104 – 132, 110 Stat 1214 (codified as amended in scattered Sections of 18, 21, 28, 42 USC).

［125］ 根据这项修正案："（1）无豁免权——在任何情况下，外国国家不得免受美国法院或国内法院的管辖……对于因实施酷刑，法外杀戮，飞机破坏，劫持人质或为此类行为提供物质支持或资源的行为所造成的人身伤害或死亡，或者为此类行为提供物质支持或资源的行为，则由该外国官员、雇员或代理人在其办公室、工作或机构范围内向该外国寻求赔偿金。" Chad Marzen, 'Liability for Terrorism in American Courts: Aiding-And-Abetting Liability under the FSIA State Sponsor of Terrorism Exception and the Alien Tort Stature' (2008) 25 *Thomas M. Cooley Law Review* 503, 540.

该修正案之后的《弗拉托修正案》(Flatow Amendment) 明确规定了惩罚性赔偿，并阐明了如果根据该修正案取消国家的主权豁免，那么在发生恐怖主义行为的情况下，将对国家的官员、雇员和代理人提起诉讼。[126] 此外，美国法律允许扣押外国政府在美国境内的商业财产，以满足根据该法对该国作出的判决，即使该财产不涉及索赔所依据的行为。

这些法律是对现行普通法原则的补充，包括疏忽及蓄意造成情绪困扰、殴打、袭击、意外死亡、生存、非法拘禁、丧失财产权及抚慰。[127] 此外，1991 年《酷刑受害者保护法》(TVPA)[128] 和《外国人侵权索赔法》(ATCA)[129] 也适用于针对恐怖主义行为实施者的民事诉讼。

科尔号遇难船员家属向美国国内法院提起民事诉讼，要求苏丹共和国赔偿损失。[130] 原告的核心事实指控是苏丹"以资金、指导、培训和掩护的形式向基地组织提供实质性的支持，基地组织是一个全球恐怖组织，其特工协助策划和执行对科尔号的轰炸"[131]。最初，苏丹向美国弗吉尼亚东区地方法院提出驳回诉讼的动议，但法院驳回了该动议。[132] 这一判决得到了美国第四巡回上诉法院的确认[133]，法院进一步认为，原告已经提出了足够的事实来建立"实质性的支持"所需的要求。[134]

法院认定苏丹共和国的支持"对基地组织发展专业知识、网络、军事训练、弹药和财政资源至关重要，这些资源是策划和实施袭击并杀死美国科尔号上 17 名美国水兵所必需的"[135]。最后，有确凿的证据证明是苏丹对基地组织的实质性的支持导致了这次袭击，根据《公海死亡法》，苏丹负有责任。[136]

---

[126] Ibid, 540.

[127] Debra M Strauss, 'Reaching Out to the Interntaional Community: Civil Lawsuits as the Common Ground in the Battle Against Terrorism' (2008–2009) 19 *Duke Journal of Comparative & International Law* 307, 311.

[128] Torture Victim Protection Act of 1991, Pub L No 102–256, 106 Stat 73 (1992) (codified as amended at 28 USC 1350 note (2006)).

[129] *Alien Tort Claims Act*, 28 USC Sec 1350 (2006).

[130] *Olivia Rux v. Republic of Sudan* [2005] 495 F Supp 2d 541.

[131] Ibid.

[132] *Olivia Rux v. Republic of Sudan* [2005] US Dist LEXIS 36575.

[133] *Olivia Rux v. Republic of Sudan* [2006] 461 F 3d 461.

[134] Ibid.

[135] *Olivia Rux v. Republic of Sudan* [2007] 495 F Supp 2d 541.

[136] Ibid.

法院判决该国赔偿 7956344 美元。[137]

美国立法及其法院的裁决产生了一系列与国家责任和主权豁免有关的国际法律问题，值得进一步讨论。民事判决的国际执行困难也需引起重视。

如上所述，美国建立了一套法律机制，使海上恐怖主义行为的受害人可以在美国国内法院对外国个人和国家提起民事诉讼。根据国际法，在国内法院起诉外国人并不是什么大问题，也没有必要进行详细讨论，但允许在国内法院对外国提起民事诉讼的争议却很大。

如第四章所述，协助或向海上恐怖主义提供实质性的支持或提供资源的国家责任现在由一项特别法管辖。关于海上恐怖主义责任归属问题的法律因"9·11"事件后联合国安理会决议和相关国际条约的制定而发生重大变化。[138] 这里没有必要重复同样的讨论。简而言之，可以认为，确定国家对海上恐怖主义行为的责任并不是一个难题。[139] 然而，更大的问题是国内法院是否有权接受就海上恐怖主义行为针对外国提起的民事诉讼。为分析这一问题，有必要简要讨论主权豁免的国际法问题。

一个主权国家不受其他国家国内法院管辖。关于主权豁免问题有两大思想流派，即绝对豁免和限制豁免。根据绝对豁免理论，外国对自身从事的所有行为毫无例外地享有不受他国国内法院的管辖豁免权。[140] 在这个全球化的世界中，国家经常参与商业活动，这使得绝对豁免理论变得不切实际，即使是在外国国家实施最明显的不法行为的情况下，也可能因为剥夺对他们的法律保护，而可能使个人诉讼当事人遭受严重痛苦。[141] 相比之下，根据限制豁免理论，外国只能对其"主权行为"（acta jure imperii）享有国内法院管辖豁免，不能对其"商业行为"（acta jure gestionis）享有豁免。[142] 许多国家适用限制性豁免原则。[143] 2004 年

---

[137] Ibid.

[138] 见本书第四章。

[139] Ibid.

[140] Martin Dixon, *International law* (6th edn, Oxford University Press, 2007) 179.

[141] Ibid.

[142] Ibid. 根据 Hazel Fox "区分 acta de jure imperii，即行使国家的公共权力或主权权力，与 acta de jure gestionis，即作为私人或商人的行为之间的区别对现行国家豁免法律至关重要"。Hazel Fox, *The Law of State Immunity* (Oxford University Press, 2002) 22.

[143] Ibid.

《国家及其财产管辖豁免国际公约》[144]（International Convention on Jurisdictional Immunity of State and their Property）也采用了限制豁免理论。[145] 然而，该公约并不是国际法中国家豁免的唯一来源。该公约序言第一段重申，"国家及其财产的管辖豁免被普遍接受为习惯国际法的一项原则"[146]。然而，限制豁免理论仅得到少数国家实践的支持。[147] 可以说，向恐怖组织提供物质资助会产生国家责任。然而，即使采用限制豁免办法，一国对另一国国内法院管辖权的豁免是否会被取消仍然值得怀疑，因为这些活动不能被归类为管理权行为（acta de jure gestionis）。

更关键的是，像海上恐怖主义这样的国际法罪行是否足以废除一国在另一国国内法院的豁免权。要证明美国废除主权豁免的法律符合国际法是非常困难的。[148] 国际法院的实践表明，实质性责任和豁免是"完全不同的概念"[149]。法院在逮捕令案（Arrest Warrant）中认为：

> 尽管各种国际公约或对某些严重罪行的预防和惩处的需要给国家施加了引渡或起诉义务，从而要求它们扩大其刑事管辖权，但这种管辖权的扩大不得影响习惯国际法下的豁免。[150]

2008年，德国在国际法院对意大利提起诉讼，因为意大利司法机构一再无视德国作为主权国家的管辖豁免权。[151] 国际法院在2012年2月作出的判决中指出：

---

[144] United Nations Convention on Jurisdictional Immunities of States and Their Property, 2005年1月17日开放签署，UN Doc A/59/508（仍未生效）（hereinafter UN Jurisdictional Immunity Convention）。

[145] David P. Stewart, 'The UN Convention on Jurisdictional Immunities of States and Their Property' (2005) 99 American Journal of International Law 194, 194.

[146] UN Jurisdictional Immunity Convention, Preamble.

[147] Dixon, above n 140.

[148] Ronald J Bettauer, 'Germany Sues Italy at the International Court of Justice on Foreign Sovereign Immunity—Legal Underpinnings and Implications for US Law' <http://www.asil.org/insights091119.cfm#_edn1>2011年6月29日访问。

[149] Arrest Warrant of 11 April 2000 (Democratic Republic of Congo v. Belgium), [2002] ICJ Rep 3, 25.

[150] Ibid.

[151] Jurisdictional Immunities of the State (Germany v. Italy) <http://www.icj-cij.org/docket/index.php?p1=3&p2=3&k=6o&case=143&code=ai&p3=o> 2011年6月29日访问。

根据目前的习惯国际法，一个国家不会因为被指控严重违反国际人权法或国际武装冲突法而被剥夺豁免权。在得出这一结论时，法院必须强调它只是在处理国家本身免受其他国家国内法院管辖的豁免……[152]

意大利辩称，由于其法院的诉讼涉及违反强行法规则（jus cogens），国家豁免不能占上风。[153] 然而，国际法院得出的结论是，"即使意大利法院的诉讼涉及违反强行法规则问题，习惯国际法关于国家豁免的适用性也不受影响"[154]。这一判决对于澄清与主权豁免有关的现有习惯国际法至关重要。

美国剥夺某些国家主权豁免的立法可被视为武断和党派之争的结果。[155] 这项法律只适用于某些国家，可能具有歧视性。如果一个未被列为资助恐怖主义的国家向恐怖分子提供实质性的支持，美国国内法院将没有管辖权受理针对该国的民事诉讼，这违背了法律面前人人平等的基本原则。正如罗纳德·J. 贝陶尔（Ronald J. Bettauer）所言：

即使是那些通常支持允许对外国政府违反强行法提起民事损害赔偿诉讼的论点，也很难站得住脚，因为《外国主权豁免法》(FSIA) 的例外并无意适用于所有这类违法行为，而只适用于被美国单方面认定为资助恐怖主义国家从事的某些违法行为。[156]

欧内斯特·K. 班卡斯（Ernest K. Bankas）将美国法律称为"在许多方面都是严苛的，因此可能会受到各国的强烈质疑"[157]。该法律可能违反了美国在国际法下的义务。[158]

---

[152] *Jurisdictional Immunities of the State*（*Germany v. Italy*: *Greece Intervening*），[2012] ICJ Rep 99, 139.

[153] Ibid, 140.

[154] Ibid, 142.

[155] Hazel Fox, 'State Immunity and the International Crime of Torture' (2006) 2 *European Human Rights Law Review* 142, 156.

[156] Bettauer, above n 148.

[157] Ernest K. Bankas, *The State Immunity Controversy in International Law*: *Private Suits Against Sovereign States in Domestic Court* (Springer 2005) 294.

[158] Rosanne Van Alebeek, *The Immunity of States and their Officials in International Criminal Law and International Human Rights Law* (Oxford University Press, 2008) 355.

美国的做法甚至无法通过自由解释国际法来证明其合理性。国际法院对逮捕令案和国家管辖豁免案的判决表明，法院驳回了剥夺国家豁免的想法。然而，国际法并不是一个静态的体系，应当对新出现的挑战及时作出回应，应当有途径维护受害人的权利。这个问题可以通过改变规范主权豁免的国际法或建立一个国际司法法庭来解决。

国家豁免法的变化并不完全是一个新概念。该制度经历了从绝对豁免到限制豁免的转变。进一步改变以允许国内法院对恐怖主义或其他令人发指的犯罪行使管辖权是合理的。但是，这种改变应该通过全球协商一致来实现，而不是通过一个国家的单方面或严厉行动来实现。

对外国判决的执行也可能存在问题。如上述案例，被告国经常拒绝接受美国法院的管辖权。美国法院[159]判给恐怖主义受害人的180亿美元赔偿金中的大部分仍未收回。[160] 如一位评论员认为，"有效性、公平性、外交手段以及可能针对美国海外资产采取的对等行动等问题都已进入辩论的范畴。"[161] 此外，大多数被认定为资助恐怖主义的国家与美国没有建立正式的外交关系。[162] 从一个与美国实际上没有外交接触的国家获得判决金额是不可能的。[163] 有人建议，"联合国会员国的国内法院应该承诺执行美国法院对恐怖主义受害人的民事判决，对与恐怖主义有关组织的资产征税，不管这些资产是在哪里发现的。"[164] 其他国家的国内法院在多大程度上愿意执行美国法院的判决是值得怀疑的，因为根据习惯国际法，美国法院判决本身的合法性就值得怀疑。

尽管美国法律制度剥夺主权豁免是一个有争议的问题，但承认国内法院的作用日益增强仍令人鼓舞。法治的要求是受害人应该有一些途径来维护他

---

[159] Jennifer K. Elsea, 'Suits Against Terrorist States by Victims of Terrorism' (Congressional Research Service 2008) 65.

[160] Ibid.

[161] Ibid.

[162] Michael T Kotlarczyk, 'The Provision of Material Support and Resources and Lawsuits against State Sponsors of Terrorism' (2008) 96 *The Georgetown Law Journal* 2029, 2044.

[163] Ibid.

[164] Debra M. Strauss, 'Reaching Out to the International Community: Civil Lawsuits as the Common Ground in the Battle against Terrorism' (2008–2009) 19 *Duke Journal of Comparative & International Law* 307, 353.

们的诉求。然而，由于若干原因，允许一国的国内法院就政治性问题对另一国家作出判决并不是一个合适的选择。相反，恐怖主义事件的受害人可以通过国际机制，在外交保护的旗帜下，通过其国家维护其反对资助恐怖主义国家的权利。在此背景下，下文将批判性地探讨国际性法院在解决海上恐怖主义相关争端中的作用。

第三节 海上恐怖主义争端和国际法院

第四章探讨的关于海上恐怖主义可能引发国际法律争端的四大法律问题是：

- 海上恐怖主义对航行权的威胁和沿海国的责任
- 为打击海上恐怖主义而干涉航行自由
- 船旗国对使用该船旗国船舶进行海上恐怖主义活动承担的责任
- 国家对协助海上恐怖分子承担的责任

本部分将讨论解决由这些问题引起的争端可适用的国际司法法庭，不同类型的争端受不同司法机构或仲裁机构的管辖；本部分还将批判性地讨论国际司法机构和仲裁机构在解决此类争端中的作用及其局限性。

如第四章所述，如果一艘船舶在沿海国管辖范围内行使航行权时遭受任何损失或伤害，而沿海国在对外国船舶安全保障方面存在疏忽，则可以认定沿海国需承担的国家责任。如果沿海国在其国内法律制度中没有向船舶所有人提供充分的诉讼保障，则船旗国可以寻求启动国际诉讼程序。这与确定最合适的法院有关，如果两国都接受国际或地区法院（例如国际法院或欧洲法院）的强制管辖，则该法院可能就是解决该争端的适当法庭。

此外，确定《联合国海洋法公约》下的强制争端解决机制是否适用于此类争端很重要，SUA公约争端解决机制是否适用也是一个重要问题。再进一步，SUA公约争端解决机制的适用性是否对《联合国海洋法公约》争端解决机制的管辖权产生影响也值得讨论。本部分主要讨论这些问题。

在《联合国海洋法公约》争端解决机制下解决的许多争端中，侵犯航行权一直是一个核心问题。[165] 这些争端通常与沿海国直接侵犯航行权有关，但在海上恐怖主义背景下，引起争端的诉讼原因可能与这些争端不同。尽管如此，《联合国海洋法公约》争端解决机制仍可适用于解决由此问题引起的争端。

正如第一章所述，在确定《联合国海洋法公约》争端解决机制的管辖权时，主要存在三个问题，即被诉争议是否涉及《联合国海洋法公约》的解释和适用问题；根据《联合国海洋法公约》，是否还有其他法庭或程序优先于该公约的强制争端解决机制，以及争议是否属于第297条和第298条规定的强制管辖权允许的任择性例外。

如前所述，本部分开头所列问题可能引起的争议显然与《联合国海洋法公约》所保障的航行权有关。因此，上述第一个限制并不严重。然而，第二个问题比较麻烦。SUA公约对缔约方施加了打击非法航行行为的一般义务。[166] 该公约引入了争端解决机制，如果争端无法通过谈判解决，并且当事方未能在六个月内成立仲裁委员会，则当事方可以通过该机制将争端提交国际法院。[167] 但SUA公约允许缔约国对任何或所有条款提出保留。[168] 根据《联合国海洋法公约》第282条规定，如果SUA公约缔约国没有提出任何保留，则SUA公约争端解决机制将优先于《联合国海洋法公约》的强制争端解决机制。[169]

即使争议各方根据SUA公约仅对仲裁或通过国际法院解决提出保留，而

---

[165] The M/V Saiga（No 1）（Saint Vincent and the Grenadines v. Guinea）（1998）37 ILM 360；M/V SAIGA（No 2）（1999）38 ILM 1323；The Camouco Case（Panama v. France）（2000）39 ILM 666；The Monte Confurco Case（Seychelles v. France），Prompt Release <http：//www.itlos.org/fileadmin/itlos/documents/cases/case_no_6/Judgment.18.12.00.E.pdf> 2012年8月18日访问；The Grand Prince Case（Belize v. France），Prompt Release <http：//www.itlos.org/fileadmin/itlos/document/cases/case_no_8/Judgment.20.04.01.E.pdf> 2012年8月18日访问；The Hoshinmaru Case（Japan v. Russian Federation），Prompt Release <http：//www.itlos.org/fileadmin/itlos/document/cases/case_no_14/Judgment_Honshinmaru_No._14E.pdf>2012年8月18日访问；The Tomimaru Case（Japan v. Russion Federation），Prompt Release <http：//www.itlos.org/fileadmin/itlos/document/cases/case_no_15/Judgment_E_1.09.2010.pdf> 2012年8月18日访问。

[166] SUA Convention, art 13.

[167] SUA Convention, art 16.

[168] SUA Convention, art 16（2）.

[169] 根据UNCLOS第282条规定，如果争端各方缔约国已经通过了一般性、区域性或双边协定或以其他方式的协议，经争端任何一方请求，应将这种争端提交导致有拘束力裁判的程序，除非争端各方另有协议。见本书第二章。

没有对谈判提出保留,根据《联合国海洋法公约》第 281 条规定,SUA 公约争端解决机制仍然可能优先于《联合国海洋法公约》强制争端解决机制,正如南方蓝鳍金枪鱼案中所解释的。[170]

然而仍然可以勉强辩称,沿海国和船旗国在这方面发生争端的情况下,这些规定可能都不适用。这是因为,虽然主要问题是海上恐怖主义,但船旗国的诉讼事由是其根据《联合国海洋法公约》享有的航行权受到了侵犯。换句话说,争端源于违反《联合国海洋法公约》,而不是 SUA 公约。SUA 公约与这些航行权无关。因此,可以认为《联合国海洋法公约》争端解决机制将适用于此类争端。考虑到南方蓝鳍金枪鱼案的僵化解释,这个论点可能也不是很充分。然而,巴巴多斯/特立尼达和多巴哥(the Barbados/Trinidad and Tobago)仲裁放宽了这一严格解释,仲裁庭认为《联合国海洋法公约》第 281 条的主要目的是涵盖当事方就采取何种方式解决特定问题达成临时协议的情况。[171] 考虑到这一决定,可以认为现有的非约束性争端解决机制,例如根据 SUA 公约进行谈判,并不妨碍《联合国海洋法公约》争端解决机制的强制管辖权。

一个核心争议是军舰拦截外国船舶是否会被视为军事活动,如果是的话,若争端一方当事人作出任择声明,将军事活动排除在需要作出有约束力决定的强制程序之外,则《联合国海洋法公约》的争端解决机制将不适用。但如第一章所述,如果成员国对军事活动例外的选择性声明适用于诸如紧追、登临和扣押船舶等执法活动,这无异于公开许可干涉公海自由,将使船旗国无法从《联合国海洋法公约》争端解决机制中寻求追索权。此外,因违反沿海国法律法规而进行的紧追可被视为执法活动,因为《联合国海洋法公约》本身就为沿海国的军舰提供了这种权利。[172] 因此,在紧追的情况下,应适用

---

[170] UNCLOS 第 281 条规定,如果争端各方缔约国已协议用自行选择的和平方式来谋求解决争端,则只有在诉诸这种方法而仍未得到解决以及争端各方间的协议并不排除任何其他程序的情形下,适用强制争端解决程序。见本书第二章。

[171] Arbitration between *Barbados and the Republic of Trinidad and Tobago* (2006) 45 ILM 800, 833.

[172] 在最近的一起案件中,俄罗斯声称逮捕悬挂荷兰国旗的北极日出(Arctic Sunrise)号船是一项执法活动,并根据 UNCLOS 第 298 条声明作出。然而,仲裁庭认为,"俄罗斯的声明只能适用于第 298 条允许的例外情况。"在这方面,法庭认为俄罗斯的声明是"根据《公约》第 298 条"作出的。因此,宣言只能排除适用第 298 条第 1 款 b 项的"关于行使主权权利或管辖权的法律执行活动的争端"。*Arctic Sunrise Arbitration* (*Netherlands v. Russia*), Award on Jurisdiction, 26 November 2014, <http://www.pcacases.com/web/sendAttach/1325> 2016 年 2 月 10 日访问。

《联合国海洋法公约》的争端解决机制。

《联合国海洋法公约》没有任何条款授权军舰在公海拦截船舶以应对海上恐怖主义,但问题是军舰在公海拦截外国船舶以应对恐怖主义或大规模杀伤性武器的运输行为是否将被视为执法活动或军事活动。因为《联合国海洋法公约》没有任何条款授权军舰在公海上对外国船舶进行执法。在这方面,由于《联合国海洋法公约》没有任何规定,可以提出相反的观点,即这只是一个干涉航行自由的问题,与军事活动无关。被军舰逮捕并不构成军事行为,特别是因为许多国家的军用船舶也从事执法活动。

一些美国专家提出的一个论点在这场辩论中可能非常关键。该论点认为,可以决定一项特定活动是否属于军事活动的是有关国家而不是法院或仲裁庭。[173] 如果美国将来批准《联合国海洋法公约》,它可能作出以下声明:

> 美国政府根据第 298 条第 1 款声明,不接受第十五部分第 2 节涉及第 298 条第 1 款的 a、b 和 c 项规定争端类别的任何程序,包括第 287(2)条所述的海底争端分庭程序。美国进一步声明,同意加入《联合国海洋法公约》的条件是基于这样的理解,即根据第 298 条第 1 款 b 项,每个缔约国都拥有断定其活动是否属于或曾经是"军事活动"的专属权利,并且此类断定不受审查。[174]

重要的是要确定《联合国海洋法公约》是否赋予每个缔约国断定其活动是否属于"军事活动"的专属权。即使美国作出这样的声明也不会具有法律效力,因为《联合国海洋法公约》不允许保留。[175] 正如约翰·E. 诺伊斯(John E. Noyes)的评论:

> 这种自我判断的规定未经《联合国海洋法公约》授权。可以说,这

---

[173] John B. Bellinger Ⅲ, 'The United States and the Law of the Sea Convention' (Law of the Sea Institute, 2008).

[174] Brian Wilson and James Kraska, 'American Security and Law of the Sea' (2009) 40 *Ocean Development & Internatiinal Law* 268, 275.

[175] 正如 Nelson 法官认为的(以个人身份)"在海洋法公约的框架内,似乎支持这样的观点,即这种保留是无效的,保留国仍然是 UNCLOS 的缔约国,因此遵循所谓的受整个 UNCLOS 约束的完整性原则"。L. Dolliver M. Nelson, 'Declarations, Statements and "Disguised Reservations" with Respect to the Convention on the Law of the Sea' (2001) 50 *International and Comparative Law Quarterly* 767, 781–782.

是一种变相的保留,根据《联合国海洋法公约》第 309 条是不允许的,并且可能与管辖权原则(Competence de la competence)相抵触。[176]

如果其他国家效仿美国的做法,那么该声明可能会破坏海洋法律秩序,有损于在《联合国海洋法公约》中达成的微妙妥协。[177] 如果美国的提议被接受,那么一个国家将被允许使用其军舰干涉另一个国家的航行权利,但同时几乎不受国际司法体系的影响,很难相信这种不合理的结果是《联合国海洋法公约》起草者的本意。如果接受"每个缔约国都拥有断定其活动是否属于'军事活动'的专属权利",甚至可以将执法活动确定为"军事活动",美国立场的危险在于,如果军舰实施的任何非法行为,它将实际上给予司法豁免权。

现在将讨论有关干涉航行权争端的两个重要问题:在交付合理保证金后迅速释放船舶以及对不合理干涉的赔偿或补偿。

关于第一个问题,《联合国海洋法公约》争端解决机制引入了申请迅速释放船舶的具体程序,特别是在被逮捕或扣留的情况下。根据其第 292 条规定,如果"指称扣留国未遵守本公约关于在提供合理保证金或其他财务担保后立即释放船舶或其船员的规定",则可以适用此程序。该规定"不适用于所有拘留案件",仅适用于"公约实质性部分明确规定的案件"。[178] 因此,《联合国海洋法公约》迅速释放船舶机制不适用于海上恐怖主义案件,因为该公约没有明确规定涉及海上恐怖主义相关事件的迅速释放程序。

在这种情况下,可能会适用《联合国海洋法公约》争端解决机制下的临时措施机制来申请提前释放船舶。虽然在这方面没有与海上恐怖主义直接相关的具体例子,但国际海事组织在 M/V 路易莎案(the *MV Louisa Case*)[179] 中

---

[176] John E. Noyes, 'The United States and the Law of the Sea Convention: US Views on the Settlement of International Law Disputes in International Tribunals and US Courts' (2009) 1 *Berkeley Journal of International Law Publicist* 27, 40.

[177] Yann-Huei Song, 'Declarations and Statements with Respect to the 1982 UNCLOS: Potential Legal Disputes between the United States and China after US Accession to the Convention' (2005) 36 *Ocean Development & International Law* 261, 268.

[178] Myron H. Nordquist, Shabtai Rosenne and Louis B. Sohn, *United Nations Convention on the Law of the Sea 1982: A Commentary* (Martinus Nijhoff, 1988) vol. v, 68 – 69.

[179] *The M/V Louisa Case* (*Saint Vincent and the Grenadines v. Kingdom of Spain*) (*Request for provisional measures*) <http://www.itlos.org/fileadmin/itlos/documents/cases/case_no_18_prov_meas/Order_22-12-10_final_E_electronically_signed.pdf> 2011 年 7 月 7 日访问。

的临时措施可能会说明是否有可能适用这一机制来迅速释放被扣押的船舶。在本案中，西班牙在其内水扣留了一艘悬挂圣文森特和格林纳丁斯国旗的船舶，指控该船舶犯有破坏西班牙历史遗产罪以及因违反科学研究许可而持有或储存武器的相关犯罪行为。[180] 圣文森特和格林纳丁斯向仲裁庭提出采取临时措施的请求，要求释放该船舶。仲裁庭驳回该项申请，因为仲裁庭"并未发现……存在真正和迫在眉睫的风险，即争议各方在仲裁庭面前的权利可能会受到不可弥补的损害，因而无须对临时措施作出规定"[181]。对于《联合国海洋法公约》中有关迅速释放的具体规定未涵盖的问题，仲裁庭的裁决并未就使用临时措施程序以迅速释放船舶提供任何指导。

吕迪格·沃尔夫勒姆（Rüdiger Wolfrum）法官在他的反对意见中阐明了这个问题，但没有具体说明一个国家是否可以要求立即释放其船舶作为临时措施。他分析了某些与迅速释放有关的规定，例如向船旗国发出扣押船舶的通知，在为其他目的扣押船舶的情况下不能要求赔偿，这些目的并未列为沿海国有义务在交付合理保证金后立即释放船舶的问题。如吕迪格·沃尔夫勒姆法官在评论中认为：

> 迅速释放程序及其准自动缴纳合理保证金和随后释放船舶构成对沿海国主权的侵犯。众所周知，这一程序是合理的，因为它试图平衡沿海国在其专属经济区实施和执行本国法律的权利和船旗国的利益，即在有关国内法院根据案情作出判决之前，悬挂其旗帜的船舶可以从事合法活动。《联合国海洋法公约》第 290 条程序的目的不是平衡船旗国和沿海国的利益……考虑到这两个程序的不同目的，不可能在公约第 290 条第 1 款规定的程序中使用迅速释放请求所涉及的内容，例如通知船旗国船舶被扣押的义务……[182]

虽然沃尔夫勒姆法官的决定清楚地表明沿海国根据有关迅速释放的规定

---

[180] Ibid.
[181] Ibid, para 72.
[182] *The M/V Louisa Case* (*Saint Vincent and the Grenadines v. Kingdom of Spain*) (*Request for provisional measures*, *Dissenting Opinion of Judge Wolfrum*), para 5 <http://www.itlos.org/fileadmin/itlos/documents/cases/case_no_18_prov_meas/Dissenting_Opinion_of_Judge_Wolfrum_electronically_signed.pdf> 2011 年 7 月 7 日访问。

所承担的义务不适用于临时措施的情况,但他并没有完全排除在《联合国海洋法公约》有关迅速释放的规定不适用而其他规定适用的情况下,使用临时措施机制迅速释放船舶的可能性。可以认为,《联合国海洋法公约》的临时措施机制可以用来确保在某些情况下迅速释放船舶,例如当申请国可以证明,如果不立即释放船舶,就会对当事方的权利造成不可弥补的损害,这种损害是真实且紧迫的。然而,这种机制不应与迅速释放机制混淆,与迅速释放机制相关的权利和义务并不适用于此案。

接下来的问题是可否利用海洋法争端解决机制为无理干涉航行权寻求赔偿救济,由于海洋法争端解决机制对不同海域的适用性不同,使这一问题变得更加复杂。例如,如果一艘外国船舶因涉嫌参与恐怖活动而在内水被沿海国扣押,则不适用《联合国海洋法公约》的争端解决程序。根据第286条,强制争端解决程序仅适用于与本公约的解释或适用有关的争端。然后必须询问本公约是否赋予外国船舶在另一国内水的任何权利。

内水受国家主权支配,沿海国对内水享有关于属地管辖的一般国际法所规定的完全和排他的专属管辖权。《联合国海洋法公约》没有明确规定外国船舶在这方面的任何权利。让-皮埃尔·考特(Jean-Pierre Cot)法官指出:

> 虽然《联合国海洋法公约》第二部分涵盖领海和毗连区,但该公约没有任何地方涉及内水法律制度问题。也没有包含任何关于港口国义务的规定,更不用说关于国家警察和司法机构在内水活动的规定。[183]

显然,如果船舶在一国内水被扣押,这并不属于《联合国海洋法公约》解释和适用的争议[184],也不适用《联合国海洋法公约》争端解决机制。该事项属于沿海国国内法院的专属管辖范围。但专属管辖权不是任意管辖权,沿

---

[183] The M/V Louisa Case (Saint Vincent and the Grenadines v. Kingdom of Spain) (Request for provisional measures, Dissenting Opinion of Judge Cot) <http://www.itlos.org/fileadmin/itlos/documents/cases/case_no_18_prov_meas/diss_op_cot_eng.pdf> 2011年7月7日访问。

[184] "一般国际公约很少对港口国规定具体义务。《日内瓦规约》(The Geneva Statwte)中关于进入港口的规定仅得到少数国家的批准,其习惯法性质存在争议。传统上港口国不会干涉停泊船舶内部事宜。这是出于礼让规则,而不是国际义务;且从未妨碍对停泊在港口内或内水的船舶进行司法调查。" Ibid, para 17.

海国可能需要承担某些国际义务。[185] 《联合国海洋法公约》争端解决机制对发生地点不清或存在分歧的情况具有管辖权，即事件是否发生在内水或领海。

此外，不能断言，如果船舶在沿海国的领海被沿海国扣押或扣留，船旗国在任何情况下都不能诉诸《联合国海洋法公约》争端解决机制进行追索。《联合国海洋法公约》承认无害通过沿海国领海，在这种情况下，确定直线基线的效果是将以前未被视为领海的区域划为领海。[186] 《联合国海洋法公约》还对违反海洋环境保护的案件创设了港口国管辖权。[187] 如果沿海国或港口国在这些方面违反公约，船旗国可诉诸《联合国海洋法公约》争端解决机制。然而，如果船舶或其船员因恐怖行为被扣留，船旗国是否可以诉诸《联合国海洋法公约》争端解决机制尚不清楚。但如果争议各方以其他方式接受了某一国际或区域司法机构的管辖权，则该机构可能拥有一般管辖权。此外，如果沿海国在领海的活动妨碍了外国船舶在其他海域的航行权利，则该争端可能属于《联合国海洋法公约》争端解决机制的管辖范围。

领海的情况可能有所不同，在领海内，国家主权的行使受《联合国海洋法公约》和其他国际法规则的约束。在领海内，如果无害通过权受到沿海国的阻碍，则船旗国可以诉诸《联合国海洋法公约》的争端解决程序。但如果外国船舶进入一国领海的唯一目的是实施恐怖行为，任何随之而来的法律诉讼显然属于沿海国国内法院的管辖范围，同时也属于《联合国海洋法公约》的争端解决机制的管辖范围。

船旗国享有在专属经济区和公海内的航行自由权。如前所述，海上恐怖主义并未被列为《联合国海洋法公约》规定的其他国家有权干涉在公海或专属经济区的船舶航行自由问题。这种干涉可能是对航行自由的侵犯。《联合国海洋法公约》争端解决机制似乎适用于此类干涉案件。如前所述，如果干涉与 SUA 公约的适用有关，则适用 SUA 公约争端解决机制。这就引出了一个问题，即适用 SUA 公约争端解决机制是否会导致《联合国海洋法公约》第 281 条和第 282 条下争端解决机制的不适用问题。更妥当的观点是它不会成为一个障碍，因为 SUA 公约并没有对国家的航行自由作出规定，相反，它引入了一

---

[185] Ibid, para 16.
[186] UNCLOS, art 8 (2).
[187] UNCLOS, art 218.

个任择程序，即赋予对海上非法行为采取强制措施的权利。该权利仍受《联合国海洋法公约》管辖，应认为《联合国海洋法公约》争端解决机制仍然适用。

《联合国海洋法公约》争端解决机制的普遍适用并不一定意味着所有的干涉都可以在该制度中受到挑战。如果任何其他国际公约或习惯国际法允许干涉，则《联合国海洋法公约》争端解决机制将不适用，除非争端也与《联合国海洋法公约》有关。但特定公约（例如 SUA 公约）可能会提供解决争端的途径。

如本书第四章所述，船旗国要对在某些情况下使用船舶的恐怖主义行为承担国家责任。这项义务源于违反《联合国海洋法公约》第 94 条的规定。如果这一论点成立，则《联合国海洋法公约》争端解决机制应该对这类争端拥有管辖权。《联合国海洋法公约》第四章明确规定了诚信义务以及禁止滥用权利。因此，船旗国的责任主要源于其违反这一诚信义务和滥用《联合国海洋法公约》规定的权利。在此类争端中，《联合国海洋法公约》和一般国际法均可适用。然而，这一义务并非完全基于《联合国海洋法公约》。如果可以确定国际责任，则可以在适当的国际司法机构中解决争端，前提是该机构根据争端各方间的国际协定拥有管辖权。

最后一个问题是协助海上恐怖主义的国家责任。如第四章所述，国家责任主要通过新出现的特别法以及习惯国际法来确立。与其他国际法争端一样，因国家协助海上恐怖主义的责任引起的争端也可在国际司法机构中解决。然而，《联合国海洋法公约》争端解决机制下的法庭是否拥有解决此类争端的管辖权尚不清楚。可以说，如果争议不是基于《联合国海洋法公约》的适用或解释，那么其争端解决机制便不适用。

本部分说明，国际司法机构在解决与海上恐怖主义有关的国家间争端方面存在一些严重的司法管辖限制。虽然国际司法机构在以法治为基础的和平方式打击海上恐怖主义方面确实具有一定的潜力，但这种潜力还有待实践检验。

第四节　小　结

本章通过对确保在国内和国际层面遵守、实施和执行国际法律原则的讨论，说明司法机构可能在打击海上恐怖主义方面发挥重要作用。如本书第一章所述，在国际法的某些领域，司法机构有可能发挥比传统思想所认为的更广泛的作用。海上恐怖主义就是这样一个领域。司法机构在打击海上恐怖主义方面发挥着多方面的作用，如起诉罪犯，确保在起诉过程中对人权的保障，向受害人提供救济，向船东提供救济以防止不正当拘留，以及裁判因违反国际法引起的国家间争端。然而，就实现司法机构在诸多方面的作用还缺乏政治意愿。此外，由于该问题的高度政治性和敏感性，各国通常不愿挖掘司法机构的潜力。司法机构的更多参与将有助于增强这一进程的合理性。具有合理性的进程对于寻求对该问题的持久解决办法是非常重要的。

第六章
结　语

第一节　引　言

本书研究分析了司法机构在打击海上恐怖主义方面发挥的作用，并讨论了其在国际法律制度有效性方面的关键作用，还强调了其在确保国际社会打击海上恐怖主义倡议的合法性方面的重要性。本章提出若干一般性评论来结束本书。

如绪论所述，本书研究了与该问题相关的三个主要方面，包括：适用于起诉和争端解决的实体法；司法机构的管辖权，这揭示了法院在处理海上恐怖主义方面的局限性和责任；以及因此应该采取哪些步骤来发挥司法机构的作用。在这些讨论中，得出了某些结论。

第二节　司法机构的作用

司法机构的管辖权分散在国际性法院、专门法院和国内法院中。这些机构的关系既冲突又互补。在涉及《联合国海洋法公约》的争议中，这种管辖权竞争造成一种僵局。其中一个问题是，尽管国际法律制度承认国内法院的管辖权，并依赖于这种管辖权的行使，但国际法并未在大多数国家的国内法律体系中得到适当的实施。国内法院通常会适用国内法，即使它与国际法不一致，但国内法院反其道而行之也并非没有先例，如因国内法与国际法冲突而宣布国内法无效。然而，国内法院是否会这样做，在很大程度上取决于有

第六章 ▸ 结　语

关国家的宪法法律框架和国内法院对国际法的整体态度。[1] 不考虑这方面的内部限制，当受害方未能在国内法院获得正义且争议具有国际因素时，就可能成为国家间的国际诉求，甚至最终提交国际法院。由于管辖权的限制，是否总是有可能向国际法院提出申诉还有待商榷。

如前所述，司法机构在打击海上恐怖主义中的作用主要有两个方面，即起诉和争端解决。本书详细研究了这两个问题，总结如下。

一、起诉海上恐怖分子

如第三章所述，一般来说，至少有一个国家在起诉海上恐怖分子方面享有利益，而这个国家就是受害人所在的国家，或者说是被强迫的对象国。在本书的一个案例研究中，国家之间存在着严重的管辖权冲突。执法管辖权也非常薄弱，抓捕恐怖分子往往比起诉他们更难。这并不是说对海上恐怖分子的起诉就没有复杂性。本书指出的最棘手的问题涉及对海上恐怖分子犯罪嫌疑人的人权侵犯。

后"9·11"时代，安全利益与个人人权冲突已成为重要问题。如本书的案例研究所显示的，各国在确保对海上恐怖分子犯罪嫌疑人的人权和正当程序保护方面表现出一定程度的不情愿。尽管犯罪嫌疑人所在国可以对拘留国提出国际法律求偿要求，但尚未有任何国家这样做。在后"9·11"时代，各国避免与恐怖分子犯罪嫌疑人，包括海上恐怖主义分子交往。这实际上缩小了国际司法机构的管辖范围。

区域人权法院可在这方面发挥作用。本书没有详细探讨这个问题，部分原因是在许多地区没有具有管辖权的区域人权法院，但强调了国内法院在这方面有发挥积极作用的潜力。如第四章所述，美国国内法院尽管有其局限性，但某些情况下在保障恐怖分子犯罪嫌疑人的人权方面发挥了关键作用。美国国内法院的这些判决也将适用于海上恐怖主义案件。总体而言，起诉海上恐怖分子的问题十分复杂。

接下来的一个重要问题是司法机构在解决海上恐怖主义引起的跨国、横向和纵向争端中可能发挥的作用。

---

〔1〕 美国的经验表明，一个国家的两个国内法院在关于国际法方面可以采取完全不同的态度。见本书第二章和第三章。

二、跨国、横向和纵向争端的解决

本书第三章、第四章和第五章讨论了国内法院和国际性法院在解决跨国、横向和纵向争端方面都可以发挥作用，并研究了国内法院在为海上恐怖主义受害人提供救济措施方面发挥的作用。在阿基莱·劳伦号和科尔号两个案例的研究中，确定了国内法院可以在为海上恐怖主义受害人提供民事救济方面发挥关键作用。研究还分析了为加强国内法院的作用，至少有一个国家通过有争议的违反有关国家豁免的习惯国际法，扩大了其国内法院的管辖权。这表明在国际领域的问题上依靠国内法院存在实际问题。

海上恐怖主义或疑似海上恐怖主义行为可能引起争端的一个问题是干涉船旗国的航行权。国内法院和国际性法院都可以在确定干涉是否合法方面发挥重要作用，如果不合法，则应提供何种救济措施。国内法院能否发挥有意义的作用在很大程度上取决于国内法律框架。以往在其他海上安全问题上的经验表明，在这方面，国内法院最典型的做法是适用国内法，即使国内法本身侵犯了国际法规定的航行权。在此背景下，本书分析了国际司法机构在确保外国船舶航行权方面的作用。

本书指出尽管国际性法院享有一般权限和管辖权，但在实践中仍存在一些复杂性。首先，《联合国海洋法公约》关于迅速释放船舶的规定不适用于海上恐怖主义。《联合国海洋法公约》关于临时措施的规定可以用来迅速释放被扣押的船舶，尽管对船旗国来说，履行临时措施命令的条件并不容易。其次，船旗国可以诉诸《联合国海洋法公约》的争端解决机制，要求赔偿因不正当干涉而遭受的损失和伤害。有观点认为，如果争端任何一方根据《联合国海洋法公约》第298条作出军事活动的例外声明，那么其争端解决机制将无权处理这一问题。但本书认为，如果船旗国一艘船舶的航行权受到另一国在公海上的干涉，这种声明不会阻碍船旗国提起诉讼。

正如本书所分析的，国际司法机构可以在解决国家间争端中发挥作用，例如沿海国不遵守在其境内打击海上恐怖主义以确保外国船舶和平享有航行权的国际义务。因违反船旗国打击海上恐怖主义的义务和责任而引起的争端也可由国际司法机构解决。最后，因海上恐怖主义而遭受损失或伤害的国家可以寻求国际司法机构对协助或教唆恐怖分子的另一个国家提起诉讼，尽管这种诉讼可能在管辖权方面面临挑战。因此，国际法在这方面为国际性法院提供了一个可行的管辖框架。主要问题是由于恐怖主义问题具有高度的政治敏感性，各国通常不愿诉诸国际司法机构，而是倾向于采取单方面行动，或者在某些情况下违反国际法，将问题置于本国法院的管辖之下。

本书最后指出，司法机构在打击海上恐怖主义方面可以发挥重要作用。与国际法的许多其他领域不同，法院的参与并不是一种选择，考虑到起诉方面，它是打击海上恐怖主义的现实。两个国家可以通过谈判解决其海上边界争端，但对海上恐怖分子的起诉却需要法院参与。同样，因涉嫌海上恐怖主义而被外国逮捕的个人，除非其本国愿意代表其主张，否则其没有外交权力与另一国进行谈判。在这种情况下，此类个人可以利用的唯一机构是起诉国的国内法院或区域人权法院。司法机构也是和平解决海上恐怖主义引起的跨国、纵向和横向争端的可能途径。困难在于司法机构的作用尚未得到充分发挥。尽管国际法提供了一个可行的框架，但至少在一些法律和体制方面还需要改进，以纠正这种不当利用。要改变现有的局面，以国家为中心的全球秩序中各国的政治意愿将是一个重要因素。

第三节　结束语

本书研究了司法机构在打击海上恐怖主义方面的潜力及其局限性。如果司法机构的潜力得到充分发挥，它们就能在确保遵守和执行国际法方面发挥重要作用，从而确保建立一个有章可循的海上安全治理体系。由于该问题的高度政治性，司法机构的作用在海上安全的学术和实践话语中都在很大程度上被忽视了。但如果不建立一个合法、公正、切实有效的制度，就不可能有长远的解决方案。司法机构可以在这方面发挥重要作用，其更多参与也可能增加这一进程的合法性，缓解国家间的紧张局势。在此背景下，就司法机构在打击海上恐怖主义中当前和潜在的作用提出以下建议：

第一，国际法在国内没有得到适当执行。然而，在多起广为关注的海上恐怖主义事件后，至少有一个国家愿意起诉海上恐怖分子。尽管各国对起诉的积极性很低，有关海上恐怖主义的国际公约也并未在国家法律体系内得到适当执行。因此，加强国内法院的运作以使其成为国际法行动者的倡议并不十分令人鼓舞。

第二，本书揭示了在拘留和起诉海上恐怖主义犯罪嫌疑人的过程中，国内法院可以在保障人权方面发挥至关重要的作用。"9·11"事件之后，各国普遍不愿与恐怖主义犯罪嫌疑人有牵连，因此倾向于对其他国家侵犯其公民人权置之不理。这种情况使得逮捕国的国内法院的作用至关重要。案例研究表明，尽管存在一些局限性，但国内法院在某种程度上愿意承担这一人权保护的角色。

第三，司法机构在向海上恐怖主义的受害人提供救济方面可发挥重要作用。美国国内法律框架的发展表明，国内法院可以在向受害人提供救济方面发挥积极作用。这个问题有两个方面值得考虑，即针对私人实体的救济措施和针对国家的救济措施。美国法律在这两个方面都为其国内法院提供了管辖权。然而，美国国内法律框架向本国法院提供针对外国主权的管辖权显然与主权豁免的国际法相冲突。国内法院在很大程度上无法对外国行使管辖权，但国际司法机构可以在提供因国家对海上恐怖主义的责任而产生的救济措施方面发挥重要作用。尽管如此，各国普遍不愿意利用国际司法机构，因此，这种方法在法律和实践意义上都是有问题的。

第四，国家责任可能源于一系列问题，包括沿海国、船旗国、干涉国和援助国的责任。目前，国际法为解决此类争端提供了司法途径。然而，这些机制还有待检验。国内法院也在间接解决因国家责任引起的争端方面发挥作用。例如，在第一个案例中，船东可向被拘留国的国内法院对不正当扣押船舶要求赔偿。如果个人从国内法院获得适当的救济，则船旗国无须将争端提交国际司法机构。这进一步支持了这样一种观点，即国内法院在这方面的作用将在很大程度上取决于有关国家在其国内法律框架内执行国际法的程度。

第五，可以认为，考虑到海上安全日益重要，国际法有可能进一步发展，以适应安全利益，国际法的传统原则也有可能被修改。然而，法治的基本概念和制度对合理性的需要也不容忽视。司法机构可能是确保法治和正义的一个非常有用的抓手，从而提高全球打击海上恐怖主义的合理性。

国际社会打击海上恐怖主义的倡议不仅应有效，而且要以规则为基础，以确保在执法、拘留、起诉和争端解决过程中得到国际法的保障。换言之，该制度必须高效、人道并以公平的法律程序为基础。著名学者伯纳德·H. 奥克斯曼（Bernard H. Oxman）强调了在海上安全背景下国际法治的持续需要，他在 1996 年指出：

> 自联合国成立 50 多年以来，海洋法的基本管辖权问题——包括通行权、航行自由和渔业权——已多次导致生命损失、武装冲突爆发以及友好关系的破坏。国际社会未能有效应对海洋法领域的争端激增问题，导致各国诉诸单边使用或威胁使用武力以实现或抵制海洋法的变化，这必须被视为未能实现联合国原则的失败之一。

更多地利用司法机构可被视为建立国际法治的先决条件。[2] 司法机构可以在避免单方面使用或威胁使用武力方面发挥重要作用，并可以确保国家间的友好关系。司法机构发挥更大作用对于建立法治和保障不同行为体的权利是必要的，也将使国际社会在打击海上恐怖主义方面的努力更加合理有效。

本书开篇就认为国际法仍然是以国家为中心，如果没有各国积极的政治意愿，司法机构的运作就不可能实现。然而，国家中心主义不是问题而是现实。本书建议所有国家为打击海上恐怖主义这一共同目标，为司法机构发挥重要作用而相互协调和努力。

---

[2] Bernhard Zangl, 'Is there an Emerging International Rule of Law?' (2005) 13 *European Review* 73, 74; Cesare P. R. Romano, 'The Proliferation of International Judicial Bodies: The Pieces of a Puzzle' (1999) 31 *New York University Journal of International Law and Politics* 709.

参考文献（Bibliography）

书籍（Books）

Adede, A.O., *The System for Settlement of Disputes under the United Nations Convention on the Law of The Sea: A Drafting History* (Martinus Nijhoff, 1986).

Alebeek, Rosanne Van, *The Immunity of States and their Officials in International Criminal Law and International Human Rights Law* (Oxford University Press, 2008).

Bankas, Ernest K., *The State Immunity Controversy in International Law: Private Suits Against Sovereign States in Domestic Court* (Springer, 2005).

Barnidge, Robert P. Jr., *Non State-Actors and Terrorism: Applying the Law of State Responsibility and the Due Diligence Principle* (T.M.C. Asser Press, 2007).

Becker, Tal, *Terrorism and the State: Rethinking the Rules of State Responsibility* (Hart Publishing, 2006).

Bedjaoui, Mohammed, *The New World Order and the Security Council: Testing the Legality of its Acts* (Martinus Nijhoff, 1994).

Bellinger II, John B. 'The United States and the Law of the Sea Convention' (Law of the Sea Institute, 2008).

Boczek, Boleslaw Adam, *Flags Of Convenience: An International Legal Study* (1962).

Brownlie, Ian, *The Rule of Law in International Affairs: International Law at the Fiftieth Anniversary of the United Nations* (Martinus Nijhoff Publishers, 1998).

Brownlie, Ian, *Principles of Public International Law* (Oxford University Press, 7th ed, 2008).

Carafano, James Jay, *Small Boats, Big Worries: Thwarting Terrorist Attacks From the Sea* (The Heritage Foundation, 2007).

Chalk, Peter, *The Maritime Dimension of International Security: Terrorism, Piracy, and Challenges for the United States* (RAND, 2008).

Churchill, R.R. and A. Lowe, *The Law of the Sea* (3rd ed., Manchester University Press, 1999).

Clarke, Ben and Jackson Maogoto, *International Law* (Thomson Reuters, 2009).

Collier, John and Vaughan Lowe, *The Settlement of Disputes in International Law: Institutions and Procedures* (Oxford University Press, 2000).

Craik, Neil, *The International Law of Environmental Impact Assessment: Process, Substance and Integration* (Cambridge University Press, 2008).

Crawford, James, *The International Law Commission's Draft Articles on State Responsibility: Introduction, Text and Commentaries* (Cambridge University Press, 2003).

Dicey, Albert Venn, *Lectures Introductory to the Study of the Law of the Constitution* (Macmillan and co, 1885).

Dixon, Martin, *International Law* (6th ed., Oxford University Press, 2007).

Dyke, M. Van (ed.), *Consensus and Confrontation: The United States and the Law of the Sea Convention* (Law of the Sea Institute, 1985).

Falk, Richard A., *Role of Domestic Courts in the International Legal Order* (Syracuse University Press, 1964).

Fox, Hazel, *The Law of State Immunity* (Oxford University Press, 2002).

Franck, Thomas, *The Power of Legitimacy Among Nations* (Oxford University Press, 1990).

Friedmann, Wolfgang, *The Changing Structure of International Law* (Columbia University Press, 1964).

Greenberg, Michael D. et al, *Maritime Terrorism: Risk and Liability* (RAND, 2006).

Grotius, Hugo, *De Jure Belli ac Pacis (On the Law of War and Peace)* (1625) (A C Campbell, trans, Batoche Books, 2001).

Guilfoyle, Douglas, *Shipping Interdiction and Law of the Sea* (Cambridge University Press, 2010).

Guzman, Andrew T., *How International Law Works: A Rational Choice Theory* (Oxford University Press, 2008).

Henkin, Louis, *How Nations Behave* (Council on Foreign Relations, 1979).

Henkin, Louis, *International Law: Politics and Values* (Martinus Nijhoff, 1995).

Higgins, Rosalyn, *Problem and Process: International Law and How We Use It* (Oxford University Press, 1994).

Jennings, Robert Yewdall and Arthur Watts, *Oppenheim's International Law* (Longman, 1992).

Kaye, Stuart, *Freedom of Navigation in the Indo-Pacific Region* (Sea Power Centre, 2008).

Klein, Natalie, *Dispute Settlement in UN Convention on the Law of the Sea* (Cambridge University Press, 2005).

Klein, Natalie, *Maritime Security and Law of the Sea* (Oxford University Press, 2011).

Klein, Natalie, Joanna Mossop and Donald R. Rothwell (eds), *Maritime Security: International Law and Policy Perspectives from Australia and New Zealand* (Routledge, 2010).

Lauterpacht, Hersch, *The Development of International Law by the International Court* (Cambridge University Press, 1982).

Macedo, Stephen (ed), *Universal Jurisdiction: National Courts and the Prosecution of Serious Crimes under International Law* (University of Pennsylvania Press, 2004).

McDougal, Myres S and William T Burke, *The Public Order of the Oceans: A Contemporary International Law of the Sea* (Martinus Nijhoff Publishers, 1987).

Merrills, J.G., *International Dispute Settlement* (Cambridge University Press, 2005).

Murphy, Martin N., *Contemporary Piracy and Maritime Terrorism: The Threat to International Security* (International Institute for Strategic Studies, 2007).

Murphy, Martin N., *Small Boats, Weak States, Dirty Money: Piracy and Maritime Terrorism in the Modern World* (Columbia University Press, 2008).
Nandan, Satya N. and Shabtai Rosenne, *United Nations Convention on the Law of the Sea 1982 A Commentary*, (Martinus Nijhoff, 2002) vol III.
Nordquist, Myron H. *Legal Challenges in Maritime Security* (Martinus Nijhoff Publishers, 2008).
Nordquist, Myron H., Shabtai Rosenne and Louis B. Sohn, *United Nations Convention on the Law of the Sea 1982: A Commentary* (Martinus Nijhoff, 1988) vol V.
Nordquist, Myron H. et al (eds), *United Nations Convention on the Law of the Sea, 1982: A Commentary* (Martinus Nijhoff Publishers, 2003) vol II.
O'Connell, Daniel Patrick, *The International Law of the Sea* (Ivan Anthony Shearer ed, Clarendon Press, 1984) vol II.
Oppenheim, Lassa, *International Law* (6th ed., Hersch Lauterpacht ed, Longmans 1947).
Oppenheim, Lassa, *International Law* (8th ed., Hersch Lauterpacht ed, 1955).
Poulantzas, Nicholas M., *The Right of Hot Pursuit in International Law* (2nd ed, Martinus Nijhoff, 2002).
Richardson, Michael, *A Time Bomb for Global Trade: Maritime-related Terrorism in an Age of Weapons of Mass Destruction* (ISEAS Publications, 2004).
Ronzitti, Natalino (ed), *Maritime Terrorism and International Law* (Martinus Nijhoff Publishers, 1990).
Rosenne, Shabtai (ed), *League of Nations Committee of Experts for the Progressive Codification of International law [1925–1928]* (Oceana Publications, 1972).
Saul, Ben, *Defining Terrorism in International Law* (Oxford University Press, 2006).
Sen, Amartya, *Development as Freedom* (Oxford University Press, 1999).
Soanes, Catherine and Angus Setevenson (eds), *Concise Oxford English Dictionary* (Oxford University Press, 2006).
Suter, Keith, *All About Terrorism: Everything You Were Too Afraid To Ask* (Random House Australia, 2008).
Tan, Alan Khee Jin, *Vessel-Source Marine Pollution: The Law and Politics of International Regulation* (2006).
Valencia, Mark J., *The Proliferation Security Initiative: Making Waves in Asia* (Routledge, 2005).
Wendel, Philipp, *State Responsibility for Interferences with the Freedom of Navigation in Public International Law* (Springer-Verlag, 2007).

书籍章节（Book Chapters）

Beckman, Robert, 'The 1988 SUA Convention and 2005 SUA Protocol; Tools to Combat Piracy, Armed Robbery and Maritime Terrorism' in Robert Herbert-Burns, Sam

Bateman and Peter Lehr (ed), *Lloyd's MIU Handbook of Maritime Security* (Auerbach Publications, 2009) 189.

Boulden, Jane and Thomas George Weis, 'Whither Terrorism and United Nations' in Jane Boulden and Thomas George Weiss (eds), *Terrorism and the UN: Before and After September* 11 (Indiana University Press, 2004) 12.

Burnette, Jeni L., 'Operationalization' in Roy F Baumeister and Kathleen D Vohs (eds), *Encyclopedia of Social Psychology* (Sage Publications, 2007) 635.

Cassese, Antonio, 'Terrorism as an International Crime', in Andrea Bianchi (ed), *Enforcing International Law Norms Against Terrorism* (Hart Publishing, 2004) 213.

Cassese, Antonio, 'The Rationale for International Criminal Justice' in Antonio Cassese (ed), *The Oxford Companion to International Criminal Justice* (Oxford University Press, 2009) 123.

Churchill, Robin, 'Some Reflections on the Operation of the Dispute Settlement System of the UN Convention on the Law of The Sea During its First Decade' in David Freestone, Richard Barnes and David M Ong (eds), *The Law Of The Sea: Progress and Prospects* (Oxford University Press, 2006) 388.

Churchill, Robin, 'The Piracy Provisions of the UN Convention on the Law of the Sea—Fit for Purpose?' in Panos Koutrakos and Achilles Skordas (eds) *The Law and Practice of Piracy at Sea: European and International Perspectives* (Hart Publishing, 2014) 9–32.

Diaz-Barrado, Cástor Miguel, 'The Definition of Terrorism and International Law', in Pablo Antonio Fernández Sánchez (ed), *International Legal Dimension of Terrorism* (Martinus Nijhoff, 2009) 27.

Djalal, Hasjim, 'The Law of the Sea Convention and Navigational Freedoms' in Donald R. Rothwell and Sam Bateman (eds), *Navigational Rights and Freedoms and the New Law of the Sea* (Martinus Nijhoff Publishers, 2000) 1–10, 10.

Falk, Richard A, 'The Interplay of Westphalia and Charter Conceptions of the International Legal Order' in Richard A Falk and Cyril E Black (eds), *The Future of International Legal Order* (1969) 32.

Hathaway, Oona A., 'Hamdan v. Rumsfeld: Domestic Enforcement of International Law', in John E. Noyes, Laura A. Dickinson and Mark W. Janis (eds), *International Law Stories* (Thomson West, 2007) 261.

Karim, Md Saiful, 'Litigating Law of the Sea Disputes Using the UNCLOS Dispute Settlement System' in Natalie Klein (ed), *Litigating International Law Disputes: Weighing the Options* (Cambridge: Cambridge University Press, 2014) 260.

Kaye, Stuart, 'Freedom of Navigation in a Post 9/11 World: Security and Creeping Jurisdiction' in David Freestone, Richard Barnes and David M Ong (eds), *The Law Of The Sea: Progress and Prospects* (Oxford University Press, 2006) 345.

Kaye, Stuart, 'Interdiction and Boarding of Vessels At Sea: New Developments and Old Problems' in Rupert Herbert-Burns, Peter Lehr and Sam Bateman (eds), *Lloyd's MIU Handbook of Maritime Security* (Auerbach Publications, 2009) 201.

Kaye, Stuart, 'The International Legal Framework for Piracy' in Andrew Forbes (ed), *Australia's Response to Piracy: A Legal Perspective* (Sea Power Centre—Australia, 2011) 35.

Lowe, Vaughan and Christopher Staker, 'Jurisdiction' in Malcolm D. Evans (ed), *International Law* (Oxford University Press, 2010).

Maule, Brian A., 'Maritime Security: Case Studies in Terrorism' in M.R. Haberfeld and Agostino Hassell (eds), *A New Understanding of Terrorism* (Springer, 2009) 159.

Mejia Jr., Maximo Q., 'Defining Maritime Violence and Maritime Security' in Proshanto K Mukherjee, Maximo Q. Mejia Jr. and Gotthard M. Gauci (eds), *Maintaining Violence and other Security Issues at Sea* (World Maritime University, 2002) 34.

Menefee, Samuel Pyeatt, 'Terrorism at Sea: The Historical Development of an International Legal Response' in Brian A.H. Parritt (ed), *Violence at Sea: A Review Of Terrorism, Acts of War and Piracy and Countermeasures to Prevent Terrorism* (ICC Publishing, 1986).

Menefee, Samuel Pyeatt, 'Piracy, Terrorism and Insurgent Passenger: A Historical and Legal Perspective' in Natalino Ronzitti (ed), *Maritime Terrorism and International Law* (Martinus Nijhoff, 1990) 60.

Molenaar, Erik Jaap, 'Navigational Rights and Freedoms in a European Regional Context' in Donald Rothwell and Sam Bateman (eds), *Navigational Rights and Freedoms and the New Law of the Sea* (Martinus Nijhoff Publishers, 2000) 22.

Nandan, Satya N., 'An Introduction to Regime of Passage Through Straits Used for International Navigation and Through Archipelagic Waters' in Myron H. Nordquist, Tommy Thong Bee Koh and John Norton Moore (eds), *Freedom of Seas, Passage Rights and the 1982 Law of the Sea Convention* (Martinus Nijhoff, 2009) 57.

Pegg, Russel, 'Maritime Forces and Security of Merchant Shipping in the Mediterranean Sea and Northern Indian Ocean' in Robert Herbert-Burns, Sam Bateman and Peter Lehr (eds), *Lloyd's MIU Handbook of Maritime Security* (Auerbach Publications, 2009) 29.

Robinson, Mary, 'Preface' in Stephen Macedo (ed), *Universal Jurisdiction: National Courts and the Prosecution of Serious Crimes Under International Law* (University of Pennsylvania Press, 2004) 15.

Ronzitti, Natalino, 'The Law of the Sea and the Use of Force Against Terrorists Activities' in Natalino Ronzitti (ed), *Maritime Terrorism and International Law* (Martinus Nijhoff, 1990) 1.

Ronzitti, Natalino, 'The Prevention and Suppression of Terrorism against the Safety of Fixed Platforms Located on the Continental Shelf' in Natalino Ronzitti (ed), *Maritime Terrorism and International Law* (Martinus Nijhoff, 1990) 91.

Rothwell, Donald R., 'Innocent Passage in the Territorial Sea: The UNCLOS Regime and Asia Pacific State Practice' in Donald R. Rothwell and Sam Bateman (eds), *Navigational Rights and Freedoms and the New Law of the Sea* (Martinus Nijhoff Publishers, 2000) 74.

Sloss, David, 'Treaty Enforcement in Domestic Courts: A Comparative Analysis' in David Sloss (ed), *The Role of Domestic Courts in Treaty Enforcement* (Cambridge University Press, 2009) 1.

Treves, Tullio, 'The Rome Convention for the Suppression of Unlawful Acts Against the Safety of Navigation' in Natalino Ronzitti (ed), *Maritime Terrorism and International Law* (Martinus Nijhoff, 1990) 69.

Treves, Tullio,'Navigation' in René Jean Dupuy, Daniel Vignes (eds), *A Handbook on the New Law of the Sea* (Martinus Nijhoff, 1991) 835.

Tuerk, Helmut, 'Combating Terrorism at Sea: The Suppression of Unlawful Acts Against the Safety of Maritime Navigation' in Myron H. Nordquist (ed), *Legal Challenges in Maritime Security* (Martinus Nijhoff, 2008) 41.

Weiner, Allen S., 'Law, Just War and the International Fight Against Terrorism: Is it War?' in Steven P. Lee (ed), *Intervention, Terrorism and Torture: Contemporary Challenges to Just War Theory* (Springer, 2007) 137.

Wolfrum, Rüdiger, 'Fighting Terrorism at Sea: Options and Limitations under International Law' in Myron H. Nordquist et al (eds), *Legal Challenges in Maritime Security* (Martinus Nijhoff Publishers, 2008) 3.

期刊论文（Journal Articles）

Abramovsky, Abraham, 'Multilateral Conventions for the Suppression of Unlawful Seizure and Interference with Aircraft Part 1: The Hague Convention' (1974) 13 *Columbia Journal of Transnational Law* 382.

Akehurst, Michael, 'Jurisdiction in International Law', (1972–1973) 46 *British Year Book of International Law* 145.

Alam, Shawkat and Saiful Karim, 'Linkages of Development and Environment: In Search of an Integrated Approach through Sustainable Development' (2011) 23 *Georgetown International Environmental Law Review* 345.

Alter, Karen J., 'Do International Courts Enhance Compliance with International Law?' (2003) 25 *Review of Asian and Pacific Studies* 51.

Ambos, Kai, 'Judicial creativity at the Special Tribunal for Lebanon: Is there A Crime of Terrorism under International law?' (2011) 24 *Leiden Journal of International Law* 655.

Anand, Ram Prakash, 'Enhancing the Acceptability of Compulsory Procedures of International' (2001) 5 *Max Planck yearbook of United Nations Law* 1.

Anderson, III, H. Edwin, 'The Nationality of Ships and Flags of Convenience: Economics, Politics, and Alternatives' (1996–1997) 21 *Tulane Maritime Law Journal* 139.

Bahar, Michael, 'Attaining Optimal Deterrence at Sea: A Legal and Strategic Theory for Naval Antipiracy Operations' (2007) 40 *Vanderbilt Journal of Transnational Law* 1.

Baird, Rachel, 'Australia's Response to Illegal Foreign Fishing: A Case of winning the Battle but losing the Law?' (2008) 23 *International Journal of Marine and Coastal Law* 95.

Balkin, Rosalie, 'The International Maritime Organisation and Maritime Security' (2006) 30 *Tulane Maritime Law Journal* 1.

Bantekas, Ilias, 'The International Law of Terrorist Financing' (2003) 97 *American Journal of International Law* 315.

Barry, Ian Patrick, 'The Right of Visit, Search and Seizure of Foreign Flagged Vessels on the High Seas Pursuant to Customary International Law: A Defense of the Proliferation Security Initiative' (2004) 33 *Hofstra Law Review* 299.

Bassiouni, M. Cherif, 'Establishing an International Criminal Court: Historical Survey' (1995) 149 *Military Law Review* 49.

Bassiouni, M. Cherif, 'Universal Jurisdiction for International Crimes: Historical Perspectives and Contemporary Practice' (2001–2002) 42 *Virginia Journal of International Law* 81.

Bazyler, Michael J., 'Capturing Terrorists in the Wild Blue Yonder: International Law and the Achille Lauro and Libyan Aircraft Incidents' (1986) 8 *Whittier Law Review* 685.

Becker, Michael A., 'The Shifting Public Order of the Oceans: Freedom of Navigation and the Interdiction of Ships at Sea' (2005) 46 *Harvard International Law Journal* 131.

Beckman, Robert C., 'Combatting Piracy and Armed Robbery Against Ships in Southeast Asia: The Way Forward' (2002) 33 *Ocean Development & International Law* 317.

Benvenisti, Eyal, 'Judicial Misgivings Regarding the Application of International Law: an Analysis of the Attitudes of National Courts' (1993) 4 *European Journal of International Law* 159.

Benvenisti, Eyal and George W. Downs, 'National Courts, Domestic, Democracy and the Evolution of International Law' (2009) 20 *European Journal of International Law* 59.

Bingham, Tom, 'The Alabama Claims Arbitration' (2005) 54 *International and Comparative Law Quarterly* 25.

Blakely, Laurence, 'End of the Viarsa Saga and the Legality of Australia's Vessel Forfeiture Penalty for Illegal Fishing in Its Exclusive Economic Zone', (2008) 17 *Pacific Rim Law & Policy Journal* 677.

Boister, Neil, 'Human Rights Protection in the Suppression Conventions' (2002) 2 *Human Rights Law Review* 199.

Boyle, Alan E., 'Dispute Settlement and the Law of the Sea Convention: Problems of Fragmentation and Jurisdiction' (1997) 46 *International and Comparative Law Quarterly* 37.

Brilmayer, Lea, 'International Law in American Courts: A Modest Proposal' (1991) 100 *Yale Law Journal* 2277.

Bryant, Dennis L., 'Historical and Legal Aspects of Maritime Security' (2004–05) 17 *University of San Francisco Maritime Law Journal* 1.

Bulow, Lucienne Carasso, 'Charter Party Consequences of Maritime Security Initiatives: Potential Disputes and Responsive Clauses' (2006) 37 *Journal of Maritime Law and Commerce* 79.

Burke-White, William W., 'International Legal Pluralism' (2004) 25 *Michigan Journal of International Law* 963.

Buzawa, Aaron D. 'Cruising with Terrorism: Jurisdictional Challenges to the Control of Terrorism in the Cruising Industry' (2007) 32 *Tulane Maritime Law Journal* 181.

Byers, Michael, 'Policing the High Seas: The Proliferation Security Initiative' (2004) 98 *American Journal of International Law* 526.

Caron, David D, 'War and International Adjudication: Reflections on the 1899 Peace Conference' (2000) 94 *American Journal of International Law* 4.

Cassese, Antonio, 'The Nicaragua and Tadić Tests Revisited in Light of the ICJ Judgment on Genocide in Bosnia' (2007) 18 *European Journal of International Law* 649.

Chayes, Abram and Antonio Handler Chayes, 'On Compliance' (1993) 47 *International Organization* 175.

Clark, Peter D., 'Criminal Jurisdiction Over Merchant Vessels Engaged in International Trade', (1979–1980) *Journal of Maritime Law and Commerce* 219.

Crawford, James, 'Continuity and Discontinuity in International Dispute Settlement: An Inaugural Lecture' (2010) 1 *Journal of International Dispute Settlement* 3.

Crossen, Teall E., 'Multilateral Environmental Agreements and the Compliance Continuum' (2003–2004)16 *Georgetown International Environmental Law Review* 473.

Davisson, J. Scott, 'The Rainbow Warrior Arbitration Concerning the treatment of the French Agents Mafrat and Prieur' (1991) 40 *International and Comparative Law Quarterly* 246.

Dickenson, Edwin D., 'Jurisdiction with Respect to Crime (Harvard Research in International Law)' (1935) 29 *American Journal of International Law Supplement* 435.

Dyke, Jon Van, 'Military Ships and Planes Operating in the Exclusive Economic Zone of Another Country' (2004) 28 *Marine Policy* 31.

Emerson, Frank D, 'History of Arbitration Practice and Law' (1970) 19 *Cleveland State Law Review* 155.

Fitzmaurice, Gerald, 'The Foundations of the Authority of International Law and the Problem of Enforcement' (1956) 19 *Modern Law Review* 1.

Ford, Thomas K. 'The Genesis of the First Hague Peace Conference' (1936) 51 *Political Science Quarterly* 354.

Fox, Hazel, '*State Immunity and the International Crime of Torture*' (2006) 2 *European Human Rights Law Review* 142.

Francioni, Francesco, 'International Law as a Common Language for National Courts' (2001) 36 *Texas International Law Journal* 587.

Galdorisi, George V and Alan G Kaufman, 'Military Activities in the EEZ: Preventing Uncertainty and Defusing Conflict', (2001–2002) 32 *California Western Law Journal* 253.

Garvey, Jack I., 'The International Institutional Imperative for Countering the Spread of Weapons of Mass Destruction: Assessing the Proliferation Security Initiative' (2005) 10 *Journal of Conflict and Security Law* 125.

Gilmore, Grant, 'International Court of Justice' (1945–1946) 55 *Yale Law Journal* 1049.

Goldsmith, Jack and Daryl Levinson, 'Law for States: International Law, Constitutional Law, Public Law' (2009) 122 *Harvard Law Review* 1791.

Goldstone, Richard J. and Rebecca J. Hamilton 'Bosnia v. Serbia: Lessons from the Encounter of the International Court of Justice with the International Criminal Tribunal for the Former Yugoslavia' (2008) 21 *Leiden Journal of International Law* 95.

Gooding, Gregory V., 'Fighting Terrorism in the 1980's: The Interception of the *Achille Lauro* Hijackers' (1987) 12 *Yale Journal of International Law* 158.

Greenwood, Christopher, 'The Tin Council Litigation in the House of Lords' (1990) 49 *Cambridge Law Journal* 8.

Guilfoyle, Douglas, 'Piracy off Somalia: UN Security Council Resolution 1816 and IMO Regional Counter-Piracy Efforts' (2008) 57 *International and Comparative Law Quarterly* 690.

Halberstam, Malvina, 'Terrorism on the High Seas: The Achille Lauro, Piracy and the IMO Convention on Maritime Safety' (1988) 82 *American Journal of International Law* 269.

Hamid, Abdul Ghafur, 'Maritime Terrorism, the Straits of Malacca, and the Issue of State Responsibility' (2006–2007) 14 *Tulane Journal of International and Comparative Law* 155.

Hathaway, Oona and Scott J. Shapiro, 'Outcasting: Enforcement in Domestic and International Law' (2011) 121 *Yale Law Journal* 252.

Helfer, Laurence and Anne-Marie Slaughter, 'Toward a Theory of Effective Supranational Adjudication' (1997) 107 *Yale Law Journal* 273.

Hesse, Hartmut and Nicolaos L. Charalambous, 'New Security Measures for the International Shipping Community' (2004) 3 *WMU Journal of Maritime Affairs* 123.

Hodgkinson, Sandral L. et al 'Challenges to Maritime Interception Operations in the War on Terror: Bridging the Gap' (2007) 22 *American University International Law Review* 583.

Hong, Nong and Adolf K.Y. Ng, 'The International Legal Instruments in Addressing Piracy and Maritime Terrorism: A Critical Review', (2010) 27 *Research in Transportation Economics* 51.

Hudson, Manley O., 'Permanent Court of International Justice' (1921–1922) 35 *Harvard Law Review* 245.

Hudson, Manley, 'Succession of the International Court of Justice to the Permanent Court of International Justice' (1957) 51 *American Journal of International Law* 569.

Jessup, Philip C, 'International Litigation As A Friendly Act' (1960) 60 *Columbia Law Review* 24.

Jesus, José Luis, 'Protection of Foreign Ships against Piracy and Terrorism at Sea: Legal Aspects' (2003) 18 *International Journal of Marine and Coastal Law* 363.

Jinks, Derek, 'State Responsibility for the Acts of Private Armed Groups' (2003) 4 *Chicago Journal of International Law* 83.

Joyner, Christopher C., 'Suppression of Terrorism on the High Seas: The 1988 IMO Convention on the Safety of Maritime Navigation' (1989) 19 *Israel Yearbook on Human Rights* 343.

Joyner, Daniel H., 'The Proliferation Security Initiative: Nonproliferation, Counterproliferation, and International Law' (2005) 30 *The Yale Journal of International Law* 507.

Karim, Md Saiful, 'US Led Informal Multilateral Political Arrangements: Whither International Law and Institutions?' (2010) 49 *Indian Journal of International Law* 521.

Karim, Md Saiful 'Is there an International Obligation to Prosecute Pirates?' (2011) 58 Netherlands International Law Review 387.

Karim, Md Saiful, 'Conflicts over Protection of Marine Living Resources: The "Volga" Case" Revisited' (2011) 4 *Goettingen Journal of International Law* 101.

Karim, Md Saiful 'Prosecution of Maritime Pirates: The National Court is Dead—Long Live the National Court?' (2014) 32 Wisconsin International Law Journal 37.

Kaye, Stuart, 'The Proliferation Security Initiative in the Maritime Domain' (2005) 35 *Israel Yearbook on Human Rights* 205.

Keohane, Robert O., Andrew Moravcsik, and Anne-Marie Slaughter, 'Legalized Dispute Resolution: Interstate and Transnational' (2000) 54 *International Organization* 457.

Khan, Zafarullah 'Address on the 50th Anniversary of the International Judicial System' (1972) 6 *International Lawyer* 449.

Kingsbury, Benedict 'The Concept of Compliance as a Function of Competing Conceptions of International Law' (1998) 19 *Michigan Journal of International Law* 345.

Klein, David F., 'Theory for the Application of the Customary International Law of Human Rights by Domestic Courts' (1988) 13 *Yale Journal of International Law* 332.

Klein, Natalie, 'Legal Limitations on Ensuring Australia's Maritime Security' (2006) 7 *Melbourne Journal of International Law* 307.

Klein, Natalie, 'Legal Implications Of Australia's Maritime Identification System' (2006) 55 *International and Comparative Law Quarterly* 337.

Klein, Natalie, 'The Right of Visit and the 2005 Protocol on the Suppression of Unlawful Acts Against the Safety of Maritime Navigation' (2007) 35 *Denver Journal of International Law and Policy* 287.

Koh, Harold Hongju, 'Transnational Public Law Litigation' (1991) 100 *Yale Law Journal* 2347.

Koh, Harold Hongju, 'Why Do Nations Obey International Law' (1997) 106 *Yale Law Journal* 2599.

Kotlarczyk, Michael T., 'The Provision of Material Support and Resources and Lawsuits against State Sponsors of Terrorism' (2008) 96 *The Georgetown Law Journal* 2029.

Kumm, Mattias, 'International Law in National Courts: The International Rule of Law and the Limits of the Internationalist Model' (2003–2004) 44 *Virginia Journal of International Law* 19.

Larson, David L. 'Innocent, Transit, and Archipelagic Sea Lanes Passage' (1987) 18 *Ocean Development & International Law* 411.

Lavranos, Nikolaos, 'National Courts, Domestic Democracy, and the Evolution of International Law: A Reply to Eyal Benvenisti and George Downs' (2010) 20 *European Journal of International Law* 1005.

Lehrman, Thomas D., 'Enhancing the Proliferation Security Initiative: The Case for a Decentralized Nonproliferation Architecture' (2004) 45 *Virginia Journal of International Law Association* 223.

Lillich, Richard B., 'The Proper Role of Domestic Courts in the International Legal Order' (1970–1971)11 *Virginia Journal of International Law* 9.

Liput, Andrew L., 'An Analysis of the *Achille Lauro* Affair: Towards an Effective and Legal Method of Bringing International Terrorists to Justice' (1985) 9 *Fordham International Law Journal* 328.

Lobsinger, Eric J., 'Post-9/11 Security in a Post-WWII World: The Question of Compatibility of Maritime Security Efforts with Trade Rules and International Law' (2007) 32 *Tulane Maritime Law Journal* 61.

Logan, Samuel E., 'The Proliferation Security Initiative: Navigating Legal Challenges' (2005) 14 *Journal of Transnational Law and Policy* 253.

Luft, Gal and Anne Korin, 'Terrorism Goes to Sea' (2004) 83 *Foreign Affairs* 61.

Marcopoulos, Alexander J, 'Flags of Terror: An Argument for Rethinking Maritime Security Policy Regarding Flags of Convenience' (2007–2008) 32 *Tulane Maritime Law Journal* 277.

Marks, Stephen 'The Human Right to Development: Between Rhetoric and Reality' (2004) 17 *Harvard Human Rights Journal* 139.

Marzen, Chad, 'Liability for Terrorism in American Courts: Aiding-And-Abetting Liability under the FSIA State Sponsor of Terrorism Exception and The Alien Tort Statute' (2008) 25 *Thomas M Cooley Law Review* 503.

McCullough, Larry A., 'International and Domestic Law Issues in the Achille Lauro Incident: A Functional Analysis' (1986) 36 *Naval Law Review* 53.

McDougal, Myres S., 'The Hydrogen Bomb Tests and the International Law of the Sea' (1955) 49 *American Journal of International Law* 356.

McDougal, Myres S. 'The Impact of International Law Upon National Law: A Policy-oriented Perspective', (1959) 4 *South Dakota Law Review* 25.

McGinley, Gerald P., 'Achille Lauro Affair-Implications for International Law' (1984–1985) 52 *Tennessee Law Review* 691.

McVadon, Eric A., 'The Reckless and the Resolute: Confrontation in the South China Sea', (2009) 5 *China Security* 1.

Mellor, Justin S.C., 'Missing the Boat: The Legal and Practical Problems of the Prevention of Maritime Terrorism' (2002) 18 *American University International Law Review* 341.

Menefee, Samuel Pyeatt, 'Piracy, Terrorism and Insurgent Passenger: A Historical and Legal Perspective', in Natalino Ronzitti (ed), *Maritime Terrorism and International Law* (1990) 43.

Mensah, Thomas A., 'The Place of the ISPS Code in the Legal International Regime: For the Security of International Shipping' (2003) 3 *WMU Journal of Maritime Affairs* 17.

Miguel, Luis and Hinojosa Martínez, 'The Legislative Role of The Security Council in Its Fight Against Terrorism: Legal, Political and Practical Limits' (2008) 57 *International and Comparative Law Quarterly* 333.

Moore, John Bassett, 'Organization of the Permanent Court of International Justice' (1922) 22 *Columbia Law Review* 497.

Nandan, Satya N., 'Provisions on Straits Used for International Navigation in the 1982 United Nations Convention on the Law of the Sea' (1998) 2 *Singapore Journal of International and Comparative Law* 393.

Nelson, L. Dolliver M., 'Declarations, Statements and "Disguised Reservations" with Respect to the Convention on the Law of the Sea' (2001) 50 *International and Comparative Law Quarterly* 767.

Nincic, Donna J., 'The Challenge of Maritime Terrorism: Threat Identification, WMD and Regime Response' (2005) 28 *Journal of Strategic Studies* 619.

Noyes, John E., 'The United States and the Law of the Sea Convention: U.S. Views on the Settlement of International Law Disputes in International Tribunals and U.S. Courts' (2009) 1 *Berkeley Journal of International Law Publicist* 27.

Oda, Shigeru, 'Fisheries under the United Nations Convention on the Law of the Sea' (1983) 77 *American Journal of International Law* 739.

Pardo, Arvid, 'The Convention on the Law of the Sea: A Preliminary Appraisal' (1982–1983) 20 *San Diego Law Review* 489.

Paust, Jordan J., 'Extradition and United States Prosecution of the *Achille Lauro* Hostage-Takers: Navigating the Hazards' (1987) 20 *Vanderbilt Journal of Transnational Law* 235.

Paust, Jordan J. 'War and Enemy Status After 9/11: Attacks on the Laws of War' (2003) 28 *Yale Journal of International Law* 325.

Peppetti, Jon D., 'Building the Global Maritime Security Network: A Multinational Legal Structure To Combat Transnational Threats' (2008) 55 *Naval Law Review* 73.

Plant, Glen 'The Convention for the Suppression of Unlawful Acts Against the Safety of Maritime Navigation' (1990) 39 *International and Comparative Law Quarterly* 27.

Powderly, Joseph, 'Introductory Observations on the STL Appeals Chamber Decision: Context and Critical Remarks' (2011) 22 *Criminal Law Forum* 347.

Pugh, Michael, 'Legal Aspects of the Rainbow Warrior Affair' (1987) 36 *International and Comparative Law Quarterly* 655.

Raz, Joseph, 'Legal Rights' (1984) 4 *Oxford Journal of Legal Studies* 1.

Roach, J Ashley, 'Initiatives to Enhance Maritime Security at Sea' (2004) 28 *Marine Policy* 41.

Roach, J. Ashley, 'Enhancing Maritime Security in the Straits of Malacca and Singapore' (2005) 59 *Journal of International Affairs* 97.

Roach, Steven C. 'Courting the Rule of Law? The International Criminal Court and Global Terrorism' (2008) 14 *Global Governance* 13.

Rosenstock, Robert, 'International Convention against the Taking of Hostages: Another International Community Step against Terrorism' (1980) 9 *Denver Journal of International Law and Policy* 169.

Sarkar, Lotika, 'The Proper Law of Crime in international Law' (1962) 11 International and Comparative Law Quarterly 446.

Saul, Ben, 'The Legal Response of the League of Nations to Terrorism' (2006) 4 *Journal of International Criminal Justice* 78.

Saul, Ben, 'Legislating from a Radical Hague: The United Nations Special Tribunal for Lebanon Invents an International Crime of Transnational Terrorism' (2011) 24 *Leiden Journal of International Law* 677.

Schofield, Clive, Martin Tsamenyi and Mary Ann Palma, 'Securing Maritime Australia: Developments in Maritime Surveillance and Security' (2008) 39 *Ocean Development and International Law* 94.

Schupack, Adam N., 'The Arab-Israeli Conflict and Civil Litigation against Terrorism' (2010) 60 *Duke Law Journal* 207, 213.

Schwarzenberger, Georg, 'Present-Day Relevance of the Jay Treaty Arbitrations' (1977–1978) 53 *Notre Dame Lawyer* 715.

Schwebel, Stephen M., 'The Compliance Process and the Future of International Law' (1981) 75 *Proceedings of the Annual Meeting (American Society of International Law)* 178.

Scott, James Brown 'Work of the Second Hague Peace Conference' (1908) 2 *American Journal of International Law* 1.

Sharp, Walter Gary Sr., 'Proliferation Security Initiative: The Legacy of Operation Socotora' (2007) 16 *Transnational Law and Contemporary Problems* 991.

Shearer, Ivan Anthony, 'Problems of Jurisdiction and Law Enforcement Against Delinquent Vessels' (1986) 35 *International and Comparative Law Quarterly* 320.

Simmons, Beth A., 'Compliance with International Agreements' (1998) 1 *Annual Review of Political Science* 75.

Sittnick, Tammy M., 'State Responsibility and Maritime Terrorism in the Strait of Malacca: Persuading Indonesia and Malaysia to take Additional Steps to Secure the Strait' (2005) 14 *Pacific Rim Law and Policy Journal* 743.

Slyz, George, 'International Law in Domestic Courts' in Thomas M. Franck and Gregory H. Fox (eds) *International Law Decisions in National Courts* (1996) 71.

Song, Yann-Huei, 'Declarations and Statements with Respect to the 1982 UNCLOS: Potential Legal Disputes between the United States and China after U.S. Accession to the Convention' (2005) 36 *Ocean Development & International Law* 261.

Spadi, Fabio, 'Bolstering the Proliferation Security Initiative at Sea: A Comparative Analysis of Ship-Boarding as a Bilateral and Multilateral Implementing Mechanism' (2006) 75 *Nordic Journal of International Law* 249.

Spivak, Gayatri Chakravorty, 'Righting Wrongs' (2004) 103 *The South Atlantic Quarterly* 523.

Stewart, David P., 'The UN Convention on Jurisdictional Immunities of States and Their Property' (2005) 99 *American Journal of International Law* 194.

Starke, J.G., 'Monism and Dualism in the Theory of International Law' (1936) 17 *British Year Book of International Law* 66.

Strauss, Debra M., 'Reaching Out to the International Community: Civil Lawsuits as the Common Ground in the Battle Against Terrorism' (2008–2009) 19 *Duke Journal of Comparative & International Law* 307.

Szasz, Paul C., 'The Security Council Starts Legislating' (2002) 96 *American Journal of International Law* 901.

Talmon, Stefan, 'The Security Council as World Legislature' (2005) 99 *American Journal of International Law* 1.

Tan, Alan Khee-Jin 'The EU Ship-Source Pollution Directive and Coastal State Jurisdiction Over Ships' (2010) *Lloyd's Maritime and Commercial Law Quarterly* 469.

Tetley, William, 'The Law of the Flag, "Flag Shopping," and Choice of Law' (1993) 17 *Tulane Maritime Law Journal* 139.

Unii, Nihan, 'Protecting the Straits of Malacca and Singapore against Piracy and Terrorism' (2006) 21 *International Journal of Marine and Coastal Law* 539.

Vereshchetin, Vladlen S., 'New Constitutions and the Old Problem of the Relationship between International Law and National Law' (1996) 7 *European Journal of International Law* 1.

Waters, Melissa A. 'Creeping Monism: The Judicial Trend toward Interpretive Incorporation of Human Rights Treaties' (2007) 107 *Columbia Law Review* 628.

Wexler, Jodi, 'The Rainbow Warrior Affair: State and agent Responsibility for Authorized Violations of International law' (1987) 5 *Boston University International Law Journal* 389.

Whytock, Christopher A., 'Domestic Courts and Global Governance' (2009) 84 *Tulane Law Review* 67.
Williams, Andrew S., 'The Interception of Civil Aircraft Over the High Seas in the Global War on Terror' (2007) 59 *The Air Force Law Review* 73.
Wilson, Brian and James Kraska, 'American Security and Law of the Sea' (2009) 40 *Ocean Development & International Law* 268.
Yoo, John and Sulmasy Glenn, 'The Proliferation Security Initiative: Model for international Cooperation' (2006) 35 *Hofstra Law Review* 405.

工作报告、讨论纪要、会议记录及研究论文
（Working, Discussion, Conference and Research Papers）

Bingham, Joseph W. (reporter), 'Harvard Research in International Law: Draft Convention on Piracy' (1926) 20 *American Journal of International Law Special Supplement* 739.
Bowden, Anna et al, The Economic Cost of Maritime Piracy (One Earth Future Foundation, Working Paper, 2010).
Council of the League of Nations, 'Interpretation of the Covenant and Other Questions of International Law Report of the Special Commission of Jurists' (1924) 5 *League of Nations Official Journal* 523.
Dickinson, Edwin D. (Reporter), 'Jurisdiction with Respect to Crime' (1935) 29 *American Journal of International Law Supplement* 435.
Elsea, Jennifer K., 'Suits Against Terrorist States by Victims of Terrorism' (Congressional Research Service 2008).
First Session of the Committee of Experts for the Progressive Codification of International Law, League of Nations, 22nd May 1925, reproduced in (1926) 20 *American Journal of International Law Special Supplement* 12.
ILC, Draft Statute for an International Criminal Court 1994 Yearbook of the International Law Commission, 1994, vol. II (Part Two).
Institut de Droit International Annual Digest 48 II (1959) 359.
International Law Association, *Report of the of the Thirty-Fourth Conference* 1926 (1927).
International Law Commission, *Yearbook of the International Law Commission* (1956) 253.
International Law Association, *Report of the Fifty-fourth Conference,* 1970 (1971) 738.
International Law Commission, Responsibility of States for Internationally Wrongful Acts 2001, <http://untreaty.un.org/ilc/texts/instruments/english/draft%20articles/9_6_2001.pdf > at 03 February 2010.
ISL, Shipping Statistics and Market Review, Vol. 55 (11), (2011).
Kammerhofer, Jörg and Jean d'Aspremont, Mapping 21st Century International Legal Positivism, <http://ssrn.com/abstract=1707986> at 14 November 2011.

Kingsbury, Benedict, The International Legal Order (IILJ Working Paper 2003/1).
Kingsbury, Benedict, International Courts: Uneven Judicialization in Global Order (NYU School of Law, Public Law Research Paper No. 11–05, 2011).
Kirby, Michael, 'The Growing Rapprochment Between International Law And National Law', <http://www.hcourt.gov.au/speeches/kirbyj/kirbyj_weeram.htm > at 21 August 2010.
Persbo, Andreas and Ian Davis, Sailing Into Uncharted Waters? The Proliferation Security Initiative and the Law of the Sea, (British American Security Information Council, Research Report, 2004).
Report by the Sub- Committee of Experts for the Progressive Codification of International Law, League of Nations, 29th January 20 *American Journal of International Law Special Supplement* 223.
Report of the Committee on International Criminal Jurisdiction, GAOR, 7th Session, Supplement No. 11 (A/2136) (1952).
Security Council Report, Security Council Action under Chapter VII: Myths and Realities (Special Research Report, 23 June 2008) 4.
Shany, Yuval 'National Courts as International Actors: Jurisdictional Implications' (Hebrew University International Law Research Paper No. 22–08, 2009).

联合国文件（United Nations Documents）

Comments by the Government of the United States of America on the concluding observations of the Human Rights Committee, UN Doc. CCPR/C/USA/CO/3/Rev.1/Add.1 (12 February 2008).
Concluding observations of the Human Rights Committee, United States of America, UN Doc. CCPR/C/USA/CO/3/Rev.1 (18 December 2006) 3.
General assembly Resolution 42/159, see UN Doc. A/RES/42/159 (1987).
General Assembly Resolution 55/7, Oceans and the Law of The Sea, UN Doc. A/RES/55/7(2001).
General Assembly Resolution 63/111, Oceans and the Law of The Sea, UN Doc. A/RES/63/111 (2009).
Letter dated 23 March 2012 from the Secretary-General to the President of the Security Council, UN Doc. S/2012/177 (2012).
Manila Declaration on the Peaceful Settlement of International Disputes, UN GAOR, 37th sess, 68th plen mtg, Agenda Item 122, UN Doc A/RES/37/10(1982).
Measures to Eliminate International Terrorism, General Assembly Resolution 210, UN Doc A/Res/51/210 (1997).
Report of the International Court of Justice (1 August 2010–31 July 2011), UN GAOR, 66th sess, Supp No 4, UN Doc A/64/4 (2011).

Report of the International Law Commission to the General Assembly, 2 U.N. GAOR Supp. (No. 9), U.N. Doc. A/3159 (1956), reprinted in (1956) 2 Year Book of International Law Commission 253.

Report of the Secretary General on Oceans and the Law of the Sea' 10 March 2008, UN Doc. A/63/63.

Report of the Secretary-General on Oceans and the Law of the Sea, 13 March 2009, UN Doc. A/64/66 (2009).

Report of the Secretary-General on Oceans and the Law of the Sea, 31 August 2010, UN Doc. A/65/69/Add.2 (2010).

Report of the Secretary-General on specialized anti-piracy courts in Somalia and other States in the region, UN Doc. S/2012/50 (2012).

Report of the Secretary-General, UN Doc. S/2010/394 (2010).

Report of the Special Adviser to the Secretary-General on Legal Issues Related to Piracy off the Coast of Somalia, UN Doc. S/2011/30(2011).

Report on the work of the United Nations Open-ended Informal Consultative Process on Oceans and the Law of the Sea at its tenth meeting, UN Doc. A/64/131(2009).

Resolution on the Formulation of the Principles Recognized In the Charter of the Nurnberg Tribunal and In the Judgment of the Tribunal, GA Res 177(II), UNGAR 2nd Sess, 123rd Plen Mtg, UN Doc. A/CN.4/4 (1947).

Resolution on the International Criminal Jurisdiction, GA Res 489 (V), UN Doc, UNGAR 5th Sess, 320th Plen Mtg, UN Doc. A/AC48/4(1950).

S C Res 1373, UN Doc S/Res/1373 (2001).

SC Res 1315, UN Doc. S/RES/1315 (2000).

SC Res 827, UN Doc S/RES/827 (1993).

Situation of detainees at Guantánamo Bay ... UN Doc. E/CN.4/2006/120 (2006).

United Nations Human Rights Committee, General Comment No. 31: Nature of the General Legal Obligation Imposed on States Parties to the Covenant, U.N. Doc. CCPR/C/21/Rev.1/Add 13 (2004) 5.

United Nations Millennium Declaration, GA Res. 55/2, UN Doc. A/RES/55/2 (2000).

国际海事组织文件（International Maritime Organisation Documents）

Comments and proposals Submitted by Mexico, IMO Doc. LEG 88/3/1 (19 March 2004).

Comments on US delegation's proposed revisions to the proposed Protocol to the SUA Convention (Annex 1), Submitted by Brazil, IMO Doc. LEG/SUA/WG.1/2/4 (2004).

Conference resolution 1 and related amendments to the 1974 SOLAS Convention, IMO Doc. SOLAS/CONF.5/32.

Draft amendments to the SUA Convention and Protocol Submitted by the United States, IMO Doc. LEG 86/5 (2003).
Draft amendments to the SUA Convention and Protocol Submitted by the United States, IMO Doc. LEG 87/5/1(2003).
Draft amendments to the SUA Convention and SUA Protocol, Submitted by the United States, IMO Doc. LEG 88/3(2004).
Draft article 8bis, paragraph 8(b) (Security measures and compensation), Submitted by Mexico, LEG 89/4/2 (2004).
Draft Code of Practice for the Investigation of the Crimes of Piracy and armed Robbery Against Ships, IMO Doc. MSC/Circ.984 (2000).
Piracy: Establishment of a legislative framework to allow for effective and efficient piracy prosecutions, IMO Doc. LEG 98/8/2 (2011).
Piracy: Review of National Legislation, IMO Doc. LEG 97/9 (2010).
Proposal regarding Article 8bis paragraph (c), Submitted by Germany, IMO Doc. LEG/SUA/WG.1/WP.8 (2004).
Proposal to amend draft article 8bis (8b) of the SUA Convention, Submitted by Greece, IMO Doc. LEG/SUA/WG.2/WP.5 (2005).
Report of the Legal Committee on the Work of its Eighty-Eighth Session, IMO Doc. LEG 88/13 (2004).
Report of the Legal Committee on the Work of its Eighty-Seventh Session, IMO Doc. LEG 87/17 (2003).
Report of the Legal Committee on the Work of its Eighty-Sixth Session, IMO Doc. LEG 86/15 (2003).
Report of the Working Group, IMO Doc. LEG/SUA/WG.2/4 (2005).
Submitted by Germany, IMO Doc. LEG 89/WP.4 (2004).
Suggested amendment to article 8bis 8b (Safeguards), Submitted by Mexico, IMO Doc. LEG/SUA/WG.1/2/8 (2004).

国家立法 (National Legislation)

Alien Tort Claims Act, 28 U.S.C. Sec. 1350 (2006).
Antiterrorism Act of 1991, Pub. L. No. 102–572, §1003, 106 Stat. 4522 (codified as amended at 18 U.S.C. Secs 2331–38 (2006)).
Antiterrorism and Effective Death Penalty Act of 1996, Pub. L. No. 104–132, 110 Stat. 1214 (codified as amended in scattered sections of 18, 21, 28, 42 U.S.C.).
Death on the High Seas Act ('DOHSA'), 46 U.S.C.App. § 761 (1982).
The Offence at Sea Act 1536, 28 Henry VIII, c. 15.
Torture Victim Protection Act of 1991, Pub. L. No. 102–256, 106 Stat. 73 (1992) (codified as amended at 28 U.S.C. § 1350 note (2006)).

网址（Websites）

Al Nashiri to Trial Supposedly Again Maybe, <http://armiesofliberation.com/archives/2011/04/21/al-nashiri-to-trial-supposedly-again-maybe/> at 8 June 2011.

Articles concerning the Law of the Sea with commentaries, <http://untreaty.un.org/ilc/texts/instruments/english/commentaries/8_1_8_2_1956.pdf > at 8 July 2012.

BASIC, *Proliferation Security Initiative (PSI): Combating Illicit WMD Trafficking*, <http://www.basicint.org/nuclear/counterproliferation/psi.htm> at 10 February 2010.

Bettauer, Ronald J., Germany Sues Italy at the International Court of Justice on Foreign Sovereign Immunity—Legal Underpinnings and Implications for U.S. Law, <http://www.asil.org/insights091119.cfm#_edn1> at 29 June 2011.

European Parliament Resolution of 9 June 2011 on Guantánamo: Imminent Death Penalty Decision, <http://www.europarl.europa.eu/sides/getDoc.do?type=TA&language=EN&reference=P7-TA-2011-271> at 18 August 2012.

International Committee of the Red Cross (ICRC), 'How is the Term "Armed Conflict" Defined in International Humanitarian Law?' <http://www.icrc.org/web/eng/siteeng0.nsf/htmlall/armed-conflict-article-170308/$file/Opinion-paper-armed-conflict.pdf> at 2 November 2010.

Japan grants aid to Malaysia for maritime security, <http://english.people.com.cn/90001/90777/6345589.html> at 12 August 2011.

Kuppuswamy, C.S., Straits of Malacca: Security Implications, <http://www.southasiaanalysis.org/%5Cpapers11%5Cpaper1033.html> at 1 August 2012.

Lorenz, Akiva J., 'Al Qaeda's Maritime Threat' <http://www.maritimeterrorism.com/wp-content/uploads/2008/01/al-qaedas-maritime-threat.pdf> at 26 February 2011, 11.

Massey, Anthony S., Maritime Security Cooperation in the Strait of Malacca, < http://www.dtic.mil/dtic/tr/fulltext/u2/a483524.pdf > at 1 August 2102.

Military Commissions, Abd al-Rahim Hussein Muhammed Abdu Al-Nashiri (Saudi Arabian), <http://www.mc.mil/CASES/MilitaryCommissions.aspx > at 18 August 2012.

Operationalisation, <http://www.une.edu.au/WebStat/unit_materials/c2_research_design/operation alism.htm> at 17 December 2010.

Permanent Court of International Justice (1922–1946) <http://www.icj-cij.org/pcij/index.php?p1=9> at 24 July 2010.

Proliferation Security Initiative: Statement of Interdiction Principles, <http://www.state.gov/t/is n/rls/fs/23764.htm>, at 09 February 2010.

Proliferation Security Initiative, <http://cns.miis.edu/inventory/pdfs/psi.pdf> at 10 February 2010.

Rainbow Warrior <http://www.iilj.org/courses/documents/RainbowWarrior.pdf> at 18 August 2009.

Richardson, Michael, A Time Bomb for Global Trade: Maritime-related Terrorism in an Age of Weapons of Mass Destruction (2004); Terrorism <http://www.un.org/en/globalissues/terrorism/> at 1 august 2012.

Rona, Gabor, Some Thoughts on al Nashiri and Military Commissions: While Waiting for the Grown-Ups to Take Over, <http://www.humanrightsfirst.org/2011/04/20/some-thoughts-on-al-nashiri-and-military-commissions-while-waiting-forthe-grown-ups-to-take-over/> at 8 June 2011.

Scharf, Michael P., Special Tribunal for Lebanon Issues Landmark Ruling on Definition of Terrorism and Modes of Participation, <http://www.asil.org/insights110304.cfm#_edn2> at 23 April 2011.

Shearer, Ivan, 'Dissenting Opinion of Judge ad hoc Shearer' <http://www.itlos.org/case_documents/2002/document_en_220.pdf > at 30 March 2012.

Statement of Human Rights Watch to the United Nations Human Rights Committee: United States Compliance with the ICCPR, <http://www.hrw.org/en/news/2006/03/13/statement-human-rights-watch-united-nations-human-rights-committee> at 8 June 2011.

Table of Claims to Maritime Jurisdiction (as at 31 July 2010), <http://www.un.org/Depts/los/legislationandtreaties/pdffiles/table_summary_of_claims.pdf> at 1 September 2010.

The Project on International Courts and Tribunals, The International Judiciary in Context <http://www.pict-pcti.org/publications/synoptic_chart/synop_c4.pdf> at 2 July 2010.

Tommy T.B. Koh, 'A Constitution for the Oceans' <www.un.org/Depts/los/convention_agreements/.../koh_english.pdf> at 17 December 2010.

UNODC, Salvador Declaration on Comprehensive Strategies for Global Challenges: Crime Prevention and Criminal Justice Systems and Their Development in a Changing World, < http://www.unodc.org/documents/crime-congress/12th-Crime-Congress/Documents/Salvador_Declaration/Salvador_Declaration_E.pdf > at 13 May 2012.

Urgent Action: Guantánamo: Death Penalty Decision Imminent, <http://www.amnesty.org/en/library/asset/AMR51/046/2011/en/3890360d-4d6b-43ed-b9139bae9365a73a/amr510462011en.pdf> at 6 June 2011.

US Department of State, Proliferation Security Initiative <http://www.state.gov/t/isn/c10390.htm> at 26 July 2012.

Verbatim Transcript of Combatant Status Review Tribunal (CSRT) Hearing for Al Nashiri <http://www.aclu.org/files/pdfs/safefree/csrt_alnashiri.pdf> at 9 February 2011.

Weiser, Benjamin, A Settlement With P.L.O. Over Terror On a Cruise <http://www.nytimes.com/1997/08/12/world/a-settlement-with-plo-over-terror-on-a-cruise.html> at 12 June 2011.

Whitlock, Craig, 'Probe of USS Cole Bombing Unravels: Plotters Freed in Yemen; U.S. Efforts Frustrated' < http://www.washingtonpost.com/wp-dyn/content/article/2008/05/03/AR2008050302047.html> at 5 March 2011.

Wolfrum, H.E. Rüdiger, President of the International Tribunal for the Law of the Sea, to the Sixth Committee of the General Assembly of the United Nations, <http://www.itlos.org/filea dmin/itlos/documents/statements_of_president/wolfrum/sixth_committee_201006_eng.pdf > at 15 May 2012.

索 引（Index）

Abbas, Abu 7, 74–78
Abdallah Azzam Brigades 8
Abetting 39, 55, 152n125
Achille Lauro 3, 3n9, 7, 7n28, 27n135, 33n158, 47n25, 48n27, 49, 51, 52, 54, 64, 70n18, 74–78, 148, 149, 149n99, 150, 150n106, 150nn2, 151, 151nn5, 172
Aden 78
Agency 73, 79, 97, 123, 152n125
Ahi Hanit 7
Aiding 39, 94, 121–125, 152n125, 154, 158, 168, 175
al-Badwai 78
Albanian 103, 105
Alexander 41, 118n125
Alexandria 74
al-Hazari 78
al Khamri, Hassan 78
Alleged terrorists 67, 85
Al Qaeda 7, 8, 8n34, 78, 78n58, 79, 89–91, 153
al-Quso 78
American 7, 7n28, 18n86, 19n96, 30n149, 32n155, 36n166, 48n27, 49n32, 49n35, 65n141, 65n143, 70n15, 75, 99n24, 101n34, 114n102, 125n158, 129n13, 140n64, 152n125, 153, 155n145, 162n174
Animo furandi 51
Archipelagic sea lanes passage 96, 96n10, 98, 105
Armed conflicts 1, 2, 85, 86, 88–91, 156, 175
Arrest 7, 9, 27, 28, 46, 57, 67, 71, 71n21, 73–88, 91, 103, 109, 115, 121, 128, 130, 130n16, 137, 142, 155, 155n149, 157, 161n172, 162–166, 173–175
Ashod 7
Assassination 44n20, 103
Attash 79, 81, 82
Attributability 16, 39, 93, 121, 122, 154
Auckland 121
Austria 52, 54, 58

Barthou, Louis 41
Basra 7
Biological chemical and nuclear weapons (BCN) 60–62

Boeing 737, 75
Breach of obligation 98, 106
British-flagged 121
Bumediene 86
Bush 86, 86n104, 89, 136

CARICOM 22, 22n120, 23
Central Intelligence Agency (CIA) 79, 82, 83
Civil-war insurgents 49, 50
Coastal State 6, 16, 19n96, 23, 25–27, 31, 37, 68–70, 93–112, 114–116, 125, 137–140, 140n64, 143, 158–161, 164–167, 173
Cold War 4
Compliance 3, 11n55, 12, 14, 29, 29n141, 30, 30n146–149, 31, 35, 82n82, 91, 136, 168, 173
Consensualism 10
Convention Against Torture (CAT) 84, 84n97
Counter-terrorism 67, 125
Court 2, 44n20, 67, 96n12, 127, 170
Crime 2, 4, 12–14, 14n70, 25, 27, 28, 43, 43n18, 44n19, 44n20, 45n23, 46, 49, 60n111, 68–73, 70n14, 70n15, 76, 77, 86, 91, 103, 116, 124, 124n151, 128, 143n173, 155, 156n155, 157, 164

de Cuéllar, Javier Pérez 122
De lege ferenda 51
De lege lata 51
Detention 9, 14, 35, 47, 62, 67, 73–89, 89n112, 91, 122, 128, 137, 163, 169, 174, 175
Diplomatic 13n64, 17, 60n111, 71, 75, 77, 78, 105, 105n54, 112, 121, 157, 158, 173
Dispute(s) 1, 39, 67, 93–170

Effective control 123
Egypt 7, 20n107, 52, 54, 58, 74–76, 76n52, 78
Egypt Air 75
Egyptian 75, 76, 78
Environmental threats 4
European Court of Human Rights 73
European Union (EU) 138, 140n64
Exclusive Economic Zone (EEZ) 23, 110n80, 111, 112, 142, 164

Flag of convenience   116, 118–120
Flag State   24, 26, 27, 37, 39, 46, 47, 56, 61, 62, 68–69, 72, 74, 76, 80, 94, 99, 102, 105–107, 109, 111, 112, 115, 117–121, 126, 130, 137–139, 142–144, 146–148, 158–161, 164–168, 172, 173, 175
Foreign vessels   26, 27, 39, 94, 95, 97, 98, 104–108, 108n65, 109–112, 115–117, 125, 137, 138, 142, 143n73, 159, 161, 162, 165–167, 172, 173
France   10n47, 68n6, 71, 73, 73n33, 121, 122, 122n143, 130, 134n43, 159n165
Freedom of navigation   6n24, 26, 39, 94, 96, 96n10, 96n12, 107–117, 138, 139, 143n74, 158, 162, 167, 175
French military security service (DGSE)   121

Gatekeeper(s)   10, 31
General Assembly   5n22, 6n22, 12, 12n61, 50n41, 54, 54n63, 55n72, 101, 101n35
Genocide   124, 124n151, 124n153
Genuine link   118n123, 119, 120n132
Global community   3, 5, 7, 12, 13, 17, 40–42, 45, 48, 107, 121, 170, 175, 176
Governance   15n76, 92, 129, 129n9, 173
Greece   103, 147, 147n96, 148, 156n152
Greek   103, 140n64
Greenpeace   121
Grotius, Hugo   1, 1n3
Guilty   79, 121

Habeas corpus   86
Hague Convention on Aircraft Hijacking   54
Hamdan   14n73, 85, 86n101
Hao   122
Harvard Draft   49, 49n32
Hezbollah   7
High seas   7n28, 23, 24n126, 36n166, 39, 40n2, 46–48, 48n27, 49, 51, 56, 59, 61, 62, 65, 66, 68, 71, 96, 96n10, 96n12, 108, 109, 111–113, 114n102, 115–119, 119n129, 141, 143, 143n73, 149, 149n105, 150, 161, 162, 167, 172
Horizontal   2, 3, 27–28, 127–169, 171–173
Hostages Convention   54, 54n67, 60n111, 63, 64, 64n131–134, 68, 69, 69n8, 70n16, 70n17, 71, 71n23, 71n25, 74, 76–78, 80
Human rights   14n70, 25, 28, 33, 36n166, 40n2, 67, 73, 74, 82n82, 83, 83n91, 83n95, 84, 84n98, 85, 85n99, 87–89, 89n111, 89n113, 91, 100, 100n29, 114n103, 128n2, 131n19, 135, 136, 156, 156n155, 157n158, 168, 171, 173, 174

Ibrahim al-Thawar   78
Indonesia   57, 96n10, 97n14, 114, 148
Innocent passage   95, 95n4, 96, 96n12, 98, 99, 103–106, 108, 114–117, 129, 138, 139, 166, 167
Insurgent   47n25, 48–50, 90
International Court of Justice (ICJ)   12, 12n61, 18n86, 125n155, 155n148
International Covenant on Civil and Political Rights (ICCCPR)   84
International Criminal Court (ICC)   13, 13n67, 15n76, 41
International Criminal Tribunal for the former Yugoslavia (ICTY)   123–125, 125n155
International judicial institution(s)   3, 4, 12, 15–25, 31, 33, 67, 87, 91, 92, 107, 127, 142, 168, 171–174
International Law Commission (ILC)   50, 50n41, 51n41, 93, 93n1, 102n38, 122, 123n145, 124
International Maritime Organisation (IMO)   7n28, 20n107, 26n129, 36n166, 40n2, 47n25, 48n27, 54, 54n62, 57, 57n84, 57n88, 59, 59n100, 59n104, 59n105, 59n107, 62, 62n125, 63n127, 83n94, 144n76–80, 145, 145n84–88, 146n89–92, 147n96, 148n98
International order   11
International Ship and Port Facility Security Code (ISPS) Code   50n39, 59
International Tribunal for the Law of the Sea (ITLOS)   13, 19, 19n91, 119, 164
International waters   74, 150
Interpretive incorporation   128, 128n2
Interstate dispute(s)   2, 13, 16, 25–29, 37, 38, 67, 84, 87–91, 93, 94, 97, 107, 127, 128, 136, 168, 169, 172
Intertanko   138, 138n57, 139n61, 140n64, 148
Iraq   7, 75, 76, 78
Israel   7, 20n107, 36n166, 40n2, 75, 76, 114n102, 151n120
Italian   7, 74, 75, 77, 78, 103, 155, 156

▶ 索　引

Italy   7, 52, 54, 58, 75–78, 76*n*52, 81, 103, 155, 155*n*148, 156, 156*n*151, 156*n*152

Japan   21*n*113, 22*n*113, 104, 104*n*50, 110, 159*n*165
Judicial institution(s)   2–4, 9–38, 40, 46, 66, 67, 87, 91–93, 107, 124, 126–128, 142, 167–176
Jurisdiction (al)   3, 39, 67–73, 93, 130*n*16, 170
Jus cogens   124, 156

Karachi   7
King Alexander   41
Klinghoffer, Leon   7, 149

Land territory   98
League of Nations   41, 41*n*7, 41*n*8, 42, 48, 49, 49*n*35, 50, 103*n*43
League of Nations Sub-Committee on Piracy   49
Legitimacy   11, 11*n*56, 33, 38, 42, 169, 170, 174, 175
Lex specialis   39, 93, 93*nn*, 121, 154, 168
Liberation Tigers of Tamil Eelam (LTTE)   118
Limburg   7
Lingua franca   134
Local remedies   131, 137, 138
Lotus Case   10, 68

Mafrat   121, 121*n*138
Malaysia   18*n*88, 22*n*117, 57, 97*n*14, 104, 104*n*50
Manslaughter   121
Maritime security   1–9, 1*n*1, 16, 18, 19, 21, 23–27, 29, 31–34, 32*n*154, 32*n*155, 36*n*166, 47*n*25, 48*n*25, 51*n*46, 54*n*62, 56*n*79, 59, 63*n*128, 72, 79*n*60, 97*n*14, 104, 104*n*49, 104*n*50, 107, 109, 109*n*69, 110*n*81, 112, 118*n*125, 127, 132, 137, 148, 172–175
Maritime terrorism   1, 39–66, 68, 93, 127–170
Maritime terrorists   2, 15, 16, 25, 27, 33*n*158, 34, 35, 37, 39, 53, 54, 65, 67–92, 94, 121–125, 158, 171, 173, 174
Merchant fleet   57, 59, 118
Military Commission   82, 82*n*88, 86, 86*n*106
Montreal Convention on Sabotage of Airplanes   54
M. Star   8

Mumbai   7

Nashiri   78, 79, 81, 82, 82*n*81, 82*n*84–85, 82*n*88, 83, 84, 86, 86*n*106, 87
National courts   2, 44*n*20, 67, 126, 127, 170 (246)
National security   1, 4, 7*n*27, 8*n*36, 108*n*66, 134
Navigational rights   16, 27, 31, 37, 39, 46, 47, 93–110, 112–114, 117, 125, 138, 138*n*56, 139, 140, 142, 143, 145, 147, 148, 158–160, 163, 165, 167, 172, 173
New Zealand   4*n*10, 21*n*113, 22*n*113, 121, 122, 122*n*143
Nibras   78
Nicaragua   13*n*64, 123, 123*n*147, 124, 124*n*153, 125
Nobel   97
Non-innocent passage   95, 108, 116
Non-State actor(s)   11, 15, 34, 39, 42*nn*, 90, 113, 115, 116, 123
North Atlantic Treaty Organization (NATO)   75
North Korea   110, 117

Obligation   3, 12, 16–18, 20, 23, 25, 29, 30, 34, 37, 39, 56, 63–65, 67–68, 72, 73, 73*n*32, 74, 76–78, 81, 84, 89*n*113, 93–95, 97–99, 101–103, 105, 106, 108, 110, 115, 120–122, 125, 128, 130, 135, 136, 155, 157, 160, 165, 166, 166*n*184, 167, 168, 173
Obligatory adjudicative jurisdiction   70, 76
Official orders   121
Open registries   121
Operationalisation   3, 3*n*8, 4, 10, 15, 16, 28–32, 35, 37, 136, 170, 174, 176
Operationalise   15, 28–30, 32, 132, 136
Opinio juris   44
Overall control   123–125
Overflight   23, 96, 99

Pacta sunt servanda   100
Pakistan   7, 8, 8*n*34, 79–81
Pakistan Navy   8, 8*n*34
Palestine   7, 149
Palestine Liberation Front (PLF)   7, 74, 75
Palestine Liberation Organisation (PLO)   149–151, 151*n*119

Palestinians 75
Philippines 7, 135
Piracy 5, 6n26, 7n27, 7n28, 7n30, 8n36, 36n166, 37, 39, 40, 41n3, 44n21, 46–53, 53n59, 56, 56n79, 57n90, 65, 73, 109, 118n122, 143, 150
PNS *Zulfiqar* 8
Poland 83, 83n92, 102n40
Politico-legal 37, 91
Port Said 74, 75
Positivist 10, 11
Positivist discourses 10
Prieur 121, 121n138
Private ends 47–50, 52, 150
Proliferation Security Initiative (PSI) 1n1, 94, 113–116, 113n99–101, 114n102, 114n103, 115n107
Prosecution 2, 3, 6, 7, 9, 14, 15, 18, 25–27, 29, 33, 33n58, 34, 35, 37, 38, 40, 53, 54, 61, 65, 67–92, 141, 155, 168, 170, 171, 173–175

Rainbow Warrior 121, 121n138, 122, 122n139, 122n143
Resolution 1373 39, 57n86, 65, 101, 101n35, 120, 120n136, 125
Resolution 1566 42, 43n14
Responsibility 38–40, 42nn, 46, 47, 65–73, 78, 93, 93n1, 94–107, 107n58, 113, 117–126, 121n138, 123n145, 123n150, 132, 134n40, 143, 143n74, 150, 153–155, 158, 159, 168, 174, 175
Rumsfeld 14n73, 85, 86n101

Safeguards 9, 14, 35, 61, 67, 74–88, 91, 143, 145n87, 168, 171, 175
Santa Maria 49
Saudi Arabia 20n107, 79, 80, 82n88, 134n40
Sea zones 108
Second World War 42
Secretary General 5n17, 6, 6n25, 20n107, 32n154, 41n4, 57n84, 62, 121, 122
Security Council 39, 42, 43, 43n14, 44n20, 47n25, 57, 57n86, 65, 65n141, 93, 101, 101n35, 120, 120n136, 121, 125, 154
September 11, 27, 32, 39, 40, 42, 65n142, 66, 107, 113, 121, 154, 171, 174

Settlement of dispute 1–3, 9, 13, 15, 17, 19n90, 19n92, 22, 26, 29, 31, 35, 37, 54, 93, 107, 127, 159, 161, 175
Sigonella 75
Singapore 18n88, 22n117, 57, 57n90, 97n14, 104, 106n56
SOLAS 59, 59n104, 59n105
South Pacific 121
Sovereignty 6, 26, 69, 70, 94, 95n6, 97–100, 102, 105, 106, 121, 130, 137, 164, 165, 167
Spanish 130, 164
Special Tribunal for Lebanon (STL) 21, 44, 44n20, 45, 45n23
Sri Lanka 7
State 1, 39, 67, 93, 127, 171
State-centric 10, 173
State-centrism 10, 11, 15, 176
State of alleged criminal 68, 70
State of victim 68
State practice 44, 71, 95n4, 111, 123, 155
State's responsibility 94–107, 124, 158, 168
State that is the target of the crime 68, 73
State that receives an offender 68
Strait of Hormuz 8
Straits 18n87, 22n117, 56, 57, 57n90, 96, 96n10, 96n12, 97, 97n14, 99, 99n25, 100, 102, 102n39, 103, 104, 104n47, 105, 106, 106n56
Straits of Malacca 56, 57, 57n90, 97n14, 102n39, 104, 104n47
Sudan 27n135, 123, 123n146, 153, 153n130, 153n132, 153n133
Suicide attack 7, 78
Superferry 7
Super-tanker 7
Suppression of Unlawful Acts (SUA) convention 2, 2n5, 20, 20n102–104, 20n106, 22, 23, 25, 25n128, 36n166, 54, 54n60, 54n69, 55, 55n73, 56, 56n75, 56n76, 56n79, 56n80, 57, 57n81, 57n82, 58–60, 62, 63, 63n129, 64, 66, 67, 67n1, 67n2, 68, 68n3, 69, 69n7, 70n16, 71n22, 72, 72n27, 72n30, 73, 74, 76–78, 80, 80n71, 81, 83, 83n94, 84, 85, 87, 88, 91, 102, 102n37, 109, 125, 125n159, 136, 136n51, 137, 143, 144n76, 144n79, 145, 145n87, 147n96, 148, 159, 160, 160n166, 160n167, 160n168, 161, 167
Fixed Platforms Protocol 55, 57

Suppression of Unlawful Acts (SUA) (cont.)
  protocol 36n166, 54n60, 55n70, 56n79, 58, 58n94, 58n95, 58n96, 58n97, 58n98, 59, 59n107, 60, 60n108, 60n109, 60n110, 61, 61n112, 61n113, 61n118, 62, 62n119, 62n123, 62n124, 83, 83n94, 84, 105, 110n78, 117, 143, 147
Syria 75, 76
Syrian 74, 76

Tartus 75
Tellini, Enrico 103
Territorial waters 37, 56, 58, 68, 69, 97–99, 102–104, 106–109, 111, 114, 115, 117, 143, 167
Terrorism Financing Convention 61n111, 63n129, 64, 64n135, 64n136, 65n137, 65n138, 69, 69n9, 70n16, 70n17, 71n24, 83, 125
Transit passage 56, 96, 96n12, 99, 105
Transnational 2–4, 5n14, 9, 10n46, 25–27–29, 33n158, 36n166, 44, 45, 45n23, 47n25, 77n57, 81n75, 89, 114n102, 127–129, 129n114, 131, 133, 137, 139, 141, 143, 145, 147–149, 151, 153, 155, 157, 159, 161, 163, 165, 167, 169, 171–173
Transnational crime 4
Travaux préparatoires 53
Tunis 7

UNCLOS 2, 47, 69, 95, 137, 170
United Arab Emirates 20n107, 79–81
United Nations (UN) 2, 2n5, 5n17, 5n21, 5n22, 6, 12, 12n61, 12n62, 13, 16, 16n77, 17n93, 18n89, 19n90, 19n96, 30n152, 32n154, 34n159, 41, 42n11, 43, 45n23, 54, 54n63, 55n72, 57n86, 65, 65n142, 82n82, 84, 84n97, 89, 89n113, 95n6, 101, 101n35, 102n41, 106n56, 111, 112n93, 125, 142n71, 150, 151, 151n114, 154, 155n144, 157, 163n177, 175, 175n2
United Nations Charter 16
United Nations Conference on Law of the Sea 5n21, 111

United Nations General Assembly 5n22, 12, 12n61, 54, 54n63, 55n72, 101n35
United States (US) 8n36, 13n64, 14, 20n108, 33n158, 48, 61n114, 71, 71n26, 76n52, 77n57, 82n82, 83n94, 84, 84n98, 85n99, 88n110, 89, 89n111, 90, 105, 105n54, 111n91, 123, 123n147, 138n55, 144n76, 144n79, 149, 151, 151n114, 152n125, 156, 162, 162n173, 163n176, 163n177
United States Court of Appeals 48
United States of America (US) 13n64, 20n108, 84n98, 85n99, 88n110, 89n111, 105n54, 123n147, 138n55, 151n114, 162
UN Millennium Declaration 12
Unregulated movement of people 4
User States 97, 103, 106
US Navy 7, 78
USNS *Impeccable* 110
USNS *Victorious* 110
USS *Ashland* 7
USS *Cole* 7, 49, 78, 79, 79n64, 80, 81, 85, 86, 91, 123, 148, 153, 172
USS *Kearsarge* 7
US Supreme Court 85, 86, 130, 133, 151

Value-pluralist 11
Vertical 2, 3, 25–28, 33, 127–169, 171–173

War, guerrilla 1
War on terror 22n155, 36n166, 85, 86, 88, 89, 114n102
Weapons of mass destruction (WMD) 5, 8n36, 41n3, 61, 94, 109, 113, 113n98, 114, 114n102, 115–117, 143, 161
Wilful damage 121
World 1, 3, 4, 6, 6n23, 8, 8n33, 32, 32m155, 42, 44, 48n25, 65n141, 91, 99, 113, 118n122, 133, 151n119, 154

Yemen 7, 79, 79n64, 80, 81, 86
Yugoslavia 75, 76, 76n52, 78, 123, 125n155
Yugoslavian 41

译后记

从着手翻译到付梓出版，我经历了近五年时光。回想这段历程，因工作调动、疫情、生活等诸多事情而时有中断，也曾多次想放弃，但最终还是在自己的坚持下，将书中一句句的英文用中文"敲"出来……

感谢作者 Saiful Karim 先生对我的信任。在咨询可否将本书的中文翻译授权予我时而欣然同意，并热心协助我完成所有与版权引进相关的工作。尽管未曾谋面，但这份信任成为我坚持完成本书翻译的重要动力。

感谢 BRILL 出版社的授权。该出版社以其悠久的历史、高质量的学术出版和广泛的学科出版门类成为推动全球学术界发展不可忽视的力量。能够得到该出版社的授权，于我而言，既是莫大的信任，也是无比的荣幸。

感谢儿子的一路陪伴。着手翻译本书时，他还是一名小学生，如今已然是一名高中生了，时间的魔力在孩子身上表现得尤为明显。也许在别人眼中，学者的生活枯燥乏味，但当我自得其乐时，儿子却也能陪我用阅读填满他的课外生活。这样的陪伴，恰也是老天给予我的莫大欣慰。

感谢编辑庞从容女士。她敏锐的洞察力、丰富的经验和细致的审读为本书翻译提供了诸多宝贵建议，使书稿更加清晰连贯。感谢她在整个出版过程中的耐心指导和无私帮助，她的敬业精神和对细节的关注令我深感敬佩，期待未来能有更多合作机会。

翻译的过程充满挑战，但也让我收获颇丰。本书探讨了海上恐怖主义的定义、国际法律框架、司法机构的作用以及应对海上恐怖主义的挑战与对策，为研究海上恐怖主义和国际法律秩序的学者提供理论框架和案例分析，为政策制定者、司法机构和国际组织提供应对海上恐怖主义的法律和政策建议。提出通过加强法律和司法合作，提升全球海洋安全，保护国际贸易和航运，这些内容对我自身的研究与写作也不无裨益，同时希望本书能够为相关专业的读者带来一些启发和思考。

囿于水平和精力，本书难免存在不足之处，恳请读者和同行不吝指正。

杨祺

于广州鹭江

2025 年 2 月 15 日